The Sunday Time

Der Wüstenkrieg

Die dramatische Geschichte
der Schlacht um Golan
und den Suezkanal

Fischer
Taschenbuch
Verlag

Wir bitten unsere Leser um Verständnis, daß wir aus Termingründen im Kartenteil nur die Legenden, nicht aber englische Ausdrücke auf den Karten übersetzen konnten.

Deutsche Erstausgabe
Fischer Taschenbuch Verlag
 1.–30. Tausend: Februar 1974
31.–40. Tausend: Februar 1974
41.–60. Tausend: März 1974

Umschlagentwurf: Jan Buchholz/Reni Hinsch
unter Verwendung eines Fotos von Micha Bar Am (Magnum)

Titel der Originalausgabe:
»Insight on the Middle East War«
Erscheint gleichzeitig bei André Deutsch Ltd., London

Fischer Taschenbuch Verlag GmbH, Frankfurt am Main
© Times Newspapers Ltd., London 1974
Deutsche Ausgabe:
© Fischer Taschenbuch Verlag GmbH, Frankfurt am Main 1974
Satz: Otto Gutfreund u. Sohn, Darmstadt
Druck und Einband: Ebner, Ulm
Printed in Germany
ISBN 3 436 01999 2

Inhalt

Vorbemerkungen

Dieses Buch basiert auf der ausführlichen Berichterstattung der Londoner *Sunday Times* über den arabisch-israelischen Krieg im Oktober 1973. Aber die Recherchen über Ursachen, Verlauf und Perspektiven des Krieges wurden auch nach der Feuereinstellung weitergeführt und erst unmittelbar vor Drucklegung des Buches abgeschlossen. Der Text wurde vollkommen neu geschrieben und wesentlich erweitert.

Reporter des *Insight Teams* im Nahen Osten waren Peter Kellner in Kairo, Philip Jacobson und Peter Pringle in Tel Aviv. Zwei frühere Leiter des *Insight Teams*, Bruce Page und Lewis Chester, haben das Buch gemeinsam mit dem gegenwärtigen Leiter, John Barry, zusammengestellt und geschrieben. Parin Janmohamed und Marjorie Wallace führten die Recherchen in London. Die Verantwortung für die Koordinierung des Projekts trug Ron Hall.

Einen wesentlichen Beitrag zu dem Buch leistete Eric Marsden, der erfahrene reguläre Korrespondent der *Sunday Times* in Israel, ebenso wie viele andere Reporter und Korrespondenten dieser Zeitung: Stephen Aris (New York), John Bonar (Amman), Henry Brandon (Washington), William Dullforce (Kairo), Paul Eddy (Tel Aviv), David Holden (London), Martin Meredith (Kairo und Beirut), Brian Moynahan (Beirut und Damaskus), Tony Rocca (Kairo), William Shawcross (New York) und Edmund Stephens (Moskau).

Besondere Abmachungen mit führenden Nachrichtenagenturen und Zeitungen erlaubten die Ausarbeitung einzelner Aspekte des Themas; dazu gehören vor allem: der Abhördienst der BBC in Caversham (der die Texte von Radiosendungen aus dem Nahen Osten beisteuerte); die Zeitung *Al Ahram* in Kairo (deren Chefredakteur, Mohammed Heikal, aufschlußreiche Interviews mit General Ismail und Henry Kissinger führte), *Ma'ariv* in Tel Aviv (die zuerst eine lebhafte Tonbandaufnahme vom Kriegsbeginn veröffentlichte, die im Hebräischen von Aaron Dolav zusammengestellt wurde); *Ha'aretz* in Tel Aviv (deren Militärkorrespondent, Zeev

Schiff, uns während des Krieges mit hilfreichen Kommentaren versorgte); die Redaktionen von *An Nahar* in Beirut, *Arab Report and Record* und der *New York Times News Service*. Wir benützten viel dokumentarisches Material, das vom Verteidigungsministerium in Washington gesammelt worden war, und wir verwendeten Depeschen der Nachrichtenagenturen *Reuters*, AFP und AP. Andere wichtige Quellen waren die *Jerusalem Post* (die plastische Darstellungen der Überlebenden der Kämpfe veröffentlichte) und *Al Akhbar* in Kairo (die ein wichtiges Interview ihres Herausgebers, Moussa Sabri, mit General Shasli veröffentlichte).

Technisch haben uns beraten: Edward Luttwak, dessen sachkundige Studie über Israels Armee noch in diesem Jahr erscheinen wird; Edgar O'Ballance, Autor zahlreicher Bücher und Veröffentlichungen über den arabisch-israelischen Konflikt und andere Fragen der zeitgenössischen Militärgeschichte; Geoffrey Pardoe, geschäftsführender Direktor von *General Technology Systems Ltd.*, half bei Fragen zu den Raketensystemen, und Richard Ogorkiewicz vom Imperial College in London bei solchen zum Panzerkrieg. Die Verantwortung für die Richtigkeit unserer Ausführungen tragen wir jedoch alleine.

Wir danken auch Elizabeth Collard und Rupert Pengelley von der *International Defense Review* sowie Leon Charney, die uns alle sehr geholfen haben. Und unser Dank gilt all den vielen Diplomaten, Regierungsbeamten und Militärangehörigen, die uns ihre Zeit zur Verfügung stellten, aber wegen ihrer Posten anonym bleiben müssen.

Schließlich – und mit aufrichtiger Trauer – müssen wir Nicholas Tomalin erwähnen, unseren Kollegen bei der *Sunday Times*, der getötet wurde, als er von der Golan-Front berichtete. Er war einer der hervorragendsten britischen Journalisten, und seine großartige Kriegsberichterstattung war nur eine seiner zahlreichen Begabungen. Bevor sein Wagen am 17. Oktober von einer syrischen Rakete getroffen wurde, hatte er uns Berichte geschickt, die uns mit bemerkenswerter Klarheit einen Weg durch die verworrenen Ereignisse der ersten Kampftage gewiesen haben. Ihm ist dieses Buch gewidmet.

London, im Dezember 1973

Prolog

Als die ersten Granaten einschlugen, kam Avi Jaffe gerade aus der Dusche und hängte seine Wäsche am Stacheldraht auf. Über ihm donnerte ein Verband MIG dahin, und auf beiden Seiten des Suezkanals stiegen dicke grüne Qualmwolken auf. Durch diesen Qualm konnte man gerade noch die Sturmboote erkennen, die zu Wasser gelassen wurden. Avi rannte auf seinen Posten. Der vierte arabisch-israelische Krieg hatte begonnen. Avi gehörte als Funker zur Besatzung eines israelischen Bunkers am Suezkanal, und was da über das Wasser kam, war ein Hauptstoß der ägyptischen Armee.

Zwei Wochen zuvor hatte Avi – Abkürzung für Abraham – sich von seiner Frau Dassy verabschiedet, die für die nächsten Wochen sein Geschäft in Jerusalem leiten mußte. Wie alle gesunden Israelis im militärdienstpflichtigen Alter mußte er alle Jahre wieder seine 33 Tage dauernde Reserveübung erledigen. Seine Einheit war diesmal in die Bar-Lev-Linie verlegt worden, die Bunkerstellung entlang dem Kanal, und hatte hier die Wehrpflichtigen abgelöst, die über das jüdische Neujahrsfest und Jom Kippur beurlaubt worden waren.

Avis Bunker befand sich im Mittelabschnitt fast genau gegenüber von Ismailia, und seine Einheit hatte bereits seit fünf Tagen am ägyptischen Ufer des Kanals ungewöhnliche Geschäftigkeit beobachtet. Am 1. Oktober sah man eine Lastwagenkolonne mit Fla-Raketen nach Ismailia hineinfahren. Hinter den aufragenden Sanddünen war gelegentlich das Brummen von Panzermotoren zu hören. Ägyptische Offiziere standen häufig zusammen am Ufer, und einmal erschien auch ein prächtig herausgeputzter Generalleutnant, der durch ein Scherenfernrohr längere Zeit die Gegend betrachtete. Später kamen dann Pioniere, markierten einen Abschnitt des Ufers mit Pfählen und legten eine Rampe an. Das alles erregte keine besondere Aufmerksamkeit, denn überall sonst schienen die Ägypter sich zu benehmen wie immer. Unbewaffnete Soldaten saßen am Ufer und ließen die Füße ins Wasser baumeln,

Traktoren warfen Sandbarrieren auf, und der Gärtner, der täglich die Blumenbeete der seit Jahren verlassenen Villen bei Ismailia begoß, machte wie gewöhnlich seine Runde.

Erst gegen Mittag am Samstag, dem 6. Oktober, wurde es Avi und seinen Kameraden unheimlich. Die vorgeschobenen Beobachter meldeten, daß die ägyptischen Vorposten auf der anderen Seite verschwunden waren, daß die Traktoren nicht mehr arbeiteten und daß dort überhaupt verdächtige Ruhe herrschte. Um diese Zeit kam auch ein Funkspruch vom Stab mit der Anweisung, zwei kleine Bunker südlich vom Befehlsbunker zu räumen. Diese Anweisung wurde Meierke übermittelt (das ist die Verkleinerung des Namens Meïr), einem anderen Reservisten, der sonst in der Nähe von Jerusalem in einem Kibbutz wohnte. Die Besatzung der geräumten Bunker traf in einem Schützenpanzerwagen ein und verstärkte die Belegschaft von Avis Bunker auf 33 Mann. Minuten später begann das Artilleriefeuer. Es war jetzt 14 Uhr.

Avi verspürte eine etwas seltsame Gelassenheit, die aber nicht ganz ungewöhnlich ist bei Menschen, die sich plötzlich großer Gefahr ausgesetzt sehen, und er wurde in dem nun folgenden Drama nicht nur zum Mitspieler, sondern gleichzeitig zum Beobachter. Wie gewöhnlich hatte er aus seiner Werkstatt alle möglichen Apparate mitgeschleppt, unter anderem auch solche zur Kontrolle seines Funkgerätes, dazu ein sehr gutes Tonbandgerät samt Tonbändern. Bisher hatte er es hauptsächlich dazu benutzt, seinen Kameraden die Langeweile mit Musik zu vertreiben. Als jetzt der ägyptische Angriff begann, schaltete er sein Bandgerät auf Aufnahme und stellte ein Mikrofon auf. Während der nun folgenden sechzig nervenaufreibenden Stunden, die Avi und seine Kameraden in diesem Bunker verbrachten, zeichnete das Gerät alles mögliche auf – Fetzen von Unterhaltungen, Meldungen über das Funksprechgerät, gelegentlich auch einen Kommentar, den Avi selbst ins Mikrofon sprach. Die so entstandenen Aufnahmen, die Avi auch bei seiner fast ans Wunderbare grenzenden Rettung nicht aus der Hand ließ, geben ein anschauliches Bild von der Verwirrung und dem Mut der Soldaten.

Es beginnt mit Meldungen der vorgeschobenen Beobachter: »Die Ägypter bringen unmittelbar vor uns Boote zu Wasser ... jetzt setzen sie über ... jede Menge Infanterie ... Panzerbrechende Raketen ... da greifen unsere Panzer an ... Artilleriefeuer ... das kommt jetzt immer näher ... jetzt bringen sie schon Schützenpanzerwagen rüber ... Infanteristen sitzen ab ... Raketen ... sechs Hubschrauber mit Kommandotruppen ... dicht über uns weg.

T-54 genau gegenüber ... das Luder schießt jetzt. Noch mehr Boote, eine Welle nach der anderen ... sie schwärmen jetzt hier aus ... eine Fahne haben sie auch ... jetzt legen sie eine Brücke ... Pontons von Anhängern ... unheimlich viel Lastwagen und Panzer ... Halbkettenfahrzeuge, Lastwagen mit Raketen, jede Menge Jeeps und Geschütze.«

Die vorgeschobenen Beobachter wollen wissen, warum die eigene Luftwaffe nicht eingreift. »Die könnte doch aus diesem Aufmarsch Hackfleisch machen.« Von drüben schießt sich jetzt eine Granatwerferbatterie auf den Bunker ein. Die Israelis erwidern das Feuer, sie schießen auf die Übergangsstelle, auch auf die Geschütze. Auf den Bunker fallen Granaten, die einen erstickenden, gelben Qualm verbreiten. Man fragt den Arzt (im Zivilleben ist er Internist in Kfar Saba), der sie beruhigt: Giftgas ist das nicht. Man legt die Handfeuerwaffen zurecht, denn es könnte gleich zum Nahkampf kommen.

Der Bunker wird jedoch nicht angegriffen. Das Artilleriefeuer wandert tiefer in den Sinai hinein, und um 17.30 Uhr hört es ganz auf. Die Bunkerbesatzung begreift, daß die Angriffstruppen vorbeigestoßen sind. Die Israelis waren jetzt abgeschnitten.

Avi hört den Funkverkehr zwischen den Panzern ab, die auf der Straße, die hinter der Bunkerstellung parallel zum Kanal verläuft, ins Gefecht rollen. Der Panzerkommandant erkundigt sich bei dem Batterieführer einer Sturmgeschützabteilung, wie es an der Übergangsstelle aussieht.

Batterieführer: Im Augenblick ist alles ruhig. Die Geschütze stehen etwa 400 Meter entfernt. Warum kommt ihr nicht her? Ohne Panzerschutz will ich hier nicht weg.

Der Panzerkommandant wird vor Infanterie mit Raketen gewarnt: Paßt auf, bleibt in Deckung ... haltet eure Panzer für den Gegenangriff zusammen.

Der Panzerkommandant fragt Meierke über Funk, ob er vielleicht Infanterie auf Schützenpanzern haben möchte?

Meierke: Infanterie? Klar!

Der Panzerkommandant meint aber nach einer Weile: Die Schützenpanzer können dort nichts anfangen. Der Nebel ist zu dicht, ich sehe nichts. Ich habe Funkverbindung mit Sturmgeschützen, die Raketenfeuer bekommen. Ich hole sie zurück, damit sie einen Stellungswechsel vornehmen können.

Im Bunker findet unterdessen zwischen Meierke und seinem Stellvertreter Jehoschua – genannt Schuki – folgende Unterhaltung
statt:

Meierke: Sind das da drüben Panzer?

Schuki: Hier schießt jetzt keiner. (Er spuckt abergläubisch aus.)

Meierke: Klopf lieber auf Holz.

Ehe es dunkel wird, beobachten sie, daß Transportflugzeuge zehn
Kilometer südöstlich von ihnen im Hinterland ägyptische Fallschirmjäger absetzen. Die Schlacht geht bei Mondlicht weiter.
Endlich erscheinen auch israelische Maschinen und werfen Bomben ab.

Meierke (zu Schuki): Warum haben die das bloß nicht um vier
oder um fünf gemacht?

Einer der vorgeschobenen Beobachter namens Marciano ist von einem Querschläger am Hals getroffen worden. »Nicht schlimm, er
kann selbst zurückgehen.« Über Funk kommt die Meldung, daß
weiter nördlich in einem Bunker der Kommandant schwer verwundet wurde und zwei Mann gefallen sind; die Besatzung fordert
Hilfe an. Auch beim Stab ist nicht alles rosig. Bei einem Bomben-
angriff sind mehrere Soldaten gefallen, dazu die Sekretärin des
Kommandeurs; ägyptische Hubschrauber setzen in der Nähe Infanterie ab, doch will man versuchen, den gefährdeten Bunker weiter nördlich zu entsetzen. Der Versuch scheitert an einem ägyptischen Hinterhalt.

Der Kommandeur der Artillerie fragt bei Avi an, wie das Feuer seiner Geschütze liegt.

Schuki: Ganz schlecht. Er soll 200 Strich weiter nach Süden halten.

Stab (über Funk): Was gibt's bei euch Neues?

Schuki (unerschütterlich): Nichts besonderes. Es knallt überall,
und wir haben eine ganze Menge Boote über den Kanal kommen
sehen. Außerdem wimmelt es hier von allen möglichen Gestal-
ten.

Stab: Wolltet ihr nicht Artilleriefeuer haben?

Schuki: Ja, das wollten wir.

Arzt: Himmeldonnerwetter! Scheucht doch mal den Kerl vom
Funkgerät weg! Der sagt immer nur, alles steht bestens, auch
wenn uns das Wasser am Hals steht.

Avi: Hier sind jede Menge Ägypter in der Gegend.

Meierke: Was macht ihr eigentlich beim Stab? Euer Feuer liegt
völlig verkehrt. Ihr schießt einfach in die Gegend. Die Einschläge

12

sehe ich nicht, aber soviel kann ich sehen: im Ziel liegen sie nicht.

Man versucht, das Feuer besser ins Ziel zu lenken, Meierke sieht aber immer noch keine Einschläge. Vom nördlich gelegenen Bunker kommen unentwegt Hilferufe.

Avi (hält dem Arzt seine Feldflasche hin): Hier, trinken Sie was. Mindestens drei Schluck, weil Sie so schwitzen. Ich werde schon für Sie sorgen. Gepriesen sei Allah! Was soll dieser blöde Krieg, wer hat den bloß erfunden?

Arzt: Eine rechte Scheiße!

Avi: Bringt uns das was ein? Statt in Urlaub zu fahren, werden wir unsere 33 Tage in diesem Loch verbringen.

Sanitäter: Nach dem Krieg lassen sie dich nach Hause gehen.

Avi: Wenn der Quatsch hier vorbei ist, liegt unser Bunker in der Etappe, das ist doch klar. Wir sitzen dann in der Etappe, und die anderen sitzen in Kairo.

Sanitäter: Das ist gar nicht zum Lachen, in ein paar Tagen gehen unsere Leute bestimmt über den Kanal.

Avi: So was ist mir noch nie passiert. Sonst ist der Feind einen Kilometer weg, vielleicht auch 200 Meter, aber jetzt ist er plötzlich auf allen Seiten. Übrigens können wir bald zu Hause anrufen. Ist schon Sonntag? Da können wir zwischen drei und vier Uhr früh anrufen. Ich kann's kaum noch erwarten. Die wissen bestimmt nicht, was hier passiert.

Sanitäter: Die haben mehr Angst als wir.

Avi: Um mich selbst hab' ich gar nicht soviel Angst.

Funksprechverkehr zwischen Panzern: Mich hat's erwischt. Ich steige mal aus und sehe nach. Angeblich sollen hier Fallschirmjäger sein... schaut mal da rüber nach links, da kommen jetzt Fallschirme runter.

Avi: Sieh da, ägyptische Fallschirmjäger. Was es nicht alles gibt.

Sanitäter: Und wo sind unsere Fallschirmjäger?

Avi: Die werden doch nicht in das Raketenfeuer springen. Die kommen auf andere Weise her. Außerdem haben sie was zu tun.

Mehrere Schützenpanzerwagen nähern sich ohne Panzerunterstützung – dem Feuer von panzerbrechenden Waffen ausgesetzt – dem nördlichen Bunker.

Schützenpanzerwagen (über Sprechfunk): Drei Feindpanzer am Bunkereingang. Alle getroffen, alle brennen.

Batterieführer der Sturmgeschütze: Paßt auf! Die schießen mit Raketen. Macht sofort Stellungswechsel und schlaft nicht!

Die Schützenpanzerwagen, die den Versuch gemacht haben, zum nördlichen Bunker vorzudringen, müssen umkehren, weil ihnen Treibstoff und Munition ausgehen. Der Bunker ruft weiter um Hilfe, insbesondere für den verwundeten Kommandanten. Mit der Artillerie gibt es auch wieder Ärger.

Stab: Was ist denn nun mit unserer Artillerie? Liegt das Feuer richtig?

Meierke: Ich sehe überhaupt nichts. Vielleicht schießen die Kerle gar nicht.

Stab: Ich kann euch nicht verstehen. Korrigiert ihr das Feuer?

Meierke: Wir? Korrigieren? Ist das etwa unsere Sache? Ich sehe keinen einzigen Einschlag. Warum schießen die Kerle nicht weiter nach Westen?

Avi: He, Schuki! Wer schießt denn da?

Schuki: Ägypter.

Avi: Auf wen?

Schuki: Ich glaube auf uns. Eben hören sie auf.

Meierke: Schuki! Hört man von da drüben Panzermotoren?

Schuki: Marciano sagt, er hört welche. (Man hört das dumpfe Dröhnen ägyptischer Panzermotoren. Der ganze Abschnitt ist jetzt aufgestört.)

Avi (spricht einen Kommentar auf sein Band): Es ist jetzt Sonntagmorgen, 20 Minuten vor fünf. Es wird sehr bald zu einer richtigen Schlacht kommen, es liegt so was in der Luft. (Avi hängt die Fotos von seiner Frau und seinen drei Kindern über dem Funkgerät auf. Der Arzt sucht unterdessen nach einem Foto seiner Tochter.)

Avi: Die sieht Ihnen aber ähnlich.

Arzt: Angeblich ähnelt sie mehr meiner Frau.

Avi: Welchen Film benutzen Sie?

Arzt: Kodak.

Avi: Hübsche Farben.

(Es kracht fürchterlich, und um den Bunker herum fallen Bomben.)

Avi: Jetzt geht's los.

Arzt: Man sollte alle Mann wecken.

Marciano (über Sprechfunk von draußen): Das sind unsere Maschinen.

Panzerkommandant (über Sprechfunk): Paßt auf, wir haben Luftunterstützung angefordert.

Meierke: Moment mal. Nördlich von uns ist ein Ziel. Zwischen uns und der Übergangsstelle hat sich Infanterie eingegraben, 700 bis 1000 Meter entfernt.

Panzerkommandant: Über eurer Stellung stehen riesige gelbe Qualmwolken. Stimmt was nicht?

Avi (wiederholt): Zwei riesige gelbe Qualmwolken über unserer Stellung. Ob was nicht stimmt!

Außenposten Zwei: Die Maschinen, die hier Bomben abgeschmissen haben, kriegen schweres Flakfeuer.

Soldat: Dann waren es also doch unsere?

Marciano (von draußen): Unsere Maschinen beschießen die Ägypter mit Raketen.

Avi: Sehr gut. Wie spät ist es?

Arzt: Zehn vor sieben.

Avi: Und ich dachte, es ist zwölf. (Die Ägypter haben offenbar erkannt, daß der Bunker noch als Beobachtungsposten dient und schießen wieder Rauchgranaten.)

Meierke: Avi, sag den Kerlen von der Artillerie, daß wir immer noch keine Einschläge bei der ägyptischen Infanterie sehen.

Batterieführer: Ihr müßt noch warten, da soll jetzt angeblich gleich was passieren.

Meierke (ungeduldig): Ich möchte doch endlich mal wissen, warum keiner auf die Infanterie dort schießt! Wenigstens einen Einschlag möchte ich mal sehen!

Avi: Du wirst gleich einen sehen, wenn wir einen Volltreffer kriegen!

Ganz überraschend greifen zwei israelische Phantoms die ägyptische Truppenkonzentration auf beiden Ufern des Kanals ganz nahe von Meierkes Bunker an. Einige der Bomben fallen ins Wasser, das hoch aufspritzt und die vorgeschobenen Beobachter durchnäßt. Einer kommt herein.

Soldat: Eine richtige Dusche. Wumm! Da kann man doch mal sehen, was Flugzeuge ausrichten. Vier Bomben kommen runter, und vier ägyptische Lastwagen gehen hoch. Einer hat sogar zwei Lastwagen getroffen. Bei uns liegt ein Boot im Sand, wahrscheinlich hat das eine Explosion hier 'raufgeschmissen.

Das ist einer der wenigen heiteren Augenblicke in 68 schreckerfüllten Stunden. Der Bunker ist jetzt für die israelische Führung von größter Wichtigkeit, denn er ist der letzte Beobachtungsposten im mittleren Abschnitt des ägyptischen Landeunternehmens. Die Besatzung durfte nicht mit baldiger Ablösung rechnen, denn der neue Abschnittskommandeur, Generalmajor Ariel (Arik) Sharon, der eben in seinem Befehlsbereich eingetroffen war, konnte nicht auf sie verzichten.

Für Arik Sharon, der in den Augen vieler Israelis zum Helden dieses Krieges werden sollte, hatte sich der Beginn des Krieges ganz anders ausgenommen. Drei Monate zuvor war er im Alter von 45 Jahren aus der regulären Armee ausgeschieden und in die Politik gegangen. In 26 immer wieder von Kriegen unterbrochenen Dienstjahren war er ohne Zweifel zum beliebtesten Offizier der israelischen Streitkräfte geworden. Die Armeeführung fand ihn jedoch unberechenbar und leichtsinnig. Daher war es keine Überraschung, daß er nicht zum Chef des Stabes ernannt worden war. Das war für ihn eine Enttäuschung, und er ließ sich für die Wahlen zur Knesset aufstellen, nachdem er sich zuvor nach Kräften und erfolgreich um die Bildung einer Koalition aller rechtsgerichteten Parteien bemüht hatte, die jetzt den Namen Likud-Koalition führte.

Arik Sharon blieb auch als Reservist Kommandeur einer Division. Am 5. Oktober, einen Tag vor Kriegsausbruch, rief man ihn um 11.30 Uhr zum Stab der Südfront (deren ehemaliger Kommandeur er war) und zeigte ihm Bilder der Luftaufklärung. Diese ließen eine Ansammlung von Brückengerät erkennen, und Sharon hat später behauptet: »Ich habe den Offizieren meiner Division gesagt: in einem bis zwei Tagen haben wir Krieg.« Der Mobilmachungsbefehl für seine Division erreichte ihn jedoch erst tags darauf um halb zehn auf seinem Gutshof bei Beersheba, knapp vier Stunden vor Kriegsbeginn. »Meine Uniform lag noch im Auto, ich zog sie rasch an und fuhr los.«

Der Befehl, an den Suezkanal zu marschieren, traf sogleich nach Beginn des ägyptischen Angriffs ein und wurde kurze Zeit später ausgeführt. Leider waren keine Panzerschlepper vorhanden. Die Panzerbrigaden mußten sich also mit eigener Kraft durch die Wüste bewegen, was sie denn auch zum Schaden der Panzer im Schneckentempo taten, während Sharon selbst mit einem zivilen Lieferwagen voraneilte. Nach seinem Eintreffen übernahm er das Kommando über den Frontabschnitt gegenüber Ismailia und richtete Sonntagfrüh gegen fünf Uhr seinen vorgeschobenen Gefechtsstand bei Tasa ein. Erst gegen Mittag trafen seine aus drei Panzerbrigaden, zwei Fallschirmjägerbrigaden, einer Artillerieabteilung und einigen Spezialeinheiten bestehende Division ein.

»Die Lage war ernst«, sagte er später. »Man konnte unmöglich erkennen, was eigentlich vorging.« Bevor er seine Division zum Einsatz brachte, verschaffte er sich noch – so gut es gehen wollte – Informationen über das Telefon.

Sonntag gegen Mittag ruft der Abschnittskommandeur bei Avi an.

Meierke: Außer meiner Besatzung habe ich noch alle möglichen anderen Leute hier. Verwundete keine, gepriesen sei Allah, bloß ein paar Verletzungen von Querschlägern. Nichts Ernstes.

Sharon: Kriegt ihr Feuer?

Meierke: Im Augenblick nicht, aber es tut sich hier alles mögliche. Hinter uns mindestens zwei Züge Infanterie. Außerdem Schützenpanzer, möglicherweise auch Panzer.

Sharon: Ist viel Verkehr auf der Kanalstraße?

Meierke: Vorhin schon, vor ein paar Stunden sind Schützenpanzerwagen bis zu uns gekommen. Wir haben sie beschossen; sie sind umgekehrt, haben aber Soldaten abgeladen. Ich begreife nicht, warum sie überall an der Straße Leute absetzen. Und dann fahren sie nach Norden oder Nordwesten, wo sie ihre Panzer stehen haben. Vorhin haben sie ganz schön was aufs Dach gekriegt.

Sharon: Lagen die Bomben gut?

Meierke: Einige schon. Manchmal sah es so aus wie im letzten Krieg.

Sharon: Wo stammen Sie her?

Meierke (nennt seinen Kibbutz): Nativ Halamed-Heh.

Sharon: Und Ihre Leute sind Jerusalemer?

Meierke: Ja, Jerusalemer.

Sharon: Haben die Panzer gebrannt?

Meierke (sehr befriedigt): Ja.

Sharon: Der Feind greift jetzt nicht an, und ihr habt nichts zu tun?

Meierke: Im Augenblick nicht. Im Augenblick passiert nur etwas direkt am Kanalufer. Dort stehen Panzer und Schützenpanzer ungefähr 700 bis 800 Meter entfernt. Die Infanterie hat sich eingegraben. Sobald sie den Kopf rausstrecken, schießen wir, auch mit den Granatwerfern.

Sharon: Habt ihr noch Munition?

Meierke: Ja, wir gehen sparsam damit um, besonders mit den Werfergranaten.

Sharon: Habt ihr Artillerieunterstützung?

Meierke: Vorhin ja, dann nicht mehr.

Sharon: Keine Artillerieunterstützung mehr?

Meierke: Jetzt schießt es vom Süden her.

Sharon: Sind zwischen Ihnen und der Übergangsstelle irgendwelche Truppen?

Meierke: Vor einer Viertelstunde habe ich nachgesehen, da war keiner. Moment mal, ich rufe meinen Beobachter. Schuki, Schuki, sag mal was.

Sharon: Friede sei mit Euch. Sagen Sie mal...

Schuki: Friede und der Segen Gottes.

Sharon: ... wieviel Panzer sehen Sie?

Schuki: 40 bis 45.

Sharon: In welcher Formation?

Schuki: Manche stehen zusammen, andere in Reihen.

Sharon: Haben welche gebrannt?

Schuki: Gebrannt nicht, aber abgekriegt haben sie was.

Sharon: Sind die Besatzungen ausgestiegen?

Schuki: Ja, ausgestiegen. Sie stehen jetzt da rum. Sie haben so was wie Deiche aufgeworfen, und dahinter stehen sie jetzt. (Sharon fragt nach Entfernungen, die Beschreibung ist aber nicht zu enträtseln.)

Meierke: Sie haben dort so eine Art Platz, ganz flach, ein paar hundert Meter breit und lang. Da stehen sie jetzt und haben die Kanonen offenbar in die Richtung gedreht, wo unsere Panzer sie aufhalten. Mit ihrem Troß, ihren Lastwagen und was sonst dazu gehört, ist die Kolonne ungefähr einen Kilometer lang.

Sharon: Was haben Sie denn im allgemeinen für einen Eindruck von diesen Ägyptern – wirken sie munter, oder haben sie schon die Schnauze voll?

Meierke: Als unsere Tiefflieger durch waren, sahen sie aus wie vor sechs Jahren.

Sharon: Waren Sie damals auch Soldat?

Meierke: Was denn sonst? Ich bin schon zum vierten, nein zum dritten Mal im Krieg. Sie sprechen zu einem Greis von über 40 Jahren.

Sharon: Also, Freunde, wir sind eben erst angekommen. Ich will versuchen, euch rauszuholen. In einer Weile rufe ich euch wieder an, und dann verabreden wir was...

(Er erkundigt sich danach, ob am Bunker Fahrzeuge stehen, sagt, er will der Artillerie Bescheid geben und verspricht noch einmal, sie herauszuholen. Dann legt er auf.)

Kurz nach diesem Anruf wird der Bunker mit dem bisher schwersten Artilleriefeuer eingedeckt. Der Krieg ist jetzt 24 Stunden alt, und allein im Sinai hat Israel 150 Panzer verloren, fast ein Zehntel seines Bestandes. Erst jetzt wird eine der wichtigsten Kommandostellen besetzt. Israel, triumphierender Sieger im Sechs-Tage-Krieg, ist tödlich bedroht. Wie konnte das geschehen? Später werden wir uns wieder der Geschichte von Avi, Meierke und Schuki zuwenden. Zunächst heißt es, einen Blick auf die arabische Seite tun, auf die diplomatischen Schritte, die dem Krieg vorangehen, und auf das rätselhafte Versagen der Israelis, die die Gefahrenzeichen nicht erkannten.

Zwischen Krieg und Frieden
Das Versagen der Diplomatie

Der unüberbrückbare Abgrund

Das Versagen Israels, der arabischen Staaten, der Supermächte und der Vereinten Nationen, den Nahen Osten zu befrieden, reicht Jahrzehnte zurück. Historisch gesehen geht es bei dem Konflikt um die unvereinbaren Ansprüche zweier Völker – der Juden und der palästinensischen Araber – auf das gleiche Stück Land zwischen dem Jordan und dem Mittelmeer. Dreimal – 1948/49, 1956 und 1967 – mußte Israel kämpfen, um den jüdischen Staat abzusichern. Dreimal errang es einen entscheidenden militärischen Sieg, und jedesmal war es nicht in der Lage, diesen Sieg in einen dauernden Frieden mit seinen arabischen Nachbarn umzuwandeln. Der Nahe Osten verharrte am Rande des Krieges.

Als der Krieg am 6. Oktober 1973 wieder anfing, ging es für Israel in der Hauptsache wieder darum, die Sicherheit des jüdischen Staates zu wahren. Für Ägypten und Syrien hingegen, die ihren Angriff nach monatelanger sorgsamer Vorbereitung begannen, unterschied sich dieser Krieg von den drei früheren Kriegen. Dieses Mal war unter den von ihnen offen ausgesprochenen Kriegszielen nicht die Vernichtung Israels, und sie nahmen auch keine besondere Rücksicht auf die Ansprüche der Palästinenser. Ägypten, Syrien und Jordanien machten Israel nun nicht seine Existenz zum Vorwurf, sondern die fortdauernde Besetzung der arabischen Territorien, die es 1967 erobert hatte.

Im Juni 1967 endete der Krieg, als der Sicherheitsrat der Vereinten Nationen die Feuereinstellung verfügte. In den darauf folgenden Jahren waren die meisten Versuche, Friedensverhandlungen in Gang zu bringen, ebenfalls von der UNO ausgegangen. Das war von Anbeginn ein schwieriges Unterfangen. Anfang August trafen sich die arabischen Führer in Kairo, wo sie angeblich jede Form direkter Verhandlungen mit Israel ablehnten. Der israelische Außenminister Eban erwiderte darauf, die Karte des Nahen Ostens sei nun »endgültig zerstört«, obwohl er in Aussicht stellte, Israel würde den größten Teil der besetzten Gebiete zurückgeben, falls Friedensverhandlungen Erfolg hätten. 14 Tage später forderte eine arabische Gipfelkonferenz in Khartum »politische Bemühungen auf internationaler und diplomatischer Ebene mit dem Ziel, die Folgen der Aggression zu beseitigen«, aber auf der Grundlage von »kein Friede mit Israel, keine Anerkennung Israels, keine Verhandlungen mit Israel und dem Beharren auf dem Rechtsanspruch des palästinensischen Volkes auf sein Land.«

Alle Versuche, diesen Gegensatz zu überbrücken, stützten sich auf die Resolution 242 des Sicherheitsrates, die am 22. November 1967 einstimmig, also auch mit Zustimmung der USA und der UdSSR, angenommen worden war. (Auf sie berief man sich wiederum in dem Beschluß über die Anordnung der Waffenruhe am Ende des Krieges von 1973.) Die Resolution 242 forderte einen »gerechten und dauerhaften Frieden«, der auf zwei Grundsätzen beruhen sollte:

»1. Abzug aller israelischen Truppen aus Gebieten, die im jüngsten Konflikt besetzt worden sind.

2. Beendigung des Kriegszustandes, Beachtung und Anerkennung der Souveränität, territorialen Integrität und politischen Unabhängigkeit aller Staaten in diesem Gebiet und ihres Rechtes darauf, unbeeinträchtigt von Drohungen oder Gewalttaten innerhalb sicherer und anerkannter Grenzen zu leben.«

Die Entschließung bestätigte dann, daß es notwendig ist,

»a) die Freiheit der Schiffahrtswege in internationalen Gewässern in diesem Gebiet zu garantieren;

b) die Frage der Flüchtlinge einer gerechten Regelung zuzuführen;

c) die territoriale Unverletzlichkeit und die politische Unabhängigkeit aller Staaten der Region durch Maßnahmen zu gewährleisten, zu denen auch die Einrichtung entmilitarisierter Zonen gehören soll.«

Man beauftragte den damaligen Generalsekretär der Vereinten Nationen, U Thant, einen Sonderbeauftragten zum Vermittler zu ernennen, dessen Aufgabe es sein sollte, im Nahen Osten »eine Einigung herbeizuführen«.

Die Resolution 242 war in jeder Hinsicht – ausgenommen im wichtigsten Punkt – ein Triumph der UN-Korridor-Diplomatie und ihres eigentlichen Vaters, des britischen UN-Botschafters Lord Caradon. Sie nahm ebensoviel Rücksicht auf Israels Sicherheitsverlangen wie auf die Forderung der Araber nach Rückgabe der besetzten Gebiete. Sie war für die beiden Supermächte annehmbar, und sie enthielt eine Anweisung dafür, wie man sich Friedensverhandlungen zu nähern hatte. Nur eines tat sie nicht. Sie verhinderte nicht den nächsten Krieg.

In der Hauptsache lag dies daran, daß die Resolution 242 gewisse kritische Fragen nicht beantwortete. Die Forderung, die Israelis müßten sich »von Gebieten zurückziehen, die sie im jüngsten Konflikt besetzt hatten«, enthielt eine gewichtige Doppeldeutigkeit: war damit gemeint, daß Israel *alle* besetzten Gebiete zurückgeben solle oder nur einige? Die Sowjetunion und die arabischen Staaten lasen heraus, daß es sich um alle Gebiete handelte; die Vereinigten Staaten, Großbritannien und Israel dagegen behaupteten, diese Klausel ließe die Möglichkeit zu, Israels Grenzen zu korrigieren. Tatsächlich stand diese Unklarheit dort nicht von ungefähr: wäre der Wortlaut eindeutig gewesen, hätte eine der beiden Supermächte gewiß ihr Veto eingelegt oder sich bestenfalls der Stimme enthalten.

Die meisten Hindernisse hätten sich wohl ausräumen lassen, wären Friedensverhandlungen jemals aufgenommen worden. Am 23. November 1967 ernannte U Thant Dr. Gunnar Jarring zu seinem Sonderbeauftragten. Jarring war schwedischer Diplomat mit einem besonderen Talent für delikate Verhandlungen. Er stammte aus einem neutralen Lande, das im Nahen Osten niemals Partei ergriffen hatte. Als Botschafter in Moskau – und davor in Washington – hatte er ein besonders gutes Verständnis sowohl der sowjetischen wie der amerikanischen Diplomatie entwickeln können.

Es gelang Jarring zwar, sich die Unterstützung beider Regierungen zu verschaffen, aber trotzdem machte er nur geringe Fortschritte bei der Überbrückung des Gegensatzes zwischen Israel und den arabischen Staaten. Es fing damit an, daß Syrien rundheraus ablehnte, zu irgendeinem Modus vivendi mit Israel zu kommen. Am 12. Dezember erklärte die syrische Regierung, sie sei nicht bereit, mit Jarring zusammenzuarbeiten, denn es sei »nutzlos, Dr. Jarring zu empfangen, solange seine Mission bestimmt wird durch die Richtlinien der vom Sicherheitsrat verabschiedeten, von Syrien aber abgelehnten Resolution«. Die Führer Israels, Jordaniens, des Libanon und Ägyptens hingegen erklärten sich bereit, Jarring zu empfangen, doch wurde ihm nur allzu bald klar, daß der Beginn von Friedensgesprächen – vom erfolgreichen Abschluß gar nicht zu reden – in weiter Ferne lag.

Die israelische Regierung ließ Jarring wissen, daß der Weg zum

Frieden über folgende Stationen führen müßte:

1. Unmittelbare Verhandlungen zwischen Israel und den arabischen Staaten führen zu einem
2. Friedensvertrag. Aus diesem folgt:
3. Der Rückzug Israels auf die in den Verhandlungen festgelegten Grenzen.

Ägypten und Jordanien verlangten eine andere Reihenfolge:

1. Israel geht auf die Grenzen von vor 1967 zurück, bevor
2. indirekte Verhandlungen über die Vereinten Nationen zu einem
3. Friedensvertrag führen können.

Israel begründete sein Beharren auf unmittelbaren Verhandlungen damit, daß beide Seiten künftig kaum in Frieden miteinander leben würden, wenn sie nicht bereit wären, jetzt wenigstens miteinander zu sprechen. Für die Araber hingegen bedeutete das Beharren der Israelis auf unmittelbaren Verhandlungen, daß sie aufgefordert werden sollten, Israel de facto anzuerkennen, bevor die Verhandlungen begonnen hatten. Wichtiger noch, die Führer Ägyptens und Jordaniens befürchteten, es würde ihnen unmöglich sein, ohne Vermittlung Dritter eine befriedigende Regelung zu erreichen, weil sie zuvor eine so demütigende Niederlage erlitten hatten.

Immerhin gab es Anzeichen dafür, daß wenigstens Ägypten geneigt war, die auf der Konferenz von Khartum gezeigte Starrheit aufzugeben. Im Februar 1968 berichtete der jugoslawische Staatspräsident Tito nach einem Besuch in Kairo, Präsident Nasser sei bereit, den Forderungen der Vereinten Nationen nachzugeben, die sich auf die Einrichtung entmilitarisierter Zonen, die Beendigung des Kriegszustandes und die Benutzung des Suezkanals durch israelische Schiffe bezogen.

Ende des Monats glaubte Jarring immerhin so sehr an die Möglichkeit von Friedensverhandlungen, daß er wiederum in den Nahen Osten reiste. Er nahm zwei Briefentwürfe mit, die er an U Thant schicken wollte. Der eine bezog sich auf Gespräche mit Israel und Ägypten, der andere auf Gespräche mit Israel und Jordanien. Im übrigen hatten sie den gleichen Inhalt. Jarring wollte erreichen, daß alle drei Länder ihr Einverständnis zu den Briefen erklärten. Es hieß darin, jedes dieser Länder sei bereit, »unter meiner Schirmherrschaft Vorkehrungen für die Anwendung der Resolution 242 zu treffen« und sei ferner damit einverstanden, mit Jarring in Nikosia »Besprechungen im Rahmen dieser Resolution zu führen«.

Diese Briefe wurden nie abgeschickt. Israel erklärte sich mit ihrem Inhalt einverstanden, verlangte aber, daß die Besprechungen in Nikosia nur ein erster Schritt auf dem Wege zu direkten Verhandlungen sein dürften. Ägypten und Jordanien verzichteten darauf, daß Israel vor Aufnahme von Verhandlungen die besetzten Gebiete räumte, verlangten statt dessen aber »eine bindendere Zusage Israels, daß es gewillt ist, die Entschließung 242 zu beachten«. Außerdem wollten sie die Verhandlungen nicht in Nikosia, sondern bei den Vereinten Nationen in New York führen.

Nach vieler Mühe gelang es Jarring, die beiden arabischen Staaten dazu zu bringen, ihre Forderung nach »bindenderen Zusagen« Israels aufzugeben. Auf New York als Verhandlungsort bestanden sie jedoch. Mit dieser Ortswahl war Israel nicht einverstanden. Jarring entschied schließlich einfach, die Verhandlungen sollten in New York stattfinden, formelle Einladungen schickte er jedoch nicht heraus. Es war nämlich klar geworden, daß bei solchen Verhandlungen nichts herauskommen würde. Tatsächlich fanden ernstzunehmende Gespräche nicht statt. Jarrings Mission war zunächst einmal zum Winterschlaf verurteilt.

Im Frühjahr 1969 klaffte noch ein enormer Abgrund zwischen Israel und den arabischen Staaten in der Auslegung der Entschließung 242. Konnten jetzt die Supermächte versuchen, ihre Schützlinge dazu zu zwingen, diesen Abgrund zu überbrücken? Daß sie sich einmischten, war allmählich unvermeidlich geworden, denn die palästinensische Guerillabewegung war inzwischen zu einer potentiellen Bedrohung jeder Friedensinitiative geworden. Je länger man eine Lösung hinauszögerte, desto schwerer mußte es sein, ihre Durchsetzung zu erzwingen. Bis 1968 waren die Guerillas kaum ein wesentlicher Faktor gewesen, ihr Gewicht wuchs jedoch, und es wurde immer schwerer, sie zu ignorieren. Israel ignorierte sie gewiß nicht: den Überfall einer Guerillagruppe auf eine Maschine der EL AL auf dem Athener Flugplatz am 2. Weihnachtstag 1968 vergalten sie mit einem Kommandounternehmen gegen den Flughafen von Beirut. Innerhalb von 45 Minuten zerstörten die Israelis 13 Flugzeuge, acht davon im Besitz der Middle East Airlines. Der Sicherheitsrat verurteilte einmütig Israels »vorsätzliche Kriegshandlung«.

Bevor die Supermächte den festgefahrenen diplomatischen Karren flottmachen konnten, mußten sie sich selber über die Auslegung der Resolution 242 einig werden. Vom April 1969 bis zum September 1971 kamen die Vertreter der Sowjetunion, der Vereinigten Staaten, Frankreichs und Großbritanniens hin und wieder zu diesem Zweck zusammen. Aber sie konnten sich nicht auf eine gemeinsame Auslegung des Wortlautes einigen.

Israels Ministerpräsidentin Golda Meïr war alles andere als begeistert von den Absichten der vier Mächte. Im Juni 1969 lehnte sie in London gegenüber der *Sunday Times* den Gedanken einer internationalen Grenzgarantie ab: »Ich kann mir nicht vorstellen, daß Israel sich je wieder mit einem Abkommen einverstanden erklären würde, das uns im Hinblick auf unsere Sicherheit von anderen abhängig macht. So dumm sind wir nicht. Es gehört nicht viel Verstand dazu, nach den bitteren Erfahrungen von 20 Jahren einzusehen, daß wir uns in Fragen der Sicherheit auf niemanden verlassen können als auf uns selber.«

Unterdessen waren es nicht mehr nur die palästinensischen Guerillas, die die Fronten verhärteten – am Suezkanal hatte der Abnützungskrieg begonnen. Seit einigen Monaten arbeitete Israel auf dem Ostufer an Befestigungen, der sogenannten Bar-Lev-Linie, einer Bunkerstellung, die den israelischen Truppen Schutz vor einem eventuellen ägyptischen Vorstoß über den Kanal geben sollte. Die Ägypter waren entschlossen, die Festungsbauten zu verhindern, und belegten die israelischen Soldaten mit Artilleriefeuer. Die Israelis schossen zurück. Ende April sagte U Thant, am Suezkanal »herrscht praktisch Kriegszustand«. Nach mehreren ägyptischen Kommandounternehmen über den Kanal behauptete Präsident Nasser am 1. Mai, die Bar-Lev-Linie sei zu 60 Prozent zerstört worden. Ägypten, so sagte er den UN-Funktionären, betrachte den Suezkanal nicht mehr als Waffenstillstandslinie, und einige Wochen später verschaffte er diesen Worten Nachdruck, indem er Luftangriffe auf israelische Truppen im Sinai befahl.

Am 9. September 1969 trug Israel den Abnützungskrieg auf das Westufer des Kanals: Der erste einer Reihe von Luftangriffen auf die Stadt Suez sollte davon ablenken, daß 150 arabisch sprechende israelische Soldaten in russischen Beutepanzern und Mannschaftstransportwagen den Golf von Suez überquerten. Sie töteten 150 ägyptische Soldaten und brachten zwei T-62 zurück, das neueste russische Panzermodell, das wenige Wochen zuvor erstmals an Ägypten geliefert worden war. Am 27. Dezember 1969 erbeuteten israelische Kommandos wiederum jenseits des Golfes von Suez eine der neuesten fahrbaren russischen Radaranlagen, die P-2. Augenscheinlich von ihrem eigenen Erfolg überwältigt, gaben sie sie später heimlich zurück.

Jetzt reagierte auch die Sowjetunion. Wie die *New York Times* berichtete, waren bis zum März 1970 ca. 1500 sowjetische Berater und große Mengen SAM-3-Raketen in Ägypten eingetroffen. Israel dagegen erhielt nicht alle Militärhilfe, um die es die Vereinigten Staaten ersucht hatte. Am 23. März gab Präsident Nixon bekannt, Israel würde nicht die von Ministerpräsidentin Meïr im September 1969 erbetenen 25 Phantomjäger und 100 Skyhawks bekommen, denn augenscheinlich sei es sehr wohl imstande, seine Interessen selbst wahrzunehmen.

Um zu vermeiden, daß die Gegner allmählich auf einen offenen Krieg zutrieben, gesellte sich nun auch der amerikanische Außenminister William Rogers zu den Friedensmachern. (Eine kurze Liste solcher Friedensplaner müßte Lyndon Johnson, Marschall Tito, General de Gaulle und den englischen Außenminister Michael Stewart enthalten.) Rogers begann seinen Versuch am 19. Juni 1970. Der erste Schritt war, Israel und Ägypten für eine dreimonatige Waffenruhe am Suezkanal zu gewinnen. Dadurch sollte nicht nur die Atmosphäre für Verhandlungen gebessert, sondern es sollte auch der Kanal von jenen Schiffen geräumt werden, die dort seit dem Krieg von 1967 festsaßen (auf jedem Schiff befand sich eine Notbesatzung sowie der größte Teil der Ladung. Eines der Schiffe hatte Äpfel geladen, die nicht mehr im besten Zustand waren). Ferner sollte Israel sich zur Räumung besetzter Gebiete verpflichten. Sodann sollten die überwinternde Jarring-Mission und die Entschließung 242 wieder zum Leben erweckt werden.

Am 29. Juni reiste Präsident Nasser zu augenscheinlich langwierigen und mühsamen Gesprächen zu der sowjetischen Führung nach Moskau, die Rogers zuvor für seinen Plan gewonnen hatte, wenn sie auch noch Vorbehalte machte. Zweimal verschob Nasser die Rückreise nach Kairo. Als er am 17. Juli abflog, hatte er beschlossen, den Plan bedingungslos anzunehmen. Die Palästinenser nannten Nasser auf den Straßen von Kairo offen einen Feigling, doch da er sich einmal auf seinen Kurs festgelegt hatte, würgte Nasser die Opposition ab, indem er die beiden Rundfunkstationen der Palästinenser schließen ließ. Sodann gab er Anweisung, den Kanal instand zu setzen.

Israel war dem Rogers-Plan anfangs ebenso skeptisch begegnet wie Ägypten. Golda Meïr nannte die vorgeschlagene Waffenruhe »einen Trick, der es Ägypten ermöglichen soll, sich auf noch intensivere Kriegführung vorzubereiten«. In Israel fanden mehrere turbulente Kabinettssitzungen statt, doch die Regierung war am 31. Juli 1970 mit der Waffenruhe einverstanden – um den Preis einer Schwächung der Koalitionsregierung. Die rechtsgerichtete Gahal-Partei, die 26 der 120 Sitze in der Knesset innehatte, ging aus Protest in die Opposition.

Der Beginn des Waffenstillstands bedeutete aber noch nicht, daß man einer politischen Einigung näher gekommen war. Nachdem die Supermächte die Waffenruhe vom 7. August zustandegebracht hatten, beauftragten sie Jarring erneut damit, seine Friedensmission anzukurbeln. Er eröffnete am 25. August die Verhandlungen, die aber schon am 8. September endeten, denn Israel weigerte sich teilzunehmen, »solange das Abkommen über die Waffenruhe nicht in vollem Umfang eingehalten wird«, wie es im amtlichen Bericht an die Vereinten Nationen hieß.

Die Verletzung, auf die hier Bezug genommen wurde, betraf die Verlegung von SAM-Raketenbatterien. Im wesentlichen war der Boykott der Verhandlungen durch Israel jedoch auf innenpolitischen Druck zurückzuführen. Das wurde sehr deutlich, als Jarring im November 1970 versuchte, die Verhandlungen wieder in Gang zu bringen. Der israelische Vertreter mußte ihn hinhalten; die Angelegenheit »wird noch im israelischen Kabinett beraten«, sagte er.

1971 begann für Jarring das 4. Jahr seiner Friedensbemühungen. Unterredungen mit den Vertretern Israels, Jordaniens und Ägyptens machten es deprimierend deutlich, daß sich offiziell nichts verändert hatte, obwohl alle Beteiligten unter der Hand ihre Bereitschaft zu Konzessionen erkennen ließen, die drei Jahre früher vielleicht etwas genützt hätten.

Wenn Friedensverhandlungen schon nicht zu erreichen waren, konnte Jarring vielleicht den Kern des Problems anpacken – die Differenzen zwischen Ägypten und Israel. Nach dem Tod Nassers am 28. September 1970 war Anouar El Sadat ägyptischer Staatspräsident geworden, und er war vielleicht bereit, auf eine neue Initiative einzugehen. Am 8. Februar 1971 schrieb Jarring an die Führer der beiden Länder.

Von Ägypten verlangte er die Zusage, mit Israel einen Friedensvertrag zu schließen, der folgende Punkte enthalten sollte:
a) Beendigung aller kriegerischen Handlungen;
b) Achtung und Anerkennung der Souveränität, territorialen In-

tegrität und politischen Unabhängigkeit Israels;

c) Achtung und Anerkennung von Israels Recht, unbeeinträchtigt in sicheren und anerkannten Grenzen zu leben;

d) die Bereitschaft, nach besten Kräften dafür zu sorgen, daß kriegerische oder feindselige Akte gegen die Bewohner, die Bürger und das Eigentum von Israel nicht von ägyptischem Boden aus geplant oder vorgenommen werden;

e) Nichteinmischung in die inneren Angelegenheiten Israels.

Von Israel wünschte Jarring die Zusicherung, seine Streitkräfte im Sinai auf die Grenzen von vor 1967 zurückzunehmen. Die Voraussetzung dafür sollte eine »befriedigende Übereinkunft« über entmilitarisierte Zonen sein, ferner die Gewährleistung des Zugangs für israelische Schiffe zum Golf von Akaba an Sharm el Sheikh vorbei, sowie ungehinderte Passage durch den Suezkanal.

Innerhalb einer Woche erklärte sich Sadat mit Jarrings Vorschlägen einverstanden. Ägypten wollte der israelischen Schiffahrt die Passage durch den Suezkanal ermöglichen, auch den freien Zugang zum Golf von Akaba; es wäre mit einer Friedenstruppe der Vereinten Nationen in Sharm el Sheikh einverstanden, ebenso mit einer entmilitarisierten Zone »in gleichmäßigem Abstand beiderseits des gesamten Grenzverlaufs«. Falls Israel einverstanden wäre, wollte Ägypten auch UN-Truppen an den Grenzen hinnehmen, wobei die Supermächte sich beteiligen könnten.

Israels Antwort kam elf Tage später. Sie war lang und ausführlich, und sie akzeptierte viele von Jarrings Vorschlägen. Die von Jarring gewünschte wesentliche Verpflichtung sollte aber offenbar nicht eingegangen werden; Israel erklärte sich bereit, »auf sichere, anerkannte und in gemeinsamem Einverständnis festgelegte Grenzen zurückzugehen, die in einem Friedensvertrag auszuhandeln sind... Israel wird sich nicht auf die vor dem 5. Juni 1967 geltenden Grenzen zurückziehen«. Auf den Vorschlag von entmilitarisierten Zonen ging die Note nicht ein.

Jarring und U Thant waren von der israelischen Antwort tief enttäuscht. Besonders bedauerlich fanden sie, daß Israel sich rundheraus weigerte, im Sinai auf die Grenzen von vor 1967 zurückzugehen – übrigens ein Zusatz zu dem ursprünglichen Antwortentwurf, mit dem die Regierung den Sturm der Gefühle in der Knesset beschwichtigen wollte. Am 5. März gab U Thant Israel die Schuld am Scheitern der diplomatischen Bemühungen und forderte es noch einmal auf, sich mit dem Rückzug auf die Grenzen einverstanden zu erklären, wie sie vor 1967 im Sinai verliefen.

Darauf kam aus Israel keine Antwort. Zwei Tage später, am 7. März, weigerte sich Sadat, die Waffenruhe zu verlängern oder zu versprechen, daß künftig nicht mehr geschossen würde. (Eine de facto bestehende Waffenruhe blieb dann allerdings weiterhin in Kraft.) Jarring gab seine Bemühungen auf und ging wieder als schwedischer Botschafter in die Sowjetunion. Ein Jahr später machte er auf Ersuchen des neuen Generalsekretärs Kurt Waldheim noch einen Versuch, Verhandlungen in Gang zu bringen. Ägypten erklärte wiederum seine Bereitschaft, sich an die Resolution 242 und Jarrings Vorschläge von 1971 zu halten, Israel jedoch wollte gerade auf diese Bedingungen nicht eingehen. »Unter diesen Umständen war es nicht möglich, die Jarring-Mission wieder aufzunehmen«, berichtete Waldheim.
Und damit war im Grunde die Entscheidung für einen neuen Krieg gefallen.

Sadat beschließt den Krieg

Staatspräsident Sadat, von Natur aus ein eher zurückhaltender Mensch, der zwischen Euphorie und Depressionen schwankt, war seit je schwerer zu durchschauen als der mehr aus sich herausgehende Nasser. Nach dem Krieg berichtete Sadat jedoch mit erstaunlicher Offenheit einem westlichen Freund: »Seit ich das Amt nach Nassers Tod übernommen habe, wußte ich, daß ich kämpfen muß. Auch Nasser hat das gewußt. Es war seine Hinterlassenschaft. Doch wer je in englischer Haft gesessen hat, lernt Geduld.« (Der junge Sadat, der sich während des Krieges als Nationalist gegen die britische Kolonialmacht betätigte, stand von 1942 bis 1945 unter Hausarrest.) Sadat war also bereit gewesen, es mit den Plänen der Amerikaner und der Vereinten Nationen zu versuchen. »1970 und 1971 hatte ich einige Hoffnungen in Außenminister Rogers gesetzt, doch der hat mir eine Konzession nach der anderen abgenötigt, den Israelis aber keine.« Sadat begriff nun auch, warum das so war: »Rogers glaubte, wir würden nicht kämpfen. Die Israelis glaubten, sie könnten nicht überrascht werden. Der Westen glaubte, wir wären jämmerliche Soldaten ohne gute Führung.«
Bei der Weigerung Israels, sich überall auf die alten Grenzen zurückzuziehen, spielte tatsächlich eine gewisse Selbstzufriedenheit

mit; man bezweifelte aber auch, daß die ägyptischen Führer wirklich den Frieden wollten, einerlei, was sie in den Vereinten Nationen sagten. Die Israelis forderten hartnäckig einen vollständigen Frieden – *sulh* auf arabisch – einschließlich einer Versöhnung und der Anknüpfung freundnachbarlicher Beziehungen mit den Arabern. Die Israelis verwiesen anfangs darauf, daß Nasser nichts weiter anzubieten hatte als eine Beendigung der Kriegshandlungen, und Syrien hätte überhaupt nichts angeboten. Später habe Ägypten *salaam* angeboten, einen Frieden, der Israels Souveränität anerkannte, im übrigen aber einen Zustand der gegenseitigen Duldung vorsah und nichts von freundschaftlichen Beziehungen. Die Ägypter fanden *sulh* verfrüht, für die Israelis war *salaam* besorgniserregend wenig.

Mit jedem Ölzweig, den die Ägypter den Israelis anboten, verband sich überdies ein Hinweis auf die »Wiederherstellung der legitimen Rechte des palästinensischen Volkes«. Jede Erwähnung der Palästinenser löste in Israel Besorgnis aus, die Ägypter brachten damit aber zum Ausdruck, daß eine Friedensregelung, für die man die Palästinenser nicht gewinnen konnte, sehr anfällig sein würde.

Zweimal innerhalb eines Vierteljahrhunderts waren im Gefolge israelischer Siege Hunderttausende von Palästinensern vertrieben worden: 1948 und 1967. Im Jahre 1973 zählte man mehr als 2 Millionen Palästinenser, die meisten davon weit entfernt von jenem Gebiet, das sie ihre Heimat nannten; allein 600000 in Flüchtlingslagern. Als die Jahre vergingen, ohne daß sie ihr Land zurückgewannen, entschlossen sich Gruppen von Palästinensern für den Guerillakrieg. Es kam auch zu Zusammenstößen zwischen palästinensischen Gruppen und arabischen Regierungen. Die blutige Unterdrückung der palästinensischen Guerillas durch Jordanien im September 1970 bewirkte unmittelbar das Entstehen der extremsten aller palästinensischen Gruppen, des *Schwarzen September*, dessen Name an eben diese Unterdrückung erinnert. Die spektakulärsten Terrorakte waren gegen Israel gerichtet, besonders die Entführung und Ermordung israelischer Sportler bei den Olympischen Spielen in München im September 1972. Israel konnte darauf verweisen, daß die Araber solche Übergriffe nach außen hin tolerierten (wenngleich einige arabische Führer insgeheim peinlich davon berührt waren).

Die Araber ihrerseits waren außer sich darüber, daß die Israelis in den 1967 besetzten Gebieten Siedlungen anlegten. Zwischen 1967 und 1973 entstanden 40 solcher Siedlungen, in denen durch-schnittlich hundert Israelis lebten. Die meisten entstanden auf den Golanhöhen und am Westufer des Jordan, es gab aber auch einige im Gazastreifen und im Sinai. »Diese Siedlungen«, sagte Außen-minister Eban im Dezember 1971, »entstehen auf Gelände, das in-nerhalb der Grenzen Israels liegen soll.«

Bei anderen Gelegenheiten gaben sich israelische Führer, insbe-sondere Abba Eban, sehr viel versöhnlicher. Im September 1971 machte Eban der Generalversammlung der Vereinten Nationen Hoffnung auf die Öffnung des Suezkanals unter ägyptischer Auf-sicht noch vor einer Einigung über eine allgemeine Friedensrege-lung. Und im September 1972 sagte er: »Ich kann mir nicht vor-stellen, daß wir den Palästinensern die Teilnahme an Friedensge-sprächen verweigern würden.«

Während Sadat sein Vertrauen in die Diplomatie immer mehr ver-lor, wurde offenbar, daß der bedrückende Zustand »weder Frieden noch Krieg« die ohnehin geringe Einmütigkeit der Araber mehr und mehr untergrub. Im August 1971 brach Syrien seine Bezie-hungen zu Jordanien ab, ein halbes Jahr später folgte Ägypten die-sem Beispiel, nachdem König Hussein vor etwa 500 führenden Po-litikern von beiderseits des Jordan das Angebot gemacht hatte, ein vereinigtes arabisches Königreich mit zwei gleichberechtigten Re-gionen anstelle des Haschemitenreiches Jordanien zu setzen. Die jordanische Region sollte Amman zur Hauptstadt haben, das gleichzeitig die Hauptstadt der Föderation sein würde; die Palästi-nenser sollten ihr eigenes Gebiet mit der Altstadt von Jerusalem als Hauptstadt haben.

Es überrascht nicht, daß sowohl Israel als auch die Palästinenser diesen Plan Husseins ablehnten. Für Israel hätte er bedeutet, zuviel von den besetzten Gebieten aufzugeben (insbesondere die Altstadt von Jerusalem); die Palästinenser hätten zu wenig gewonnen. Am meisten verstört aber zeigten sich Ägypten und Syrien, denn daß Hussein einen solchen Plan überhaupt vortrug, bedeutete, daß er einen Separatfrieden außerhalb des Rahmens der UN-Resolution 242 ins Auge faßte. So blieb dem ägyptischen Präsidenten nichts übrig, als die Beziehungen abzubrechen.

Was Sadat endgültig dazu brachte, die Wiederaufnahme des Krie-ges konkret ins Auge zu fassen, war jedoch die mit diesen Ereignis-sen einhergehende innenpolitische Unzufriedenheit. Am 25. Ja-nuar 1972 – nachdem zum ersten Mal seit 1968 in Kairo Studenten zwei Tage lang demonstriert hatten – versicherte Sadat vor einer

Versammlung von Studenten, Gewerkschaftsführern und Angehörigen der freien Berufe, die Entscheidung, Krieg gegen Israel zu führen, sei bereits gefallen. »Das sind nicht Worte, das ist eine Tatsache«, sagte er. Das war nur wenig übertrieben, wie Sadat hinterher erläuterte. Er verstand die Unzufriedenheit. »Nach sechs Jahren wollten unsere Männer am Suezkanal und unsere Studenten Taten sehen. Schon zu Anfang des Jahres 1972 sind gewisse Pläne in mir gereift.«

Die Ausführung dieser Pläne wurde um so dringlicher, als Sadat entdeckte, daß die wachsende Entspannung zwischen Amerika und Rußland seine Möglichkeiten, die Rivalität der Supermächte für sich zu nutzen, schon beschnitten hatte. Wenn Ägypten Krieg führen wollte, brauchte es vor allem Waffen. Doch von einer Reise nach Moskau am 2. Februar kehrte er enttäuscht zurück. Er sprach dort mit Parteichef Breschnew, mit dem russischen Ministerpräsidenten Kossygin, mit dem Außenminister und dem Verteidigungsminister. Er bat sie alle um neue Angriffswaffen, doch sie lehnten ab. Sadat war angewidert: »Mir wurde klar, daß das herrschende Unentschieden – weder Frieden noch Krieg – den Supermächten gut in den Kram paßte. Sie hatten sich irgendwie über den Umfang der Waffenlieferungen abgesprochen.« In dem Kommuniqué, das die Russen nach Sadats Besuch veröffentlichten, gaben sie von neuem ihrem Vertrauen in die Resolution 242 Ausdruck.

Abgesehen von globalen strategischen Überlegungen bezweifelte Breschnew ganz offen die Fähigkeit der Araber, auch nur die Waffen anzuwenden, die sie bereits besaßen. Das Debakel von 1967 saß ihm immer noch in den Knochen. »Wenn jeder Ihrer Panzer auch nur einen einzigen Schuß abgefeuert hätte«, sagte er zu Sadat, »hätte der Krieg einen völlig anderen Verlauf genommen. Aber Ihre Kanonen sind nicht einmal geladen worden.« Sadat entnahm dieser russischen Unverblümtheit aber nur, daß die sowjetische Politik mehr und mehr zu einer Detente neigte. Sein nächster Besuch in Moskau brachte ihm den Beweis dafür.

Vom 27. bis 29. April 1972 war Sadat, der die Russen in einer Rede deutlich getadelt hatte, weil sie ihm die gewünschten Waffen nicht lieferten, wiederum bei Breschnew zu Besuch. Später sagte er darüber: »Ich bin nach Moskau gereist, um Herrn Breschnew zu sagen, daß wir früher oder später kämpfen müssen, daß uns keine Wahl bleibt. Er erwiderte darauf, er wünschte keine Konfrontation der Supermächte.« Immerhin überzeugte Sadat Breschnew davon, daß er es ernst meinte. Nach diesem Besuch las man in dem russischen Kommuniqué, »die Araber haben allen Grund zu anderen als diplomatischen Mitteln zu greifen, um die Rückgabe der von Israel geraubten arabischen Gebiete zu erzwingen«. Trotzdem verweigerte Rußland Sadat die Waffen, die er haben wollte. »Den ganzen Sommer und Herbst 1972 haben die Russen uns hingehalten«, erinnerte Sadat sich später. »Sie sagten, sie müßten die amerikanischen Präsidentschaftswahlen im November abwarten. Man darf nicht vergessen, daß sie bei meinem Besuch im April noch nicht wußten, ob Nixon wiedergewählt werden würde; er war ja dann im Anschluß an seinen Besuch in China in Moskau.«

Mitte des Sommers wußte Sadat, daß er die Dinge auf die Spitze treiben mußte. »Die Russen glaubten, sie hätten in unserem Land festen Fuß gefaßt, wenn sie sich auch sehr diskret außer Sichtweite hielten.« Sie hatten wirklich Fuß gefaßt: bei der ägyptischen Armee waren 4000–5000 Berater und weitere 10000–15000 Mann anderes Personal; sie bemannten 50 Abschußbasen für Raketen vom Typ SAM 2 und SAM 3; für die MIG 21, die MIG 23 und die Kampfflugzeuge vom Typ Suchoi 11 waren 200 Piloten und Bodenpersonal vorhanden; in vier ägyptischen Häfen saßen starke russische Kontingente, und sieben Flughäfen standen praktisch unter ihrer Kontrolle. Damit konnte die Sowjetunion alle militärischen Vorhaben Sadats durchkreuzen.

Sadat hatte deswegen mit seinen eigenen Offizieren beträchtlichen Ärger. Einige von ihnen waren pro-westlich orientiert; andere fanden, die Russen benähmen sich ihnen gegenüber arrogant. Aber nicht deswegen reiste Sadats Premierminister Dr. Asis Sidqi am 13. Juli nach Moskau. Er sollte dort drei bis fünf Tage mit Breschnew und seinen Stäben verhandeln, flog aber schon am 15. Juli heim. Am 17. Juli befahl Sadat dem sowjetischen Militärpersonal samt Familien – insgesamt 40000 Personen –, das Land unverzüglich zu verlassen. Flugplätze und Raketenrampen würden von ägyptischen Truppen übernommen werden. Am 19. Juli gab Sadat seine Gründe dafür bekannt. Vor dem Zentralkomitee der Sozialisten Arabischen Union – der einzigen und regierenden Partei – drückte Sadat sich sehr höflich aus: »Die Sowjetunion ist ein großes Land, sie hat in der Welt ihre eigene Rolle zu spielen und verfolgt ihre eigene Strategie. Was uns angeht, so steht ein Teil unseres Territoriums unter fremder Besatzung, und darum muß unser Ziel als Ägypter und Araber sein, die Folgen der Aggression zu beseitigen.« Er deutete an, bei welchen Bemühungen Sidqi gescheitert war: Ägypten habe nie beabsichtigt, eine Konfrontation zwischen der Sowjetunion und den USA herbeizuführen, es habe auch nie erwartet, daß sowjetische Soldaten für die Araber Krieg führen sollten. Doch die Waffen, die Ägypten aus dem Ausland erworben habe, werde es nach dem Ermessen des ägyptischen Volkes verwenden, »ohne jemanden um Erlaubnis zu fragen, einerlei wer es sei«.

Inoffiziell sagte Sadat damals nur: »Ich war der Meinung, wir brauchten allesamt eine Aufmunterung.« Den eigentlichen Zweck erläuterte er nach dem Krieg so: »Ich habe sie herausgeworfen, um völlig freie Hand zu haben.«

Dieses Vorgehen Sadats stärkte seine Position fühlbar. Das rebellische Gerede in der Armee verstummte auf der Stelle. Zugleich machte sich dort die Erwartung breit, Sadat würde sich Israel gegenüber ebenso entschlossen verhalten. Auf kurze Sicht blieb dem Präsidenten jedoch nichts anderes übrig, als noch einmal zu versuchen, den toten Punkt diplomatisch zu überwinden. Am 17. August sagte er vor einem kleineren Kreis: »Wir müssen uns jetzt mit der Sowjetunion, den Vereinigten Staaten, Westeuropa, den blockfreien und den arabischen Staaten auf eine neue Initiative vorbereiten.«

Persönlich setzte Sadat in dieses Mittel kaum noch Vertrauen. Und ein weiteres unergiebiges Jahr konnte er sich nicht mehr leisten. Das würde seinen Sturz bedeuten, die Wirtschaft Ägyptens konnte die gigantischen Militärausgaben nicht mehr verkraften, und es war ungewiß, ob die ägyptische Sozialstruktur dem Druck des Zustands »weder Frieden noch Krieg« auf die Dauer standhalten konnte. Sadat bereitete sich also auf den Krieg vor, während er noch Friedensfühler ausstreckte. Im Oktober 1972 ernannte er einen seiner ältesten Offizierskollegen zum Kriegsminister und Oberkommandierenden, den General Ahmed Ismail. (Einer der klügsten und aggressivsten ägyptischen Frontoffiziere, Generalleutnant Saad El-Shasli war bereits Stabschef. Die gegensätzlichen Persönlichkeiten und Laufbahnen dieser beiden Generäle sollten den kommenden Krieg in einem entscheidenden Augenblick beeinflussen.)

Die Ironie der Geschichte wollte es, daß die anhaltende russische Vorsicht der Faktor war, der Sadats Entschluß endgültig bestimmte. »Nach den Novemberwahlen blieb Präsident Nixon im Amt, und Breschnew schrieb mir, Rußland wollte die Politik der Detente fortsetzen; ich sollte mich damit abfinden. Auf keinen Fall würde die Sowjetunion mehr als die übliche Menge Waffen liefern.«Am 14. November sprach Sadat vor dem Zentralkomitee seiner Partei. »Auf dieser Sitzung wurde beschlossen, auf das russische Verlangen nicht einzugehen. Ab sofort wurde mit der Planung der Offensive begonnen.« Während der kommenden elf Monate bis zum Kriegsausbruch verliefen die Ereignisse dann parallel: Sadat unternahm ohne viel Hoffnung seine diplomatische Initiative, während Ismail behutsam, methodisch und brillant den Krieg plante.

Ismail hat später im einzelnen gegenüber *Al Ahram* ausgeführt, daß er gleich zu der Einsicht gekommen war, es hätte keinen Sinn, eine Neuauflage des Abnützungskrieges von 1969–70 zu versuchen. »Auf einen solchen Versuch unsererseits hätte Israel heftig reagiert, der Schaden wäre größer gewesen als irgendein politischer oder militärischer Nutzen für uns. Nein, wir mußten gleich den stärksten Schlag führen, der uns überhaupt möglich war.« Wie sollte der aber aussehen? In diesem Punkt war Ismail sich mit seinem Stabschef ganz einig. Man konnte die Israelis nicht schlagen, wenn man sie in ihren eigenen Blitzkriegmethoden übertreffen wollte. Man müßte vielmehr, wie Shasli sich ausdrückte, einen Fleischwolf-Krieg führen.

Das neue Jahr eröffnete auch neue Ausblicke für die Kriegsplanung. Am 21. Januar 1973, nach wochenlangen Verhandlungen, wurde Ismail mit dem Oberkommando über die Armeen der sogenannten Arabischen Föderation beauftragt. Da zwei Mitglieder dieser Föderation, Ägypten und Syrien, zu Libyen als drittem Mitglied nur sehr vage definierte Beziehungen unterhielten, schien es sich hier mehr um ein Ehrenamt zu handeln. Ismail war jedoch anderer Meinung. »Der zweite Einfall, den ich hatte«, sagte er gegenüber *Al Ahram*, »bestand darin, den Krieg an zwei Fronten zu eröffnen.« Anfang Februar begann ein 40köpfiger ägyptischer Planungsstab in den bescheidenen Büros des Kriegsministeriums unter Ismails Leitung mit den Vorbereitungen für den neuen Krieg – sicher bemerkten die Männer nicht ohne Ironie, daß ihre Büros nur wenige hundert Meter von der neuen Nasser-Moschee entfernt lagen, wo der Mann begraben war, der es als letzter mit Israel aufgenommen hatte.

Sadats Parallelaktion auf diplomatischer Ebene erreichte ihren Höhepunkt im Februar 1973. Ohne Zweifel handelte es sich um den am besten vorbereiteten Versuch der Ägypter, den toten Punkt in den Verhandlungen zu überwinden. Mit der eigentlichen Arbeit beauftragt war ein Namensvetter von General Ismail, Hafes Ismail, Sadats Berater in Sicherheitsfragen und, wie man sagen könnte (wenn man den Vergleich nicht zu weit treibt), Ägyptens Henry Kissinger. Hafes Ismail begab sich auf Reisen nach Moskau, London, Washington, Bonn und zu den Vereinten Nationen. Der ägyptische Außenminister Zayyat reiste nach Neu Delhi und Peking. Die einzigen Stationen von Bedeutung waren allerdings Moskau und Washington, und daß vom Kreml nichts mehr zu erwarten war, wußte Sadat bereits.

Am 23. Februar besuchte Ismail den Präsidenten der USA im Weißen Haus. Nixon ist zwar zu den Arabern nicht so ostentativ liebenswürdig wie Englands Premier Heath, aber er war keineswegs abweisend. Nach seinen Worten wünschte Amerika Verhandlungen. Außenminister Rogers äußerte sich im gleichen Sinn. Was sie weiter vorbrachten, klang etwas spitz: Ägypten hätte Rogers am 18. Januar deutlich genug wissen lassen, eine neue Initiative der USA mit dem Ziel, ein Abkommen über die Räumung des Kanals auszuhandeln, wäre nicht akzeptabel, weil ein solcher Plan Israel gestattete, »seine Besetzung des Sinai auf unabsehbare Zeit fortzuführen«. Ismail kennzeichnete seine Gespräche mit Nixon und Rogers später immerhin noch als »freundlich, objektiv und fruchtbar«. Rogers wußte am nächsten Tage von einer »neuen Erwärmung« der Beziehungen zu Ägypten zu berichten.

Am 25. Februar machte der stellvertretende Außenminister Joseph Sisco in einem Interview jedoch sehr deutlich, daß die USA nicht vorhätten, ihre Stellung als Waffenlieferant Israels dazu zu gebrauchen, die israelische Führung unter Druck zu setzen. Einige Tage später, am 1. März, besuchte Golda Meïr den Präsidenten, und nach einem Gespräch im Weißen Haus erläuterte sie vor dem Nationalen Presseclub die israelische Politik. Sie wiederholte hier: »Nichts würde mich mehr freuen, als wenn Präsident Sadat mit uns in Verhandlungen eintreten würde, einerlei auf welcher Ebene, ja, sogar indirekt.« Diese ermunternde Geste wurde dann allerdings aufgehoben durch eine Äußerung, aus der hervorging, über die Golan-Höhen und Sharm el Sheikh könnte nicht verhandelt werden.

Während die Ägypter noch versuchten, Golda Meïrs Position einzuordnen, erfuhren sie kaum 14 Tage später, daß die Vereinigten Staaten bereit waren, Israel weitere 48 Düsenmaschinen zu liefern. Das war nur ein weiterer Beweis dafür, daß Sadat mit seiner Vermutung recht hatte: Ein wiedergewählter Nixon, der darauf vertraute, daß Breschnew die Entspannung nötig hatte, würde niemals Druck auf Israel ausüben.

Ende März empfing Sadat den Berichterstatter von *Newsweek*, Arnaud de Borchgrave, und wiederholte ihm, die Verhandlungen wären endgültig gescheitert und der Krieg nun unvermeidlich. Nachdem er mit allen Weltmächten gesprochen hatte, stünde für ihn fest: »Wenn wir unsere Sache nicht selbst in die Hand nehmen, geschieht nichts... Man kann die Uhr nicht zurückstellen. Ich mag tun was ich will, immer wieder nötigt man mich zu neuen Konzessionen. Rogers hat mir gesagt, meine letzte an Israel gerichtete Friedensinitiative sei sehr zu begrüßen und habe die Situation gründlich verändert. Aber in Wahrheit schlägt man mir alle Türen vor der Nase zu, und die Amerikaner klatschen dazu Beifall.«

»Darf ich Ihren Ausführungen entnehmen, daß Sie in der Wiederaufnahme der Kriegshandlungen den einzigen Ausweg sehen?« fragte der Journalist.

»Sie verstehen richtig. Hierzulande wird jetzt mit aller Kraft auf die Wiederaufnahme des Krieges hingearbeitet, der jetzt unvermeidlich geworden ist.«

Sadat wollte den Westen unbedingt davon überzeugen, daß er nicht bluffte. Zum Frieden fiel ihm nichts mehr ein, wie er sagte, und da es keinen Frieden geben kann, »wird es eben einen besonders schlimmen Alptraum geben, und alle werden die Verlierer sein«. Er beklagte sich bei de Borchgrave: »Die Nahostkrise holt einfach niemanden mehr aus dem Schlaf. Aber man wird bald aufwachen.«

Ägypten würde über genug Waffen verfügen, »denn die Russen liefern uns alles, was man überhaupt nur liefern kann«.

Zum ersten Mal meinte Sadat seine Prophezeiungen bitter ernst, nur glaubte ihm diesmal keiner.

Warum Israel nichts bemerkte

Israels Versagen, den Oktoberkrieg vorauszusehen, hat im wesentlichen drei Gründe. Der erste ist praktischer Art. Seit vier Jahren hatten sich die israelischen Nachrichtendienste auf die Bekämpfung der palästinensischen Guerillas konzentriert, insbesondere deren Tätigkeit im Ausland. Die Israelis haben aber nicht genug Leute zur Verfügung und mußten zu diesem Zweck einen erheblichen Teil ihrer Agenten aus Ägypten und Syrien abziehen, die politische Informationen sammelten. Es kam zu einem Versiegen dieser Nachrichtenquellen, und Israel wurde der »klassische Beweis dafür, daß ein Nachrichtendienst die Kapazität des Feindes ausforscht, ohne seine Absichten zu erkennen«, wie sich ein englischer Diplomat später ausdrückte.

Die Besessenheit – man muß es schon so stark ausdrücken – von den Aktionen der Palästinenser bewirkte auch die zweite und tiefergehende Ursache von Israels Blindheit. Es handelte sich um die völlige Unfähigkeit zu begreifen, daß die Araber gleichzeitig Terroraktionen und einen konventionellen Krieg führen könnten. Der israelische Verteidigungsminister Moshe Dayan und mehrere aufeinander folgende Stabschefs äußerten immer wieder verächtlich die Ansicht, die Araber seien eben darum auf das Niveau von Terroristen abgesunken, weil sie sich Israel in offener Feldschlacht nicht zu stellen wagten; im übrigen trauten sie sich nicht einmal mehr, Überfälle an den Grenzen zu begehen. Für die dritte und absurdeste Ursache des israelischen Versagens waren ausgerechnet die Palästinenser verantwortlich. Die israelischen Nachrichtendienste sagten für 1973 den Krieg vorher, glaubten aber, er werde im Mai ausbrechen und zwar als Folge der Aktionen der Palästinenser.

Ganz fasziniert von ihrem palästinensischen Popanz ignorierten die Israelis die arabischen Kriegsvorbereitungen, die während des ganzen Sommers ständig zunahmen. Im März einigte sich Sadat mit Syrien auf gemeinsames politisches Vorgehen. Noch lehnte es Damaskus ab, den jüdischen Staat anzuerkennen, und daher mußten Ägypten und Syrien sich vor allem einmal darüber einigen, mit welchem Ziel der Krieg eigentlich geführt werden sollte – wollte man Israel die Existenzberechtigung absprechen, oder wollte man nur die besetzten Gebiete befreien? (Syrien hatte ebenso wie Jordanien 1967 Land verloren.) Eine weitere Schwierigkeit bestand darin, daß Ägypten und Syrien keine diplomatischen Beziehungen zu Jordanien unterhielten. Also mußte Jordanien in die arabische Gemeinschaft zurückgeführt werden.

Am 21. und 22. April nahmen die arabischen Stabschefs in Kairo eine Einschätzung der militärischen Lage Israels vor. General Ismail faßte seine Schlußfolgerungen so zusammen: »Israel besaß vier wesentliche Vorteile: die Luftüberlegenheit; technisches *know how*; ausgezeichnete Ausbildung; die Gewißheit, jederzeit von den Vereinigten Staaten mit Nachschub versorgt zu werden.

Der Feind hatte aber auch wesentliche Nachteile in Kauf zu nehmen: seine Verbindungslinien sind lang, sie verlaufen an mehreren Fronten, sind also schwer zu verteidigen. Die Menschenreserve ist so gering, daß er sich große Verluste nicht leisten kann. Die wirtschaftlichen Verhältnisse machen es unmöglich, einen Krieg von längerer Dauer zu führen. Schließlich leidet er an eitler Selbstüberschätzung.«

Wollte man diese Schwächen nutzen, so war es notwendig, den Feind an möglichst vielen Stellen zu Gegenangriffen zu nötigen. Das wiederum war nur möglich, wenn eine koordinierte arabische Strategie einen Mehrfrontenkrieg erlaubte. Als man im April zusammenkam, konnte von Einigkeit noch nicht die Rede sein. General Shasli sagte beim Verlassen des Konferenzraumes: »Politische und militärische Hindernisse stehen einer gemeinsamen Aktion noch im Wege.« Von den politischen Hindernissen machte sich eines schon bald fühlbar. Am 2. Mai kam es zwischen der libanesischen Armee und den palästinensischen Guerillas zu heftigen Kämpfen.

Verantwortlich dafür war eine israelische Aktion. Am 10. April ermordeten israelische Kommandos in Zivilkleidung im Zentrum von Beirut drei bekannte Palästinenserführer sowie zwei unbeteiligte Frauen. Daraufhin stürzte am 2. Mai prompt die Regierung, und zwar im wesentlichen, weil man ihr vorwarf, daß sie während dieses Überfalls kein Militär eingesetzt hatte. Im Libanon brach nun ein Bürgerkrieg aus, der neun Tage dauerte. Der israelische Nachrichtendienst vermutete, die Kämpfe würden sich nicht auf den Libanon beschränken. Von Sadats Kriegsprophezeiungen nervös gemacht, fürchtete Israel, daß Syrien im Libanon zugunsten der Guerillas eingreifen könnte. Das hätte vermutlich zu einer balkanartigen Konfrontationsfolge geführt, von der Israel nicht verschont bleiben konnte. Daß die Syrer sich darauf vorbereiteten, stand fest. Nun wurde die israelische Armee in Alarmbereitschaft versetzt – die Militärparade in Jerusalem anläßlich der 25. Wiederkehr der Staatsgründung bot dafür eine gute Tarnung – und israelische Infanterie veranstaltete demonstrativ Manöver auf den Golan-Höhen.

Es war ein falscher Alarm, der allerdings zeigte, wie die Probleme beschaffen waren, die knapp vier Monate später den Israelis so zu schaffen machten. Der israelische Stabschef Generalleutnant Elasar hat geäußert, bei dem Alarm im Mai hätte er viel überzeugendere Hinweise auf arabische Kriegsvorbereitungen bekommen als dann im Spätsommer. Die Mai-Mobilisierung kostete die Israelis 35 Millionen DM, die es sich schlecht leisten konnte. Auch das spielte mit: Israel konnte nicht leichten Herzens bei jedem Anzeichen von Gefahr seine Reserven einberufen, ohne sich schweren wirtschaftlichen Schaden zuzufügen.

Für Israels Schutzmacht, die USA, war der Mai ebenfalls ein kritischer Monat. Der nachrichtendienstliche Apparat der Amerikaner umfaßt mehrere unabhängige Behörden, die sich in ihren Zuständigkeiten überschneiden und meist untereinander verfeindet sind, und von denen die CIA nur die bekannteste ist. Die kleinste, das INR, gehört zum Außenministerium, hat keine eigenen Agenten, dafür aber Zugang zu den Resultaten aller anderen Nachrichtendienste, die sie analysiert. Sie hat recht gute Ergebnisse vorzuzeigen, z. B. hat sie als einzige unentwegt pessimistische Äußerungen über Vietnam von sich gegeben. Die Beamten des INR ersahen aus den die Maikrise und Sadats zunehmende Kriegsvorbereitungen betreffenden Meldungen, daß man im Herbst mit einem Krieg rechnen mußte. Die CIA stimmte zu, wollte sich aber nicht auf ein Datum festlegen. Den Sommer über warnten beide Nachrichtendienste die amerikanische Regierung immer wieder: Im Nahen Osten ist »demnächst« mit Krieg zu rechnen.

Ein Grund für diese Vorhersage bestand wohl darin, daß die Araber, insbesondere Syrien, plötzlich ungewöhnliche Mengen russischer Waffen geliefert bekamen. Die Israelis brauchten sich wegen der von Rußland an Ägypten und Syrien gelieferten Panzer vom Typ T-62 nicht besonders zu ängstigen, denn Versuche mit den beiden erbeuteten T-62 hatten sie von der Überlegenheit ihrer eigenen Centurion-Panzer überzeugt. Die neuen syrischen Luftabwehrraketen boten schon eher Grund zur Besorgnis. Am 3. Mai reiste Präsident Sadat für einen Tag nach Moskau, wo man ihm die Lieferung eines kompletten Luftabwehrsystems mit SAM-Raketen und als Draufgabe noch 40 MIG 21 zusagte. Zur Beaufsichtigung der Errichtung dieser Installationen kam der russische Luftmarschall Kotachow gleich mit. Zur Betreuung der wachsenden syrischen Panzerbestände gewann Assad den Chef des tschechischen Generalstabs, Karel Rusow, pikanterweise ein Experte in der defensiven Verwendung der Panzerwaffe. Nach amerikanischer Schätzung lieferte die UdSSR während der ersten Jahreshälfte 1973 an Syrien für 185 Millionen Dollar Waffen, also für 35 Millionen Dollar mehr als im ganzen Jahr 1972.

Während Syrien aufrüstete, wurden die politischen Verhandlungen über eine gemeinsame Strategie mit Ägypten fortgesetzt. Soweit man weiß, fanden folgende bedeutende Besprechungen statt:

9. Mai: der ägyptische Kriegsminister Ismail unterbricht seine Rückreise aus dem Irak in Damaskus.
19. Mai: Sadat sieben Stunden in Damaskus.
6. Juni: Syrische Militärdelegation unter Verteidigungsminister Generalleutnant Mustapha Tlas in Kairo.
12. Juni: Sadat wieder in Damaskus bei Assad.

Bei dieser letzten Zusammenkunft gelang es Sadat schließlich, Assad klarzumachen, daß Syrien auch mit noch soviel russischer Ausrüstung bei sechs Millionen Bewohnern keinen Krieg gegen Israel führen könnte, es sei denn zusammen mit Ägypten. Nun blieb Assad nichts übrig, als seine Kriegsziele denen der Ägypter anzugleichen.

Der Planungsstab in Kairo konnte nun den Beginn des Krieges auf ein festes Datum ansetzen. In diesem Stadium der Planung trat der Chef der Operationsabteilung, Generalmajor Abdel Ghani Gamasy, in den Vordergrund, der die Planung beaufsichtigte. General Ismail schilderte später ohne falsche Bescheidenheit, wie es gelang, den richtigen Zeitpunkt für den Angriff ausfindig zu machen: »Es handelte sich um eine wahrhaft bedeutende wissenschaftliche Arbeit. Wenn unsere Dokumente den Historikern zugänglich sein werden, wird man ihren Wert richtig einschätzen und sie in den kriegswissenschaftlichen Archiven als ein wahres Muster an Genauigkeit und erfolgreicher Forschungsarbeit aufbewahren.«
In Wirklichkeit stritt man sich noch bis zum 2. Oktober mit Syrien um die Stunde des Kriegsbeginns. Ismail flog dann selbst nach Damaskus, um diese Unklarheit zu bereinigen. Er erläuterte später: »Die Syrer wollten aus mehreren Gründen im Morgengrauen angreifen, hauptsächlich darum, weil sie die Sonne im Rücken haben wollten. Wir jedoch hatten Gründe, die uns bestimmten, bei Sonnenuntergang loszuschlagen, unter anderem ebenfalls der Sonne wegen, aber auch weil wir Brücken schlagen und Panzer über den Kanal schaffen mußten, was nur bei Dunkelheit geschehen konnte.« Ismail, nicht umsonst Oberkommandierender an beiden Fronten, bestimmte schließlich den Nachmittag als Angriffszeit.
Auf den 6. Oktober hatten sich die Ägypter bereits viel früher fest-

gelegt, »schon Monate vor Kriegsbeginn«, wie Ismail sagte. »Ganz allgemein galt, daß wir in einem Augenblick losschlagen sollten, wo die Weltmeinung und die Meinung in den arabischen Staaten uns am günstigsten war. Vor allem brauchten wir erstens eine mondhelle Nacht mit günstigem Mondaufgang; zweitens eine Nacht mit günstigen Strömungsverhältnissen für die Überquerung des Kanals; drittens eine Nacht, in welcher der Feind nicht mit einem Überfall rechnete; und viertens eine Nacht, in welcher der Feind selbst unvorbereitet war. Dies alles stand am 6. Oktober zu erwarten. Astronomische Berechnungen zeigten, daß Mondaufgang und Monduntergang besonders günstig lagen. In den Archiven der alten Kanalgesellschaft fanden wir sehr brauchbare Hinweise auf die Strömungsgeschwindigkeit, die am 6. Oktober ebenfalls günstig war. Ferner erwarteten die Israelis nicht, daß wir im islamischen Fastenmonat Ramadan etwas unternehmen würden, und sie selber waren durch alles Mögliche abgelenkt, etwa durch den Wahlkampf.« (Ismail erwähnte nicht, daß auf den 6. Oktober auch der höchste jüdische Feiertag fällt, das Versöhnungsfest Jom Kippur, an dem das öffentliche Leben in Israel praktisch zum Stillstand kommt; das dürfte seinen Zwecken sehr dienlich gewesen sein.)

Übrigens hat das Datum des 6. Oktober für die Araber einen gewissen historischen Reiz. Im Jahr 1973 fiel der 10. Tag des Ramadan auf den 6. Oktober, und an diesem Tag hatte der Prophet Mohammed im Jahre 623 mit den Vorbereitungen auf die Schlacht von Badr begonnen, auf die zehn Tage später sein triumphaler Einzug in Mekka folgte und damit die Ausbreitung des Islam. Das war ein Vorzeichen, das man nicht übersehen durfte. Das Unternehmen bekam denn auch den Decknamen ›Operation Badr‹, und eine von Ismail selber gewählte Tarnbezeichnung für den 6. Oktober hieß »Tag J«. (»J« steht hier für Jom, das im Arabischen wie im Hebräischen Tag bedeutet.)

Die militärische Planung war weit fortgeschritten, die politische Strategie Sadats hinkte aber noch hinterher. Es galt, König Hussein zu gewinnen, was nicht leicht war. Es gibt Anhaltspunkte dafür, daß Hussein eine erste Annäherung über König Feisal von Saudi-Arabien, der sich die ganze Zeit über insgeheim als Mittelsmann betätigte, abgewiesen hat. Am 13. März ließ Hussein seinen Offizieren eine geheime Denkschrift zukommen. »Es ist heute klar«, schrieb er, »daß die arabischen Staaten sich auf einen neuen

Krieg vorbereiten..., dieser Krieg käme zu früh.« Die Meinungsverschiedenheiten Husseins mit Ägypten und Syrien waren politischer Art; daß er sich nicht an einem neuen Krieg gegen Israel beteiligen wollte, hatte einleuchtende militärische Gründe.

Sadat blieb jedoch hartnäckig, denn für den strategischen Vorteil,
Israel an drei Fronten zugleich bedrohen zu können, wollte er
schon einmal eine Abweisung in Kauf nehmen. Zur Wiederherstellung der diplomatischen Beziehungen war Jordanien übrigens
bereit. Die Folge der wichtigsten Kontakte zwischen den arabischen Hauptstädten läßt erkennen, welche Fortschritte gemacht
wurden:

18. Juni: Abdel Rifai, Husseins Sonderbeauftragter – und Onkel
seines Ministerpräsidenten – verhandelt in Kairo mit Sadats engsten Beratern. Daß man Rifai damit beauftragte, die Beziehungen
wieder anzuknüpfen, hatte seinen Grund darin, daß er nichts mit
der blutigen Unterdrückung der palästinensischen Guerillas in Jordanien im September 1970 zu tun hatte, nach der eine Gruppe von
Fedajin sich Schwarzer September nannte.

30. Juni: Rifai ist in Damaskus, um die diplomatischen Beziehungen zwischen beiden Ländern wieder anzuknüpfen.

19. Juli: Rifai überbringt Sadat in Kairo eine Botschaft Husseins.

Um diese Zeit führte der jordanische Ministerpräsident Sadi Rifai
Gespräche, über die nichts verlautbarte: zwei davon mit Sadat, eines mit Assad. Man gab darüber nichts bekannt, weil die Verhandlungen, die sein Onkel derweil führte, keine großen Fortschritte
machten. Wiederum griff König Feisal ein. Am 28. Juli traf er sich
für 12 Stunden mit dem jordanischen Ministerpräsidenten, und
damit begann die Beilegung der politischen Differenzen Jordaniens
mit Ägypten und Syrien. Am 6. August – der ägyptische Stabschef
Shasli feilte schon mit den Syrern an seinen taktischen Anweisungen – erschien ein Beauftragter Sadats in der jordanischen Hauptstadt Amman und reiste von dort vier Tage später mit Husseins
Sondergesandtem Rifai zu Assad nach Damaskus.

Einem abschließenden Gipfeltreffen stand nun nichts mehr im
Wege. Jetzt konnten auch die Militärgespräche mit Jordanien be-
ginnen. Am 29. August reiste der syrische Verteidigungsminister
Tlas nach Amman.

Als König Hussein und Präsident Assad am 10. September zu ihrer
Begegnung mit Sadat in Kairo eintrafen, waren die diplomatischen

und militärischen Meinungsverschiedenheiten im wesentlichen beigelegt. Jordanien war ins Bündnis zurückgekehrt. Syrien hatte sich bereit erklärt, seine Kriegsziele herabzusetzen, und Sadat hatte zum Ausgleich dafür versprochen, Ägyptens Kriegsvorbereitungen zu beschleunigen. Das konnte er nur, weil er sich mit den Russen versöhnt hatte. Seit April dankten die Führer Ägyptens der Sowjetunion öffentlich dafür, daß sie sich wieder am Aufbau der ägyptischen Streitkräfte beteiligten. Ägypten erhielt wie Syrien Panzer, Raketen und Flugzeuge, dazu das neueste russische Brückengerät sowie 70 oder 80 Techniker für seine Streitkräfte.

Das auf dem Gipfeltreffen von Kairo beschlossene Kriegsziel sah im wesentlichen vor, die nun 25 Jahre dauernde Konfrontation mit Israel endgültig zu beheben. Der Plan sah vor, eine Krise auszulösen, in welche die Supermächte unvermeidlich hineingezogen würden; und *sie* sollten dann Israel zwingen, Zugeständnisse zu machen. Aus diesem Grunde gab Sadat seiner großangelegten politischen Strategie den Decknamen »Operation Funke«.

Das militärische Ziel war die Rückgewinnung der von Israel besetzten Teile Syriens, Ägyptens und Jordaniens. Auch das sollte in zwei Phasen vor sich gehen, denn Syrien mochte zwar seine geringen Gebietsverluste im Golan einbringen, doch Sadat hatte nicht die Absicht, seine Armee über den ganzen Sinai ausschwärmen zu lassen. Hussein war überhaupt nicht in der Lage, es mit Israel aufzunehmen. Die Ägypter planten daher, ein Stück Sinai entlang dem östlichen Kanalufer zu besetzen. Hussein sollte mit der Bildung einer dritten Front gegen Israel drohen, dadurch israelische Kräfte binden und einen israelischen Vorstoß durch Jordanien in das südliche Syrien verhindern. Der große Rest vom Sinai und das Westufer des Jordan sollten dann als Konzession von den Israelis hergegeben werden.

Die militärische Strategie, auf die sich die arabischen Führer festlegten, war brutal einfach: Israel sollte einem Abnutzungskrieg, eben dem »Fleischwolf«, unterworfen werden. Versagten die Supermächte, würden die Araber den Krieg wochenlang, ja monatelang fortsetzen, bis Israel durch Verluste an Menschen und Geld erschöpft einlenken mußte.

In dieser Strategie findet sich überhaupt kein Hinweis auf das Problem, das den Arabern theoretisch am meisten am Herzen lag – auf die Rechte der fast zwei Millionen Palästinenser. Tatsächlich konnte man während des Gipfeltreffens die Rundfunkstation der Palästinenser in Bagdad klagen hören: »Gewisse arabische Regimes weichen immer weiter zurück...« Von ihrem Standpunkt hatten die Palästinenser damit recht; Ägypten und Syrien waren bereit, die Existenz Israels hinzunehmen. Aber der Einsatz, um den Sadat spielte, war zu hoch, um von den Guerillas Verhaltensvorschriften anzunehmen. Überdies durften die drei arabischen Führer immer noch behaupten, ihre Strategie würde den Palästinensern mehr nutzen als alles, wozu sie selber imstande waren. (Tatsächlich machten sich die Führer diese Mühe nicht. Assad legte die palästinensische Rundfunkstation in Damaskus einfach still, während Hussein versuchte, die Fedajin zu versöhnen, indem er einige inhaftierte Partisanen freiließ.)

Alles in allem war es eine erfolgreiche Gipfelbegegnung. Soweit wir wissen, endete sie am 12. September mit der formellen Wiederaufnahme der diplomatischen Beziehungen zwischen den drei Ländern und der Abmachung, die endgültige Entscheidung über Krieg oder Frieden Sadat zu überlassen. Assad und Hussein erfuhren jedenfalls nicht das Datum des »Tages J«. Ismail sagte später, dieses Geheimnis wäre damals nur seinem eigenen Stab und selbstverständlich Sadat bekannt gewesen, und der wollte bis zum letzten Augenblick freie Hand behalten. Tags darauf, am 13. September, räumte ausgerechnet Israel seine letzten Bedenken aus.

Es ist möglich, daß Israel nicht die Absicht hatte, sich mit Syrien in einen Streit einzulassen, jedenfalls sagte der israelische Stabschef hinterher, »das Gefecht kam unbeabsichtigt zustande«. Was aber hatten vier israelische Jagdflugzeuge ganz nahe am, wenn nicht sogar im syrischen Luftraum über dem Mittelmeer zu suchen? Israel behauptete, sie wären auf einem Routineflug gewesen. Andererseits war es nicht das erste Mal, daß die israelische Luftwaffe sich dieses Tricks bediente. Doch wie auch immer, die Syrer fielen darauf herein. Eine Staffel MIG stieg auf, um die israelischen Maschinen abzufangen. Die weiteren Ereignisse sind umstritten. Die Israelis behaupten, sie hätten Verstärkungen heranziehen müssen; andere sagen, diese Verstärkung hätte bereits an Ort und Stelle gewartet. Fest steht nur, daß bei dem Luftkampf wenigstens acht, möglicherweise aber 13 syrische Maschinen und ein israelisches Flugzeug abgeschossen wurden.

Wenn die Israelis mit dieser Schlacht beabsichtigten, den Arabern unter die Nase zu reiben, daß sie auch nach dem Kairoer Gipfel noch vorhanden waren, so ging der Schuß eindeutig nach hinten los. Zuverlässigen Quellen in Kairo zufolge rief Assad nach diesem Luftkampf bei Sadat an und sagte, nun sei die Zeit für Taten gekommen. Sadat stimmte ihm zu. Er berief seine höchsten Offiziere zu sich: Kriegsminister General Ahmed Ismail; Stabschef Generalleutnant Saad Shasli; den Chef der Operationsabteilung, Generalmajor Abdel Ghani Gamasy, den Chef des Rüstungs- und Organisationsamtes, Generalmajor Omar Gohar, den Kommandeur der Luftabwehr, Generalmajor Mohammed Ali Fahmi, Vizeluftmarschall Mohammed Mubarak und den Pionierführer, der die Brükken über den Kanal schlagen sollte, Generalmajor Ali Mohammed. Diesen und weiteren zehn hohen Offizieren gab Sadat den Befehl, mit der Operation Badr zu beginnen. Der Countdown zum Krieg war angelaufen. Das bemerkenswerteste Ereignis der folgenden drei Wochen war, daß es den Arabern gelang, dieses Unternehmen vor aller Welt verborgen zu halten.

Die geheimen Vorbereitungen

Als in der letzten Septemberwoche der ägyptische Panzeraufmarsch begann, bereitete das kaum einem Israeli Sorgen. Seit zehn Jahren – ausgenommen 1967, als sie anderweitig beschäftigt war – hielt Ägyptens Armee Herbstmanöver ab. Seit zwei oder drei Jahren schienen sich die Manöver und andere militärische Übungen, die immer häufiger stattfanden, um den Kanal herum abzuspielen. In den weitverstreuten Bunkern der Bar-Lev-Linie fiel es den Israelis schon arg schwer, die Moral aufrechtzuerhalten, obwohl sie wenigstens Klimaanlagen hatten und nicht länger als vier, höchstens sechs Wochen im Dienst blieben. Für den ägyptischen Dienstpflichtigen, der zwei Jahre am Kanal auszuhalten hatte, mußte die Langeweile geradezu höllisch sein. Die Israelis achteten also weder auf die Manöver noch auf die neuen Erdwälle und Befestigungen, die die Ägypter in den vergangenen neun Monaten angelegt hatten. Die dienten wohl nur dazu, die Leute zu beschäftigen.

Man war schon daran gewöhnt, daß die Manöver von Jahr zu Jahr umfangreicher wurden, aber eine auffällige Besonderheit in diesem Jahr entging den Israelis. Etwa um den 24. September herum kam die CIA zu der Erkenntnis, daß die Ägypter zum erstenmal Manöver in Divisionsstärke abhielten. Die Munitionsvorräte waren viel größer als sonst, der Nachschub wurde auf nie gesehene Art verstärkt, und vor allem verlegten die Ägypter Nachrichtenverbindungen, die für Manöverzwecke viel zu aufwendig waren. Die Israelis wurden sogleich davon benachrichtigt, insbesondere – so behaupten amerikanische Nachrichtendienstler heute – wurde »auf sehr hoher Ebene« in Tel Aviv angefragt, ob das alles nicht darauf hindeutete, daß der von den amerikanischen Nachrichtendiensten schon seit dem Frühjahr erwartete arabische Angriff unmittelbar bevorstand. Israel beschwichtigte diese Befürchtungen.

Ganz wie von den ägyptischen Kriegsplanern vorhergesehen, war Israel mit anderem beschäftigt. Für die Politiker, die im Oktober eine Wahl zu bestehen hatten, waren selbstverständlich die Wahlveranstaltungen vordringlich. Die Regierung sah sich innen wie außen vor schwer zu beantwortende Fragen gestellt. In New York war soeben die neue Sitzungsperiode der Vollversammlung der Vereinten Nationen eröffnet worden, und Israel wußte bereits, daß Amerikas neuer Außenminister Henry Kissinger sie als Forum für den Versuch einer neuen Nahostlösung benutzen wollte.

Auf dem Feld der Diplomatie war Israel nach den Fehlschlägen seiner Afrikapolitik in den Entwicklungsländern stärker isoliert als je zuvor. Schlimmer noch, selbst in der Diaspora schien der Reiz des jüdischen Staates zu verblassen. Man zählte kaum noch Juden, die aus westlichen Ländern nach Israel emigrierten, weiße Einwanderer kamen fast nur noch aus Rußland. Sogar die Finanzhilfe der im Westen lebenden Juden erreichte nicht mehr die monatlichen Sollbeträge, und auf diese Hilfe war Israel angewiesen, wenn es sein ungeheuerliches Defizit im Haushalt ausgleichen wollte. Die Fähigkeit der Regierung, diese Schwierigkeiten in Angriff zu nehmen, ließ ständig nach, weil die bevorstehenden Wahlen innere Gegensätze aufgerissen hatten. Es war eine schlimme Zeit. Aber das erklärt noch lange nicht, warum Israel den nun folgenden Ereignissen gegenüber geradezu blind war.

Auch die Syrer haben sich um den 24. September herum anscheinend erstmals gerührt. Nicht, daß eine stürmische Bewegung zur Front einsetzte, vielmehr versammelten sich Panzer und Artillerie in der dreifach gestaffelten Abwehrlinie, die die Syrer zwischen Damaskus und den Golanhöhen in der Ebene angelegt hatten. In der ersten amerikanischen Warnung an Israel hatte es geheißen, es sei eine besorgniserregende Gleichzeitigkeit zwischen den ägyptischen Manövern und »der verdächtigen Art der syrischen Umgruppierung« festzustellen, wie die Amerikaner sich ausdrückten.

Zwei Tage später äußerte als erster Moshe Dayan öffentlich seine Besorgnis. Bei seiner jährlichen Besichtigungsreise am Tage vor dem jüdischen Neuen Jahr inspizierte der israelische Verteidigungsminister am 26. September Truppen im Golan. Vor ihnen sagte er: »Entlang der Grenze sind Hunderte von syrischen Panzern und Geschützen aufgefahren, in deren Feuerbereich wir hier liegen. Außerdem sind die Anlagen der Luftverteidigung so dicht wie die der Ägypter am Suezkanal.« Dayan behauptete dann, dieser Aufmarsch beunruhige ihn weniger als das Fehlen »natürlicher Hindernisse«, wie sie an der Front bei Suez und gegen Jordanien vorhanden waren. (Im Krieg von 1967 hatte Israel die einzigen natürlichen Hindernisse – die Golanhöhen selber – erstürmt; doch meinte Dayan, seine Feststellung vermutlich nicht ironisch.) Er sagte dann noch, man müsse die 16 Wehrsiedlungen verstärken, die Israel im Golan angelegt hatte.

Dayan war aber so besorgt, daß er zwei Dinge unternahm. Zum einen ordnete er noch am gleichen Tag für beide Fronten Alarmbereitschaft an und während der nun folgenden drei Feiertage verstärkte er die nicht voll einsatzfähige Panzerbrigade im Golan durch die 7. Panzerbrigade, eine der israelische Eliteeinheiten, die sonst auf den Golanhöhen stationiert ist. (Sie war vorübergehend zum Stab nach Bersheeba verlegt worden.) Möglicherweise war dieser Schritt kriegsentscheidend, aber er geschah ganz unauffällig.

Es war beinahe, als versuche Israel, vor unwillkommenen Neuigkeiten die Augen zu verschließen. Dayans Warnung vor einem Truppenaufmarsch der Syrer wurde so gut wie überhaupt nicht veröffentlicht. (Es erschienen übrigens vom 27. bis 29. September keine Zeitungen.) Als nach den Feiertagen bekannt wurde, daß an den Grenzen Alarmbereitschaft befohlen war, hieß es beschwichtigend, »das wird während der Feiertage immer so gemacht«, wobei man nicht zu erwähnen unterließ, daß die Golanhöhen schließlich noch für die Touristen geöffnet waren. Niemand vermerkte, daß am 27. September, also an dem Tag von Dayans Besuch im Golan, die Amerikaner vom Luftstützpunkt Vandenburg in Kalifornien einen Aufklärungssatelliten vom Typ Samos in eine Kreisbahn über dem Nahen Osten schossen. Der amerikanische Nachrichtendienst war offenbar der Meinung, man müsse dort nach dem rechten sehen.

Am nächsten Tag gab Sadat selbst einen Hinweis. Der 28. September war der Todestag Nassers. Sein Nachfolger nahm dieses Datum

zum Anlaß, einige Journalisten und Studenten in Freiheit zu setzen, die abweichende politische Ideen vertraten. Die Rede, in der er
die Amnestie bekanntgab, endete mit folgender sonderbaren,
nichts Gutes verheißenden Passage: »Es wird Ihnen vielleicht auf-
gefallen sein, liebe Brüder und Schwestern, daß ich ein bestimmtes
Thema überhaupt nicht berührt habe. Es ist das Thema des Krieges. Ich habe absichtlich nicht davon gesprochen. Wir kennen unser Ziel und sind entschlossen, es zu erreichen. Dabei werden wir
keine Anstrengungen und keine Opfer scheuen. Ich verspreche
nichts, ich nenne keine Einzelheiten. Ich wiederhole nur noch einmal, die Befreiung unseres Landes ist und bleibt unsere Hauptauf-
gabe. So Gott will, werden wir sie erfüllen. Wir wollen sie in Angriff nehmen, und wir wollen unser Ziel erreichen; das ist der
Wille unseres Volkes, unserer Nation. Es ist sogar der Wille Gottes.« Kaum je zuvor hatte Sadat in einer größeren Rede vom Krieg
so zurückhaltend, ja beinahe gedämpft gesprochen.
Was dann folgte, war vielleicht Pech. Am gleichen Tage überfielen
zwei arabische Terroristen, die sich schlicht ›Adler der palästinensischen Revolution‹ nannten, an der österreichischen Grenze einen
Zug, der russische Juden von Moskau nach Wien brachte. Sie nahmen fünf Juden und einen österreichischen Zollbeamten als Geisel
und verlangten von Österreich, das Schloß Schönau zu schließen,
das russischen Juden auf dem Weg nach Israel als Sammelplatz
diente. Österreichs Bundeskanzler Kreisky, selbst Jude, gab dieser
Forderung nach und ließ die Terroristen unbelästigt abziehen. Israel war außer sich.
War dieses Ereignis nun wirklich Pech? Oder war es nicht vielmehr
– wie einige Israelis jetzt vermuten – ein listiges Ablenkungsma-
növer? Die Terroristen gehörten zu einer palästinensischen Organisation namens Saika, die von Syrien aus operiert und so stark
von den syrischen Behörden gelenkt wird, daß zu ihren Mitgliedern sogar Offiziere der regulären Armee gehören. Noch eine Woche zuvor hatte der Führer von Saika, Suher Muhsen, derartige
Akte als »die Taten Halbwüchsiger« bezeichnet, »die keinen besonderen Mut erfordern und nur aus Ruhmsucht unternommen
werden«. Wer oder was hatte Muhsen umgestimmt? Ägyptens
Kriegsminister Ismail erwähnte jedenfalls mit Stolz einen »Plan
für Täuschungsmanöver«, der, wie er später sagte, gewisse Elemente enthalten habe, »die zum Ziel hatten, die Aufmerksamkeit
von unserem eigentlichen Vorhaben abzulenken«.
Falls es sich wirklich um etwas derartiges gehandelt hat, war das

Unternehmen Schönau ein voller Erfolg. Es ist nicht übertrieben zu sagen, daß Israel von diesem Tag an bis zum Morgen des ersten Kriegstages von dem Thema Schönau geradezu besessen war – es kam zu Demonstrationen, Petitionen, öffentlichen Versammlungen, die Schlagzeilen der Zeitungen berichteten von nichts anderem. Das alles lenkte von der viel größeren Gefahr ab, die sich an Israels Grenzen zusammenbraute. Berichte darüber verschwanden irgendwo unter den ausführlichen Meldungen über Schönau. Und was noch gefährlicher war, die israelische Regierung und die Nachrichtendienste beschäftigten sich ebenfalls bis zur Ausschließlichkeit damit. Und das war nun ein echtes Unglück, denn am 30. September befaßte sich die amerikanische Regierung bzw. deren Außenministers eingehend und sehr besorgt mit dem arabischen Aufmarsch. Was die amerikanischen Nachrichtendienste ihm vorlegten, war jedoch stark beeinflußt von der Meinung der israelischen Nachrichtendienste.

Will man zu einem Urteil über das Verhalten der amerikanischen und der israelischen Regierung gelangen, ist es notwendig, sich mit der Leistungsfähigkeit der jeweiligen Nachrichtendienste zu beschäftigen. Deren Leistungen im nachhinein zu bewerten, fällt um so schwerer als alle möglichen Politiker unterdessen die Schuld für ihre eigene Untätigkeit auf die mangelnde Information durch ihre Nachrichtendienste geschoben haben, und diese Information ist bekanntlich geheim. Kissinger hat am deutlichsten von einem Versagen gesprochen. »Während der Woche vor Ausbruch der Feindseligkeiten haben wir dreimal von unseren eigenen Nachrichtendiensten wie von denen Israels eine Lagebeurteilung angefordert. Jedesmal waren sie einstimmig der Ansicht, es sei unwahrscheinlich bis ausgeschlossen, daß ein Krieg ausbrechen würde.« In Wirklichkeit war das viel komplizierter. Fünf Hinweise, die wir notwendigerweise anonymen Quellen in den amerikanischen Nachrichtendiensten verdanken, zeigen, daß Kissingers Version bestenfalls unvollständig ist. Rein technisch gesehen war die Aufklärung vorzüglich. Zur Überwachung der ägyptischen Kriegsvorbereitungen besaß Israel im Sinai modernste Abhöranlagen, die von ehemaligen Agenten des amerikanischen Sicherheitsdienstes bedient wurden, die mit israelischen Pässen in der Tasche dort für das Doppelte ihres amerikanischen Gehalts arbeiteten. Die Ergebnisse der Überwachung vervollständigten die Nachrichtenbeschaffung durch das elektronische Spionagesystem der USA im

Iran. Die Abschußbasen der SAM-Raketen hinderten zwar die Israelis daran, fotografische Luftaufklärung zu betreiben, doch diese Lücke wurde gegen Ende September von dem amerikanischen SAMOS-Satelliten geschlossen. »Die Tatsachen als solche waren durchaus bekannt«, sagte Kissinger später.

Die Tatsachen genügen aber nicht, sie müssen auch ausgewertet werden, und, wie Kissinger ebenfalls richtig bemerkte: »Über Fakten kann man sich leichter informieren als über Absichten.« Die Israelis versagten, als es darum ging, die arabische Strategie zu durchschauen. Das ist bestritten worden. Einer der bekanntesten israelischen Offiziere, Generalleutnant Chaim Bar-Lev, ehemaliger Stabschef, bei Kriegsausbruch Minister und Erbauer der Bar-Lev-Linie, behauptete, die arabischen Absichten wären bekannt gewesen. Eine andere dem Militär nahestehende Quelle meinte: »Uns war sogar der Zeitpunkt des Angriffs bekannt.« Von einem hochgestellten israelischen Nachrichtenoffizier haben wir jedoch unter vier Augen erfahren, daß man in Israel einen arabischen Angriff »in naher Zukunft« erwartete. »Wir sind überrascht worden«, sagte er.

Informationen, die in den zehn Tagen vor Kriegsausbruch an Auslandskorrespondenten in Israel gegeben wurden, enthalten einen Hinweis darauf, wie diese fehlerhafte Einschätzung zustande gekommen ist. Führende israelische Politiker sagten immer wieder, die Araber wären für einen Krieg nicht bereit. Einmal hieß es, die Araber »könnten sich verrechnen« und trotzdem angreifen. Dann würden sie aber zweifellos abgeschlagen. Mit dem gleichen übertriebenen Selbstvertrauen hieß es am Ende einer Unterrichtung der Presse: »Israel ist an Krieg nicht interessiert«, und damit war gemeint, die Araber könnten dann ebenfalls kein Interesse daran haben.

Die amerikanischen Nachrichtendienste kamen auf eher empirische Weise zu der gleichen Erkenntnis. Am 30. September legten die CIA und der Nachrichtendienst des Außenministeriums (INR) dem Außenminister auf Verlangen ihre Bewertung des arabischen Aufmarsches vor. Keiner dieser Berichte war so optimistisch wie Kissinger behauptet hat. Die Beurteilung des INR lautete, die ägyptischen Truppenbewegungen ließen »keinen eindeutigen Schluß« zu. Doch erst die Auswertung der politischen Begleitumstände führte dazu, zwar nicht mit Sicherheit den baldigen Kriegsausbruch zu verneinen, ihn aber doch als zweifelhaft einzustufen.

Die Bewertung durch die CIA war ähnlich. Man bezeichnete den Aufmarsch als »sehr bedrohlich«. Ausschlaggebend war für die CIA aber die Gelassenheit, mit der Israel die arabischen Absichten beurteilte. Auch Kissingers INR ließ sich durch die Ansichten der israelischen Nachrichtendienstler beeinflussen.

»Unser Fehler war, daß wir die israelische Beurteilung der arabischen Absichten übernommen haben«, sagte man uns. Bei der Beurteilung dieser arabischen Absichten berücksichtigte das INR aber auch Erscheinungen, die in Amerika selber zu beobachten waren: die Vollversammlung der Vereinten Nationen hatte nämlich soeben ihre neue Sitzungsperiode eröffnet.

Mit der Geste eines Menschen, der im Begriff steht, sich für die »Befriedung« Vietnams den Friedensnobelpreis verleihen zu lassen, verkündete Kissinger den bei den Vereinten Nationen weilenden Außenministern Israels und der arabischen Länder, Amerika hätte großes Interesse daran, bei »praktischen Fortschritten« zu einer Friedenslösung für den Nahen Osten behilflich zu sein. Ein Essen, das er am 25. September für die Sonderbeauftragten der arabischen Regierungen gab, wurde als ein erster diplomatischer Schritt hingestellt. (Tatsächlich hatte er bereits Israel unter Druck gesetzt.) Privatgespräche, die er in New York im letzten Drittel des September führte, brachten wirklich Resultate. »Die Araber wirken gelöster und selbstbewußter als seit langem«, sagte später ein UN-Funktionär, der dabei war. Die Außenminister Israels und der arabischen Länder vereinbarten insgeheim, irgendwann im November – das Datum sollte nach den israelischen Wahlen festgelegt werden – unter Kissingers Schirmherrschaft zusammenzukommen und eine Prozedur zu erarbeiten, die zu realistischen Verhandlungen führen sollte.

So ließen sich die Auswerter der Nachrichtendienste täuschen. »Die Araber zeigten so großes Interesse an diplomatischen Bemühungen, daß wir uns irreführen ließen, obwohl wir genug Material über ihre Truppenbewegungen hatten«, sagte ein Nachrichtendienstler in Washington. »Wir hatten alle Fakten vor uns, verwechselten aber die Prioritäten.« Die Lektüre dieser Berichte gab auch Kissinger die Überzeugung, die Araber seien gewillt, seiner Diplomatie eine Chance zu geben, und da Sadat ursprünglich sowohl auf die militärische als auf die diplomatische Karte gesetzt hatte, bemühte sich Kissingers bester arabischer Kontaktmann, der ägyptische Außenminister Muhammed Zayyat, nach besten Kräften darum, in letzter Minute Erfolge vorweisen zu können –

vielleicht weil er ungefähr wußte, was bevorstand, wenn ihm dies nicht gelang.

Als die amerikanischen Nachrichtendienste am 30. September zögernd zu der Erkenntnis kamen, der Krieg sei unwahrscheinlich, ließ der ägyptische Kriegsminister Ismail seinen syrischen Kollegen wissen, daß es nun bald soweit war. Die Syrer kannten ja immer noch nicht den Angriffstermin. Jetzt hörte Tlas von Ismail, es könne jederzeit losgehen; man werde ihm dann einzig das Codewort »Badr« übermitteln.

In den frühen Morgenstunden des 1. Oktober gingen syrische Panzer und schwere Artillerie gegenüber den israelischen Vorposten in Stellung. Zu ihrem Schutz waren bereits jene Raketen aufgebaut, vor denen Dayan gewarnt hatte, und die nun auf der ganzen Länge der Golanfront zu einem furchterregenden Luftabwehrsystem verbunden waren. Auch die Truppen am Kanal (unter ihnen Avi Yaffe und seine Kameraden gegenüber von Ismailia) machten ähnliche Beobachtungen. Es fehlten noch fünf Tage zum Tag J, der Countdown hatte begonnen.

Israel ließ sich davon nicht stören. Vom Berg Hermon aus sahen Beobachter dem syrischen Panzeraufmarsch in der steinigen Ebene zu, und die Syrer machten geschickt Gebrauch davon, daß man sie so gut beobachten konnte: sie bezogen Verteidigungsstellungen, das heißt, die syrischen Panzer wurden eingegraben wie zur Abwehr. Die mittelschwere Artillerie wurde zurückgenommen und hatte nunmehr nicht israelische Ziele im Feuerbereich, sondern syrisches Terrain, was augenscheinlich ebenfalls auf einen Verteidigungsplan schließen ließ. Dayan gab später zu, Israel habe sich täuschen lassen.

Die Syrer hatten auch Einheiten nach dem Golan verlegt, die zuvor an der jordanischen Grenze gestanden hatten. Diese »Kräfteverstärkung« wie die sattsam bekannten »gut unterrichteten Kreise« in Israel es taktvoll ausdrückten, wurde als eine Geste des guten Willens gegenüber Jordanien gedeutet, zurückzuführen auf die Entspannung zwischen den beiden Ländern. Eine syrische Initiative wurde nicht erwartet. Am 2. Oktober – J minus vier – berief Syrien seine Reservisten ein. In den folgenden 24 Stunden sahen Beobachter der Vereinten Nationen am Suezkanal, wie ägyptische Offiziere ganz ungeniert ihre Truppen einwiesen. Endlich wußten alle Stäbe bis hinunter zum Bataillonsstab, daß die Operation Badr angelaufen war. Es war jetzt J minus drei.

Am Mittwoch, dem 3. Oktober, trat in Jerusalem das israelische Kabinett zu seiner einzigen Sitzung in der Woche vor Jom Kippur zusammen. Auf der Tagesordnung stand Schönau. Golda Meïr war eben aus Straßburg zurück und hatte dort vor dem Europarat nicht die vorbereitete Rede über das israelisch-arabische Verhältnis gehalten, sondern zweieinhalb Stunden über Schönau improvisiert. Anschließend flog sie über Wien, wo sie vergeblich versuchte, Bundeskanzler Kreisky umzustimmen, nach Hause. Das israelische Kabinett wollte nun beschließen, was zu tun war. Von den bedrohlichen Anzeichen eines arabischen Aufmarsches war überhaupt nicht die Rede; wie bedrohlich diese Zeichen waren, wußte überhaupt nur eine Handvoll der engsten Mitarbeiter der Regierungschefin.

Fast wie aus Gründen der Symmetrie hielt auch in Kairo das Kabinett die einzige Sitzung dieser Woche am Mittwoch ab, und dabei ging es um den von Libyen vorgeschlagenen Zusammenschluß beider Länder. Auch in Ägypten wußte die Mehrzahl der Kabinettsmitglieder nichts von den bevorstehenden militärischen Maßnahmen. Man weiß heute, daß außer den militärischen Planungsstäben, den Stabschefs, den Verteidigungsministern Ägyptens, Syriens und möglicherweise Jordaniens höchstens noch ein halbes Dutzend anderer Araber den Plan kannten. Hierzu gehören vermutlich: Sadat, Assad, Hussein, Boumedienne und König Feisal; letzterer ist wahrscheinlich durch Sadat bei einer geheimen Zusammenkunft unterrichtet worden. Das Datum des Angriffes wußten aber weder Assad noch Hussein, weder Boumedienne noch Feisal.

Als die Amerikaner zu dem Urteil kamen, die arabischen Manöver ließen »keinen eindeutigen Schluß zu«, erkannten sie nicht, daß sie es mit einer ägyptischen Täuschungsstrategie zu tun hatten. Ismail bemerkte später dazu: »Für jeden Krieg gibt es zwei Pläne, einen Operationsplan und einen Täuschungsplan. Es gelang uns, letzteren so gut auf allen Ebenen mit dem Operationsplan abzustimmen, daß sich keine zeitlichen Abweichungen ergaben.« Die CIA hätte vielleicht eindeutigere Schlüsse gezogen, hätte sie gewußt, daß Ismail morgens Brigaden ausrücken ließ, von denen abends jeweils nur ein Bataillon zurückkehrte – »so hatte der Feind den Eindruck, daß es sich um Manövertruppen handelte, die ihre Übungen täglich bei Dunkelheit beendeten«, erläuterte Ismail. Zwei Drittel seiner Soldaten blieben dann jedesmal in den Bereitstellungsräumen zurück. In der Kairoer Zeitung *Al Ahram* stand

zu lesen, Offiziere dürften zum Zwecke der mohammedanischen
Omrah (der kleinen Pilgerfahrt) Urlaub nehmen. »Auch ließ ich
unser Brückengerät so spät wie möglich an den Kanal bringen«,
sagte Ismail weiter. »Hättten wir es früher aus den Depots geholt,
hätte der Feind unsere Absichten erkannt. Außerdem fertigten wir
besondere Behälter für dieses Gerät, und niemand konnte erkennen, was unsere Tieflader da transportierten. Kamen diese Trans-
porte in der Dunkelheit am Kanal an, wurde das Gerät sogleich in
eigens hergestellten Gruben versteckt.« Daß dies alles so gut gelang, war für General Shasli geradezu überraschend. »Besonders in
den letzten drei Tagen wurde es brenzlig, und wir erwarteten
nicht, daß der Feind sich so leicht würde täuschen lassen.«
Das wirkungsvollste ägyptische Tarnmanöver war aber ebenso wie
das der Syrer eine glänzend gelungene Irreführung. Es wurde verbreitet, Ägypten befürchtete einen *israelischen* Vergeltungsschlag
für Schönau. Darauf müsse man sich vorbereiten, und dafür treffe
man die nötigen Anstalten. Dieses Alibi klang einleuchtend, vielleicht stimmte es sogar. Einige Hinweise lassen darauf schließen,
daß David Elasar, der israelische Stabschef, noch vier Tage vor
Kriegsbeginn tatsächlich einen solchen Vergeltungsschlag
plante.

Am 4. Oktober – J minus zwei – bot sich den amerikanischen Nachrichtendiensten eine letzte Gelegenheit. Südlich von Washington
tagte der *US Intelligence Board* im Hauptquartier der CIA in Lang-
ley, Virginia, um sich einer einzigen Frage zu widmen: kommt es
zum Krieg? Seitdem Kissinger am 30. September die Lagebeurtei-
lungen der Nachrichtendienste gelesen hatte, ließ er sich fast täglich vom INR über bestimmte Fragen unterrichten, so über den
Umfang des arabischen Aufmarschs und ähnliches. Sein Stellvertreter, Joseph Sisco, der nicht nur für die Angelegenheiten des Nahen Ostens unmittelbar verantwortlich war, sondern dem auch die
Aufsicht über den hauseigenen Nachrichtendienst INR unter-
stand, war noch öfter von seinem Stab ins Bild gesetzt worden, und
was er da zu hören bekam, hat er Kissinger sicher mitgeteilt. Formell war allerdings von keinem der beiden Dienste ein neuer zu-
sammenfassender Lagebericht vorgelegt worden. Um einen solchen ersuchte Kissinger das INR am Donnerstagvormittag.
Die Sitzung des Intelligence Board erbrachte wenig Neues. Die
Russen hatten soeben von Abschußrampen bei Archangelsk einen
Aufklärungssatelliten vom Typ COSMOS in den Nahen Osten ge-

schickt, wo der amerikanische SAMOS bereits kreiste. Sie waren also ebenfalls besorgt. (Hätte man gewußt, daß dies nur der erste von sechs Satelliten war, die die Russen in den nächsten drei Wochen abschossen, hätte man vielleicht andere Schlüsse gezogen. Die Vorbereitung eines Satellitenabschusses dauert mehrere Tage. Die Russen bereiteten sich auf größere Dinge vor, als die amerikanischen Auswerter vermuteten.) Während man sich in Washington immerhin Sorgen machte, waren israelische Nachrichtendienste immer noch fest davon überzeugt, die arabischen Absichten genau zu kennen. Abgesehen davon, daß man die Arbeit der Israelis in Washington besonders schätzt, beruhigte man sich bei dem Gedanken, daß ein Irrtum die Israelis teurer zu stehen kommen mußte als jeden anderen. Daher legte man ihren Erkenntnissen auch stets besonderes Gewicht bei.

Das eigentliche Thema waren die militärischen Maßnahmen der Araber. Bezeichnenderweise war gerade der Nachrichtendienst des Pentagon, der die engsten Verbindungen zu Israel unterhält, der Auffassung, diese Maßnahmen seien nicht bedrohlich. (Die drei leitenden Beamten der Nahostabteilung dieses Dienstes sind seither versetzt worden.) Am späten Nachmittag informierte der hauseigene Dienst den Außenminister davon, daß das Intelligence Board übereinstimmend der Ansicht war, ein Krieg sei »unwahrscheinlich«. Die besondere, von Kissinger in Auftrag gegebene Lagebeurteilung wurde niemals fertiggestellt. Sie war noch in Arbeit, als der Krieg ausbrach – das hat inzwischen einigen Herren die Karriere verdorben.

Stellt man die Zeitdifferenz von sechs Stunden zwischen Washington und dem Nahen Osten in Rechnung, so erhielt Kissinger die beruhigende Versicherung des *Intelligence Board* in der Nacht vom Donnerstag zum Freitag nahöstlicher Zeit, als noch deutlicher geworden war, daß der Krieg unmittelbar bevorstand. Gerade wurden um die hübsche Kairoer Vorstadt Samalek, die auf einer Insel im Nil liegt und von den Diplomaten bevorzugt wird, Straßensperren errichtet. Ganze Kolonnen amtlicher Fahrzeuge brachten die Angehörigen der russischen Berater zum Flugplatz. In Damaskus begann die Evakuierung einige Stunden später, und während der ersten Morgenstunden des Freitag fand eine Umgruppierung der syrischen Panzerkräfte statt, die nunmehr Angriffsformation einnahmen. Es war J minus eins.

Golda Meïr will noch abwarten

Die letzten dreißig Stunden vor dem Krieg waren für Israel die kritischsten und auch rätselhaftesten: kritisch darum, weil die Entscheidungen, die die Regierung traf oder unterließ, die Situation der Streitkräfte in den ersten fünf Kriegstagen bestimmte; rätselhaft darum, weil über diese Maßnahme so gut wie nichts bekannt geworden ist. Während dies geschrieben wird, sind gewichtige Fragen noch ohne Antwort, und es kann lange dauern, bis innenpolitischer Druck alle Fakten zutage fördert.

Die Streitkräfte versuchten, sich vorzubereiten. Seit Dayans Rede im Golan herrschte Alarmbereitschaft. Am Feitag um 11 Uhr vormittags setzte Elasar höchste Alarmbereitschaft an, er sperrte also allen Urlaub und ließ bekanntmachen, daß Reservisten mit ihrer Einberufung zu rechnen hätten (tags zuvor waren die Reservisten der Luftwaffe bereits unauffällig einberufen worden).

Hohe Reserveoffiziere wurden ins Bild gesetzt. Als Beispiel dafür mag Arik Sharon gelten, den man von seiner Farm in Beersheba in die Befehlszentrale des Südabschnitts beorderte. Es gab aber auch üble Pannen: Kommandeure im Range eines Brigadegenerals wurden nicht in allen Fällen unterrichtet. Bei den Mannschaften und Unteroffizieren roch so mancher alte Hase schon, daß etwas kochte. So war es denn auch ein Sergeant der Panzertruppe, der am zweiten Kriegstag in der *Jerusalem Post* die schärfste Anschuldigung erhob. »Man hat uns schon vor Jom Kippur gesagt, daß wir uns auf große Dinge vorbereiten müßten. Man erklärte uns, daß es sich um eine politische Angelegenheit handelte und daß wir den Angriff abzuwarten hätten.« Was tat nun die Regierung Israels, während die Streitkräfte sich vorbereiteten?

Die schier unglaubliche Antwort lautet, daß Golda Meïr und ihre Minister bis zum Freitagabend offenbar überhaupt nichts taten. Von einer militärischen Quelle erfuhren wir, daß am Freitagmorgen ein formloses Treffen der Minister stattfand und daß erst danach die Alarmbereitschaft für die Streitkräfte erhöht wurde. Und der israelische Transportminister Shimon Perez hat gesagt: »Wir haben am Freitag im Kabinett die Lage beraten, und es war die kürzeste Beratung, an die ich mich erinnern kann. Die Entscheidung, nicht zu mobilisieren, fiel einstimmig...« Andere politische Quellen behaupten jetzt aber, die entscheidende Sitzung habe erst Freitagabend stattgefunden.

Die Doktrin von der kollektiven Verantwortlichkeit, die im israelischen Kabinett ebenso Geltung hat wie anderswo, übersieht, daß in der Praxis einige Minister gleicher sind als andere. Golda Meïrs »Küchenkabinett« tagt nicht immer in der gleichen Zusammensetzung. Um 17.30 Uhr – es dunkelte bereits und das Kol Nidre signalisierte den Beginn des höchsten Feiertags im jüdischen Jahr – versammelten sich vier Minister im Büro der Regierungschefin in Tel Aviv: Golda Meïr, ihr Stellvertreter Allon, Verteidigungsminister Dayan und der Minister ohne Geschäftsbereich Israel Galili, außerhalb Israels kaum bekannt, aber einer von Golda Meïrs engsten politischen Vertrauten. Gleich zu Beginn der Sitzung oder kurz danach kamen der Handelsminister und ehemalige Stabschef Chaim Bar-Lev und der amtierende Stabschef David Elasar hinzu.

Die Runde diskutierte, ob man den hohen Feiertag durch die Einberufung der Reservisten stören solle. Das wurde abgelehnt. Amtlich heißt es, niemand sei dagegen gewesen. In Wahrheit wurde Elasar überstimmt, und er war entsprechend wütend. »Hätte man die Reservisten 24 oder 48 Stunden früher einberufen«, sagte Elasar am 11. November, »der Krieg hätte zweifellos anders ausgesehen.« Er fügte hinzu, man hätte gewiß auch weniger Verluste gehabt, eine recht explosive Bemerkung. Die Entscheidung sei aber »auf höchster politisch-militärischer Ebene gefallen«. »Wir werden nie wissen, ob der Krieg überhaupt ausgebrochen wäre, wenn wir unsere Reservisten einberufen hätten«, schloß er.

Den Ausschlag für diese Entscheidung scheint Dayan gegeben zu haben. Golda Meïr deutete so etwas an, als sie am 16. November im israelischen Fernsehen sagte: »Als jemand, der dazu autorisiert war, mir die Mobilisierung nahelegte, war ich sogleich einverstanden.« Autorisiert dazu war der Verteidigungsminister. Dayan hat später versucht, sich bei einer Offiziersversammlung am 14. November zu rechtfertigen, indem er sagte, er habe am Freitag nicht an den Krieg geglaubt, »und ich stand damit nicht allein. Ich habe nicht gehört, daß jemand behauptet hätte, der Krieg würde an diesem Tage ausbrechen.«

Das scheint richtig zu sein. Bemerkenswert ist, daß die versammelten Minister von dem arabischen Aufmarsch selbst weniger beunruhigt waren als vom Abzug der russischen Berater. Doch auch darin sahen sie noch einen Anlaß zum Optimismus. »Es war ja klar, daß die Russen nicht die Absicht hatten, sich daran zu beteiligen, was da bevorstand«, sagte uns jemand, der in enger Verbindung zu den Ministern steht. »Ihr Abzug war einerseits Anlaß zur

Sorge, andererseits aber auch ein gutes Zeichen.« (Es verdient auch festgehalten zu werden, daß man in Washington mehrere Beamte der CIA am Freitag mit der Nachricht von der Evakuierung der Russen aus dem Bett holte; sie hielten diese Nachricht für unerheblich.) Um vier Uhr am Samstagmorgen war es mit der Selbstzufriedenheit vorbei. Elasar, der mehrmals zwischen dem Büro der Ministerpräsidentin und der israelischen Befehlszentrale unterwegs war, erfuhr jetzt, daß israelische und amerikanische Überwachungseinrichtungen Funkverkehr abgehört hatten, aus dem eindeutig hervorging, daß die Araber letzte Vorbereitungen für den Angriff trafen. Der israelische Generalstab schloß daraus, der Krieg sei »unmittelbar bevorstehend und unvermeidlich«. Elasar machte den Vorschlag, die israelische Luftwaffe solle um 13 Uhr einen Präventivschlag führen.

Golda Meïr lehnte ab, hauptsächlich, weil sie die Reaktion der Amerikaner fürchtete. »Wieviele Freunde würden uns wohl bleiben, wenn wir das täten?« fragte sie Elasar. Ihr Stabschef und wohl auch Bar-Lev widersprachen heftig. »Wenn wir Rücksicht auf die Meinung anderer nehmen, bezahlen wir jedesmal mit Blut dafür«, soll er israelischen Quellen zufolge gesagt haben. Immerhin hatte der »Präventivschlag« von 1967 die ägyptische Luftwaffe noch am Boden vernichten können, während er diesmal gegen einen vorbereiteten Gegner hätte geführt werden müssen, den ein tödlicher Raketenschirm schützte. Die Israelis hätten bestenfalls mit ungeheuren Verlusten den arabischen Aufmarsch für einige Stunden in Verwirrung bringen können. Den Ausschlag für die Entscheidung gab dann der amerikanische Botschafter in Israel, Kenneth Keating, den man um 6 Uhr früh aus dem Bett holte und zu Frau Meïr brachte.

Sowohl die amerikanische als auch die israelische Regierung haben diese Unterredung geheimgehalten. Es scheint aber, als habe Keating, vermutlich auf Weisung von Kissinger, Golda Meïr gegenüber eine tödliche Drohung ausgesprochen. Was man aus militärischen und politischen Quellen in Israel und in Amerika erfahren kann, deutet darauf hin, daß Keating sagte, wenn Israel zuerst losschlägt, würde Amerika sich nicht in der Lage sehen, weitere Waffen zu liefern. Das wurde selbstverständlich diplomatisch verklausuliert – »falls Israel sich eines Präventivschlages enthält und unwiderlegliche Beweise zeigen, daß die Araber die Angreifer sind, wird Amerika sich moralisch verpflichtet fühlen zu helfen«, so etwa dürfte der Wortlaut gewesen sein. Die Drohung war die gleiche.

Hinter dieser Demarche wurden zwei amerikanische Gedanken-
gänge sichtbar. Der eine besagte schlicht und einfach, daß die
Amerikaner über die Absichten der Araber im unklaren waren. Bei
der Beschreibung dieser letzten Stunden sagte eine unserer israelischen Quellen etwas lahm: »Nicht alle stimmten der Einschätzung
der Lage durch Israel zu.« Selbstverständlich waren die USA die
einzigen, auf deren Zustimmung es ankam. Zum zweiten hofften
die Amerikaner, die Weltmeinung würde verhindern, daß die arabischen Öllieferungen an Israels Verbündete eingestellt wurden,
falls diesmal außer jedem Zweifel stand, daß die Aggression von
den Arabern ausging.

Golda Meïr durfte also darauf vertrauen, daß die Amerikaner Israel nicht untergehen lassen würden, sie wußte aber nicht, ob
Amerika – insbesondere mit einem Außenminister Kissinger – Israel mit Waffen für die Verteidigung von Gebieten beliefern
würde, die eben besetzte Gebiete waren. Es sei denn, die Araber
wären ohne jeden Zweifel die Aggressoren, wie Keating ja auch gesagt hatte.

Von dieser Berechnung war nur noch ein Schritt bis zu der letzten
Überlegung, die nach Meinung der Ministerpräsidentin gegen einen Präventivschlag sprach. Israel hatte die Besetzung arabischen
Gebietes nach dem Sechs-Tage-Krieg immer damit gerechtfertigt,
daß es nur so imstande sei, sich wirkungsvoll zu verteidigen. Wich
man jetzt kämpfend vor angreifenden Arabern hinter die Waffenstillstandslinien von 1967 zurück, so war dies ein klarer Beweis dafür, daß Israel recht daran getan hatte, diese Gebiete nicht zurück-
zugeben.

Nach Abwägung all dieser Faktoren beschloß das »Küchenkabinett«, das Risiko einzugehen. Elasar hatte selbstverständlich schon
Erlaubnis bekommen, die Reserven zu mobilisieren. (Die ersten
Befehle gingen gegen sieben Uhr früh heraus.) Unterdessen mußte
man abwarten, ob die von den Arabern gebrauchte Rechtfertigung
nicht doch aufrichtig gemeint war – vielleicht bereiteten sie sich ja
wirklich auf Krieg vor, weil sie einen Schlag Israels fürchteten.
Darüber wollte Golda Meïr sie noch beruhigen. Man beauftragte
also Botschafter Keating, Kissinger zu ersuchen, den Arabern mit-
zuteilen, Israel plane keinerlei militärische Unternehmung, sie
hätten also keinen Anlaß zur Besorgnis. Schließlich, um 11 Uhr
vormittags, trat das ganze Kabinett zusammen, um zu vernehmen,
daß die Mobilmachung bereits im Gange war und daß das innere

Kabinett seit Tagen mit einem schweren militärischen Zwischenfall rechnete. Die Minister waren zu verblüfft, und es war auch zu spät, um Einwände zu erheben. Als Frau Meïr am 16. November im Fernsehen sagte: »Alles in allem genommen scheint mir höchst zweifelhaft, daß uns die lebenswichtigen Nachschubgüter geliefert worden wären und auch noch geliefert werden, wäre nicht eindeutig klar gewesen, wer die Feindseligkeiten begonnen hat...«, spielte sie wohl auf diese Kabinettsitzung an.

Golda Meïrs Bitte erreichte Kissinger Freitagnacht (Ortszeit) in New York. Wenn sie sich von seinem Eingreifen etwas versprochen hatte, wurde sie enttäuscht. Er bemerkte später dazu: »Man hat uns darüber unterrichtet..., daß Israel nicht selber einen Angriff plante, woraus wir aber nicht schließen konnten, daß ein arabischer Angriff unmittelbar bevorstand.« Und klagend fügte er hinzu: »Es war ja auch bei all den Gesprächen zwischen den Beteiligten im Rahmen der Vereinten Nationen während der vorangegangenen Woche überhaupt nicht die Rede von Kriegshandlungen gewesen.« Im Außenministerium heißt es, das Pentagon sei in jener Nacht zu der Überzeugung gelangt, daß der Krieg bevorstand, doch hat man Kissinger offenbar nicht unterrichtet. Der Außenminister reichte daher das israelische Ersuchen unbesorgt weiter, so gewiß war er seines eigenen Erfolges und so zuversichtlich gestimmt aufgrund überholter nachrichtendienstlicher Erkenntnisse. Dann begab er sich im 34. Stockwerk des Hotels Waldorf Astoria in New York zu Bett – in Erwartung eines geselligen Wochenendes in Manhattan. In Israel war es unterdessen Sonnabend sieben Uhr früh. Über dem Sinai wurde es schon ganz hell. Es war der Tag J.

Die Zivilbevölkerung Israels bekam die erste Ahnung davon, daß der Tag des Versöhnungsfestes anders als sonst verlaufen würde, als ein Phantomjäger um sieben Uhr früh niedrig über Jerusalem nach Norden brauste, um über dem Golan aufzuklären. (Andere Maschinen taten dasselbe in der Gegend von Suez.) An der Klagemauer, diesem Überbleibsel des alten Tempels in Jerusalem, schauten die frühen Beter entsetzt und verängstigt auf. Das Versöhnungsfest in dieser Weise zu stören, war undenkbar, es sei denn, das Undenkbare stand bevor. In den kommenden Stunden jagte ein Gerücht das andere, und schließlich lag Angst beinahe spürbar in der Luft.

Einzig die militärische Führung hatte keine Zeit, sich Ängsten hinzugeben. Als die Phantomjäger ihre Filme zurückbrachten, sah man, daß die Falle gleich zuschnappen würde. Gegen neun Uhr wurden höhere aktive Offiziere unterrichtet, soweit sie nicht schon im Bilde waren. Die Mobilisierung war im vollen Gange, brauchte aber ihre Zeit. Im ersten Stadium arbeitet sie nach einem System, bei dem ein Reservist zehn andere anruft, die ihrerseits hundert andere anrufen usw. Bei einer allgemeinen Mobilmachung werden Aufrufe über das Radio verbreitet, doch dauert es 24 Stunden, bis Reservisten in nennenswerter Zahl an die Front geführt werden können. Ohne seine Bürgerarmee war der Staat hilflos.

Die erste Woche
Ägypten verspielt seinen Sieg

Angriffe am »Tage J«

Die ersten Opfer in diesem vierten arabisch-israelischen Krieg waren keine Soldaten an der Bar-Lev-Linie, für die der ägyptische Vorstoß über den Kanal völlig überraschend kam, sondern arabische Dorfbewohner, darunter eine Mutter und ihr Kind. Und sie fielen dem Feuer der Syrer zum Opfer, die zwei Minuten vor den Ägyptern ihren Angriff auf den Golanhöhen begannen.

Um 13.58 Uhr, am Samstag, dem 6. Oktober, griffen fünf syrische MIG-17 im Tiefflug die israelischen Stellungen im nördlichsten Sektor der Golanfront an. Es war ein kühler, wolkenreicher Tag, die Panzer der Israelis waren nicht bemannt, die Besatzungen lagen in der Nähe und schwatzten, die frommen unter ihnen verrichteten das nachmittägliche Jom-Kippur-Gebet. Als die MIGs ihre Kanonen und Raketen abfeuerten, sprangen die Soldaten zwar in ihre Panzer und warfen eilig die Motoren an, fanden aber, dieser Tiefangriff sei für den ersten Schlag einer syrischen Offensive wenig eindrucksvoll ausgefallen. Die MIGs wendeten unterdessen – immer noch feuernd – über der Drusensiedlung Majdal Shams am Fuße des Berges Hermon. Eine junge Mutter, die aus dem Haus gelaufen war und sehen wollte, was es gab, wurde mit ihrem acht Monate alten Kind das Opfer einer Granate. Auch andere Dorfbewohner wurden verletzt.

Während die zweite Formation von 15 oder 20 MIGs – Teil der ersten Angriffswelle von insgesamt 100 Maschinen – über die israelischen Stellungen hinwegjagte, griffen syrische Kampfbomber im Tiefflug den etwa 15 km hinter der Front liegenden Brigadestab bei Naffak an. Dann, genau um 14 Uhr, als 400 km südwestlich die ägyptischen Kommandos in ihre Sturmboote kletterten, führten die in der Golanebene massierten syrischen Batterien einen Feuerschlag. Nun wurde mit einem Male sichtbar, welche Gefahr Israel drohte. Die syrischen Kanoniere verlegten das Feuer allmählich vor, bis es die israelischen Panzer erreichte, die in ihre Feuerstellungen fuhren. Hinter den von zahllosen Einschlägen aufgewirbelten Schmutzfontänen sahen die israelischen Panzerkommandanten eine Staubwolke heranschweben, in der sich die nach Hunderten zählenden syrischen Panzer nur mühsam erkennen ließen.

Im Norden von Kuneitra, genau in der Mitte der entmilitarisierten Zone, befand sich der Beobachtungsposten ›Winter‹, einer von mehreren Bunkern der Vereinten Nationen an der Golanfront. Der australische UN-Beobachter traute seinen Augen nicht, als er 300 syrische Panzer auf sich zurollen sah. Sie kamen zu vieren nebeneinander, in Doppelreihe beiderseits der Straße, die Turmluken geöffnet, die Kommandanten in strammer Haltung. »Es sah nicht aus wie ein Angriff«, sagte der UN-Beobachter später, »sondern mehr wie eine Parade.« Die Kolonne teilte sich knapp vor seinem Bunker, eine Reihe bog nach Norden ab, die andere nach Süden. Ein israelischer Panzerkommandant drückte aus, was wohl alle bei diesem Anblick empfanden: »Ich habe nie für möglich gehalten, daß es überhaupt so viele Panzer gibt.«

Zur ersten Angriffswelle gehörten mindestens 700 syrische Panzer, 300 waren am Vorstoß nach Kuneitra beteiligt, 400 kamen auf der langen, völlig exponierten Straße von Sheich Miskin nach Rafid herauf, insgesamt zwei Panzerdivisionen. (Die Zahl der eingesetzten Infanterie wird unterschiedlich hoch angegeben, es können aber sehr wohl 7 000 Mann gewesen sein.) Ihnen gegenüber standen 180 israelische Panzer, die zu zwei Brigaden gehörten, von denen eine nicht die volle Kriegsstärke hatte.

Was nun folgte, dürfte in die Kriegsgeschichte eingehen, einerlei welche politischen Folgen der Oktoberkrieg haben wird. Der Beobachter der Vereinten Nationen, der ganze Tage in seinem Bunker verbrachte, während es um ihn her unablässig knallte, sah am Ende gerade noch eine Handvoll dieser syrischen Panzer zurückkehren. In fünf Tagen des erbittertsten Kampfes seit dem Krieg, der der Geburt des Staates Israel 25 Jahre zuvor vorangegangen war, vernichteten die Israelis diese syrischen Panzer und durchbrachen auf ihrem Vormarsch nach Osten in Richtung Damaskus die syrischen Stellungen.

Die Schlacht im Golan gehört zu denen, die über den Ausgang des Krieges entschieden, denn ohne den Sieg dort hätte Arik Sharon in der zweiten Kriegswoche den Suezkanal nicht überqueren und die Voraussetzungen für die Einschließung eines Teils der ägyptischen Streitkräfte nicht schaffen können. Denn solange syrische Panzer die Nordfront bedrohten, konnte Israel es sich nicht leisten, seine begrenzten Hilfsmittel für ein Unternehmen mit ungewis-

sem Ausgang einzusetzen, wie es die Kanalüberquerung war.
In der ersten Phase des Krieges ging es also an den beiden Fronten ganz verschieden zu. Im Sinai hielten zwar vereinzelte Grüppchen wie die von Avi bis zu sieben Tagen aus, doch konnten die Ägypter ihre Gewinne östlich des Kanals konsolidieren. Israel blieb gar nichts anderes übrig, als das zuzulassen. Die eigenen Linien am Kanal waren unter dem Gewicht des ägyptischen Angriffs eingedrückt worden; mit der ersten Welle gingen zwei Infanteriedivisionen und zwei Panzerdivisionen über den Kanal. Im Sinai war die Beschaffenheit des Geländes günstig für die Israelis. Rund 200 km Wüste zwischen dem Kanal und dem israelischen Kernland setzten sie instand, ihre Verteidigung nach einer einfachen Gleichung aufzubauen: Gelände preisgeben = Zeit gewinnen. Die Israelis entschlossen sich also nach den ersten 24 Stunden, die die Truppen benötigten, um sich von dem ägyptischen Angriff zu erholen, hinhaltenden Widerstand zu leisten und die Verluste möglichst niedrig zu halten. Zum Erfolg dieser Strategie trugen absurderweise am meisten die Ägypter bei, die von ihrem eigenen Überraschungserfolg so verblüfft und in ihren Bewegungen durch eine kunstvolle, aber starre Kriegsplanung so behindert waren, daß sie die ersten Tage des Krieges damit vergeudeten, ihrerseits Abwehrmaßnahmen zu treffen.
An der Nordfront, im Golan, bot das Gelände den israelischen Truppen nicht die Möglichkeiten wie im Sinai. Von der alten Waffenstillstandslinie bis zu dem Gebirgskamm, von dem aus man auf Israel herunterschaut, ist der Golan nicht mehr als 25 km breit. Folglich mußten die Israelis praktisch kämpfen, wo sie standen. Das taten sie auch. Den Syrern bot das Gelände ebenfalls Schwierigkeiten, am Ende sogar größere als den Israelis. Während der Suezkanal für die Ägypter eine natürliche Verteidigungslinie war, bot der Golan nichts, was die Syrer für den Stellungskampf hätten benutzen können. Wenn sie Erfolg haben wollten, mußten sie ihre Kräfte unablässig in Bewegung und im Angriff halten. Genau dies ist aber die Kriegführung, in der die israelischen Panzerkräfte Meister sind, wie Syrien einmal mehr unter furchtbaren Opfern erfahren mußte. Aber auch Israel zahlte in diesem Krieg einen hohen Preis, und einen Vorgeschmack davon lieferte die Einnahme der Befestigungen auf dem Sinai durch die Ägypter.

Die Schlacht um den Sinai wurde eingeleitet durch vier Feuerschläge aus tausend Geschützen, die am Westufer des Kanals hinter den Dünen aufgestellt waren. Der darauf folgende Angriff fand in drei Abschnitten statt: im Norden unterhalb von Kantara, im Gebiet von Ismailia und südlich der Bitterseen, zwischen Shalufa und El Kubri. (Siehe Kartenteil.) Verblüffenderweise war die Überraschung vollkommen. Der israelische Stabschef Elasar gab später »einem Versagen auf der unteren Befehlsebene, die volle Alarmbereitschaft der Truppe zu beachten« die Schuld daran. Niemand scheint den Soldaten an der Front gesagt zu haben, daß mit Krieg zu rechnen war.

An der Bar-Lev-Linie lagen Reservisten der 116. Brigade, die den Namen Brigade Jerusalem trägt, seit sie 1967 an der Eroberung der Stadt teilgenommen hat. Die Soldaten waren meist Geschäftsleute in mittleren Jahren. Die Brigade hatte die eigentlich hier stationierten regulären Truppen abgelöst und war nicht auf volle Kriegsstärke gebracht worden; von den 800 Soldaten waren viele über Jom Kippur auf Urlaub. Golda Meïr hat später gesagt, am 6. Oktober hätten sich keine 600 Mann in den Festungen befunden.

Der Angriff überraschte nicht nur Avi beim Waschen der Wäsche – vermutlich machte man sich zunutze, daß das lästige militärische Programm während des Jom Kippur unterbrochen war. Andere beteten. Der Soldat Unsdorfer gehörte zu einer Gruppe religiöser Soldaten, die den Feuerüberfall für eine vorübergehende Belästigung hielten und ihre Andacht in der Stellung fortsetzten. »Die Minha-Gebete sprachen wir in der Stellung«, erinnert sich Unsdorfer. »Und als wir das Schemach sprachen – ›Höre, o Israel‹ – fielen alle ein, auch die, die nicht religiös sind.«

Das war auch durchaus angebracht, denn als die ersten 8 000 ägyptischen Infanteristen die sandigen Uferböschungen hinunterrutschten, und in ihren Schlauchbooten über den Kanal setzten, erlebten die Israelis eine böse Enttäuschung. Die Geheimwaffe der Bar-Lev-Linie, die aus dem Kanal einen Feuergraben machen sollte, versagte. Ohne daß es jemand bemerkt hatte, war sie nachts zuvor von ägyptischen Kommandos außer Betrieb gesetzt worden. Es handelte sich um eine einfache Erfindung. Unterhalb eines jeden Bunkers befanden sich mehrere Öltanks, die mit einem Rohrsystem verbunden waren, das in Düsen am Wasser endete. Durch Knopfdruck konnten in jedem Bunker Pumpen in Betrieb gesetzt werden, die einen feinen Ölfilm über das Kanalwasser sprühten, der sodann mit einer thermischen Bombe entzündet werden konnte. Ein ägyptischer Angriff wäre dann buchstäblich in Rauch aufgegangen.

Aber diese Vorrichtung war den Ägyptern bekannt, denn ihre Aufklärung hatte Rohrleitungen und Düsen entdeckt. Der ägyptische Stabschef Shasli sagte später dazu: »Auf alle Fälle mußte verhindert werden, daß der Kanal sich in eine brennende Hölle verwandelte, sobald wir mit der Überquerung begannen. Versuche ergaben, daß man mindestens eine halbe Stunde braucht, um einen solchen Ölbrand zu löschen, vorausgesetzt, es wird nicht weiteres Öl zugeführt.«

Die Ägypter überlegten nun, ob man nicht die Ölbehälter sprengen sollte, kamen aber davon ab. »Die Aufklärung ergab, daß der Feind das Öl so tief vergraben hatte, daß es gegen Beschuß sicher war.« Nun kamen die Ägypter auf einen recht simplen Einfall. Anfällig war dieses Ölbefeuerungssystem hauptsächlich an den Düsen am Ende der Rohrleitungen. »Und die konnte man ja mit Zement verschmieren«, sagte Shasli. Kriegsminister Ismail ergänzte, die Kommandos seien Freitag in der Dunkelheit über den Kanal gegangen und hätten die Düsen unbrauchbar gemacht, ohne daß der Feind diese Aktion bemerkte.

Die Israelis entdeckten die Sabotage Samstagfrüh nur an einer einzigen Stelle, »und sie riefen einen Techniker, der den Schaden beheben sollte«, sagte Ismail. Shasli ergänzte, daß es der Techniker war, der das System entwickelt hatte, »und er hat bei der Vernehmung ausgesagt, daß er gerade einen Tag vorher angekommen war, um die Leitungen zu inspizieren«. Jedenfalls war er einer der ersten Kriegsgefangenen. Ismail sagte triumphierend: »Er war noch bei der Arbeit, als ihn plötzlich vier unserer Soldaten umstellt hatten.«

Das war nicht der einzige Schock, den der ägyptische Angriff auslöste. Nach dem Durchbruch versuchten die Israelis es so darzustellen, als wäre die Bar-Lev-Linie nichts weiter gewesen »als ein Stolperdraht«. Der israelische Botschafter in London, Michael Comay, sagte: »Sie war nichts als ein erstes Hindernis auf dem Weg des angreifenden Feindes.« In Wahrheit galt die Bar-Lev-Linie mit allen zu ihr gehörenden Festungswerken für uneinnehmbar, das hatten israelische Offiziere immer wieder stolz den Journalisten versichert, die vor dem Krieg den Sinai besuchten.

Der Erfolg der Kanalüberquerung war vor allem eine Zeitfrage, erläuterte der ägyptische Stabschef Shasli später. »Der Suezkanal ist ein einzigartiges Wasserhindernis, denn seine Ufer sind steil und uneben; darum können Amphibienfahrzeuge die Ufer nur befahren, wo Rampen angelegt sind. Ähnliches gibt es nur noch am Panamakanal. Der Feind hat übrigens nicht nur die Befestigungen der Bar-Lev-Linie errichtet, sondern davor auch noch etwa 20m hohe Sandwälle…«

Dayan hatte vorhergesagt, daß ein ägyptischer Angriff über den Kanal wegen dieser Hindernisse nach 24 Stunden zusammenbrechen würde. Shasli wußte, warum Dayan das annahm. »Dayan ist davon ausgegangen, daß unsere Pioniere 24 Stunden brauchen würden, um Brücken zu schlagen und daß es 48 Stunden dauern würde, bis schweres Gerät (etwa die ägyptischen Panzer) übergesetzt werden könnte, was den Israelis genug Zeit lassen würde, ihre Panzerreserven heranzuführen.« Am 6. Oktober zeigten die Ägypter jedoch, daß sie in sechs Stunden glänzend vorbereiteter Arbeit dank Einfallsreichtum und moderner Waffen die Strategie Israels zuschanden machen konnten.

Die Besatzungen der Bunker in der Bar-Lev-Linie sahen mit Erstaunen, daß fast alle Ägypter, die sich an Seilen oder über Bambusleitern die Uferböschung herunterließen, merkwürdiges Gepäck bei sich trugen. Manche hatten Rohre auf der Schulter, andere trugen ›Koffer‹, entweder in der Hand oder auf den Rücken geschnallt. (Shasli gibt an, daß jeder etwa 32 kg Ausrüstung trug.) Diese erste Welle machte keinen Versuch, die Bunker zu stürmen, das blieb dem zweiten Trupp überlassen. Vielmehr war es ihre Aufgabe, die hinter der Bar-Lev-Linie eingegrabenen Panzer und Geschütze zu vernichten, während Pioniere die Düsen der Ölbefeuerung endgültig unbrauchbar machten.

Aus den mitgeführten Rohren wurde ein panzerbrechendes Geschoß aus der Sowjetunion mit der Bezeichnung RPG-7 verschossen, eine Rakete. Die ›Koffer‹ enthielten jedoch eine viel raffiniertere Erfindung, nämlich eine russische Lenkwaffe zur Panzerbekämpfung mit der Bezeichnung *Sagger*, die durch Signale ins Ziel gelenkt wird, die der Schütze durch haarfeine Drähte übermittelt, die das Geschoß hinter sich abspult. Zu den ersten ägyptischen Soldaten am Ostufer des Kanals gehörte Abdul Alati. Er war 23 Jahre alt und hatte Landwirtschaft studiert, bevor er 1969 zum Militär ging. Jetzt befehligte er eine mit Panzerabwehrraketen ausgerüstete Einheit. Wie er später in der Kairoer Zeitung *Al Gumuria* berichtete, zerstörte seine Einheit in den ersten zehn Minuten acht israelische Panzer vom Typ M-60. »Die Panzer versuchten mit äußerster Geschwindigkeit, den Raketen auszuweichen, aber solange sie in Reichweite blieben, konnten wir sie an der schwächsten Stelle treffen. Jede unserer Raketen war einen israelischen Panzer wert.«

Israelische Panzer und Artillerie lagen unterdessen bereits unter dem Feuer der ägyptischen Panzer, die von Sandhaufen am Westufer aus schossen. Die Israelis erkannten jetzt – zu spät –, was die unaufhörliche Budelei der Ägypter zu bedeuten hatte. Das war nicht nur geschehen, um die Soldaten zu beschäftigen, sondern man hatte Befestigungen errichtet, »von denen aus die feindlichen Stellungen am Ostufer einzusehen waren und die es möglich machten, sowohl das Ost- wie das Westufer zu kontrollieren«, sagte Ismail später. Die Verbindung von Artillerie- und Raketenfeuer beim ersten Angriff wirkte geradezu tödlich. Innerhalb von Minuten waren die israelischen Geschütze großenteils zum Schweigen gebracht worden.

Ein rothaariger, 22 Jahre alter Panzersergeant kann wohl als Beispiel für die israelischen Verwundeten gelten. Als sein Verband mit höchster Geschwindigkeit auf den Kanal zuraste, befand er sich im vordersten Panzer. Einen knappen Kilometer vom Ufer entfernt tötete eine vom anderen Ufer aus abgefeuerte Rakete seinen Kommandanten im Turm; er selbst wurde leicht verwundet. Er stieg aus und ersetzte einen schwerverwundeten Richtschützen in einem anderen Panzer. Der wurde gleich darauf von drei Raketen zugleich getroffen, und der gräßlich verbrannte Sergeant konnte gerade noch aussteigen, bevor die Bordmunition explodierte.

Um 14.07 Uhr gab Radio Kairo bekannt: »Frontbericht Nr. 5: unsere Streitkräfte haben an mehreren Stellen den Suezkanal überquert, feindliche Stellungen in diesen Abschnitten erobert und auf dem Ostufer des Kanals die ägyptische Flagge gehißt...« (die ersten vier Berichte hatten sich mit der Eröffnung der Feindseligkeiten befaßt und basierten auf der falschen Behauptung, Israel hätte den Krieg begonnen). Tatsächlich wehte nicht nur eine Flagge auf dem Kanalufer, sondern ein ganzer Wald von Fahnen, denn jede Einheit führte eine mit, die nach vollbrachtem Übergang aufgepflanzt wurde.

Die ägyptischen Raketentruppen machten sich nunmehr methodisch an ihren zweiten Auftrag. Von Shasli so genannte »Kleinwagen«, mit denen die Soldaten schwere oder unhandliche Ausrüstung transportieren konnten, waren nun übergesetzt worden. Während die zweite Welle – die schon unter schwerem Beschuß übersetzen mußte – daran ging, die Bunker mit Sprengladungen, Nebelkerzen und Maschinenpistolen auszuräuchern, bestiegen die Raketentruppen ihre Kleinwagen und fuhren etliche Kilometer weit in die Wüste hinein. Dort gruben sie sich ein und setzten nicht nur ihre Panzerabwehrwaffen zusammen, sondern brachten jetzt auch die dritte und raffinierteste aller neuen Infanteriewaffen zum Vorschein: die tragbare russische Luftabwehrrakete SAM-7. Die mit Raketen ausgerüstete Infanterie hatte den Auftrag, »die Stellung gegen Panzer und Flugzeuge etwa 24 Stunden zu halten, während wir Panzer und schwere Waffen übersetzten«, sagte Shasli.

Genau diese Zeitspanne war es, in der Dayan seine Reserven heranführen wollte. Das ägyptische Pioniercorps unter Generalmajor Ali Mohammed machte Dayan aber einen Strich durch die Rechnung. Wie das geschah, erklärt wiederum Shasli: »Das eigentliche Hindernis war die Barriere aus Sand. Es stellte sich heraus, daß man für eine Bresche, die von Panzern durchfahren werden konnte, rund 1500 Kubikmeter Sand entfernen mußte. Wir brauchten auf dem Ostufer mindestens 60 solcher Breschen, hätten also 90000 Kubikmeter Sand bewegen müssen. Man darf ferner nicht vergessen, daß wir gegen einen Überraschungsangriff selber eine Sandbarriere aufgeworfen hatten, wodurch sich die Schwierigkeiten genau verdoppelten.«

»Anfangs wollten wir Sprengstoff verwenden«, sagte Shasli, und Ismail steuerte folgende Einzelheit bei: »Früher hatten wir auch schon Versuche mit Geschützen aller Kaliber gemacht, die führten aber zu nichts.« Nun wieder Shasli: »Bis Mitte 1971 blieben wir bei Sprengstoff, doch dann machte ein junger Pionieroffizier den Vorschlag, wir sollten Wasser verwenden, das unter hohem Druck steht. Diese Methode war wirklich viel besser, wir brauchten damit für eine Bresche nur zwischen drei und fünf Stunden.« Shasli sagte es zwar nicht, doch mit Planierraupen oder Sprengstoff hätte es doppelt so lange gedauert. Die Israelis waren auf diesen einfachen Gedanken offenbar nicht verfallen; das Licht ging ihnen erst auf, als sie sahen, wie auf Pontons befestigte Pumpen mitten im Kanal unzählige Feuerwehrschläuche speisten. Dazu Ismail: »Wir haben das dafür benötigte Gerät selbstverständlich erst im allerletzten Moment antransportiert, um das Geheimnis zu wahren.«

Das Wasser fraß also Breschen in die Wälle und zugleich »ebneten wir die Ufer mit Sprengstoff und anderen Mitteln ein (vermutlich gepanzerte Planierraupen), damit wir die Brückenauffahrten anlegen konnten.« Auch in diesem Fall machten die ägyptischen Pioniere – mit Hilfe von russischem Knowhow – einen Strich durch die israelischen Berechnungen. Der Brückenschlag nach herkömmlicher Weise ist ein umständliches Geschäft; erst müssen Pontons aus Aluminium ans Ufer gebracht werden, man muß sie zu Wasser lassen und dort hintereinander anordnen. Grob gerechnet kann man in der Minute etwas mehr als einen Meter verlegen; die Ägypter hätten also zur Überquerung des Kanals mindestens zwei Stunden gebraucht. Die Russen verfügen jedoch über ganz neues Gerät, das hier zum ersten Mal im Ernstfall erprobt wurde. Die PNP-Brücke, wie sie genannt wird, besteht aus einer Serie von kastenförmigen Pontons, die einzeln auf einem Kettenfahrzeug transportiert werden. Der Ponton wird durch eine hydraulische Vorrichtung am Kettenfahrzeug aufs Wasser gesenkt, ein zweites Fahrzeug fährt auf diesen Ponton hinauf, läßt seinerseits ein Ponton zu Wasser, das am ersten Ponton befestigt wird und immer so weiter. Die wenigen Israelis, die noch aus ihren Bunkern beobachten konnten, berichteten: »Die Brücke legte sich über das Wasser wie ein ausgestreckter Arm.« Mit diesem System kann man pro Minute etwa drei Meter verlegen, die Pioniere brauchten also für den Brückenschlag wenig mehr als eine halbe Stunde. Ägypten war im Begriff, einen großartigen Sieg zu erringen.

Die ägyptische Kommandozentrale ist tief im Wüstenboden außerhalb Kairos untergebracht. Es folgt der Bericht eines Augenzeugen: »Man fährt im Jeep durch unwegbares Gelände. Man hält vor einer Sanddüne. In der Sanddüne entsteht eine Öffnung. Man sieht eine schwere Stahltür wie von einem riesigen Tresor. Dahinter ein langer Korridor. Nun führen Treppen immer tiefer hinab. Wieder eine Stahltür, wieder ein langer Korridor und am Ende eine dritte Stahltür. Dahinter öffnet sich ganz überraschend eine große Anlage: Besprechungszimmer, die Räume der Operationsabteilung, Fernmeldezentralen, wieder Korridore, Kartenräume, Büros...« In diesem Befehlsstand war Kriegsminister Ismail am 2. Oktober hinuntergestiegen, nachdem er mit den Syrern endgültig die Angriffszeit für die Operation Badr auf 14 Uhr festgelegt hatte. 14 Tage lang sollte er das Tageslicht nicht mehr erblicken. Sein Büro ist klein, an der Tür ein Schild *Kriegsminister und Oberkommandierender*. Gegenüber ist der eigentliche Lageraum.

Der Augenzeuge ist Mohammed Heikal, der Herausgeber von *Al Ahram*, und er staunt: »Der Raum ist riesig... überall helles Licht, ... die Karten so bunt..., aber sie zeigen nicht nur Farben, nein, sie zeigen auch Bewegungen an. Hier sind alle Truppenteile vertreten. Jeder hat seine eigenen Karten, und alle stehen miteinander in Verbindung. Mitten im Saal ein Podest für die eigentliche Führung: der Kriegsminister und Oberkommandierende (Ismail), der Stabschef (Shasli) und der Chef der Operationsabteilung (Generalmajor Abdel Ghani Gamasi). Ihnen gegenüber die Hauptkriegskarten, die die Gesamtlage darstellen. Auf gläsernen Flächen, die die gesamte Wand einnehmen, kann man ablesen, wie die Lage zu Lande, zu Wasser, in der Luft und an der syrischen Front ist. Jede Veränderung wird auf diesen Karten vermerkt, unentwegt surren die Maschinen der Nachrichtenübermittlung (Fernschreiber und Telefon), sie klappern und klingeln, hastige Gespräche finden statt, jeder Befehl ist von unmittelbarer Konsequenz für Ägypten...«

Eine großartige Zentrale also, wenn man eine genau geplante und gut vorbereitete Operation zu leiten hatte, und sie funktionierte auch hervorragend, solange es sich darum handelte. Nur später, als der Krieg beweglich wurde, da zeigten sich die Nachteile dieses hierarchisch gegliederten, überzentralisierten und irgendwie an Dr. Strangelove erinnernden Kommandogebildes.

»Sie hätten die Zentrale am Tag J sehen sollen«, sagte Ismail, »dann hätten Sie gespürt, daß diese Anlage nicht nur zeitgemäß war, sondern geradezu die ganze ägyptische Geschichte symbolisierte... Wir hatten alle unsere Plätze eingenommen und sahen nun vor uns, wie alles ablief, was wir geplant hatten. Von der Front kam Meldung um Meldung, und wir sahen mit eigenen Augen, wie die Operationen voranschritten: dieses Unternehmen war begonnen, jenes abgeschlossen worden... Von 14 Uhr an war die Erregung hier kaum zu ertragen. Alles lief präziser ab als man sich vorstellen kann, kühn und wirkungsvoll. Gelegentlich wurden wir von unseren Gefühlen geradezu geschüttelt, wir erlaubten uns aber nicht, ihnen nachzugeben... wir mußten kühle Köpfe behalten. Verwirrung in der Befehlszentrale hätte die gesamte Operation gefährdet.«

Auch Präsident Sadat war anwesend. »In den ersten drei Stunden stand ich unter einer grauenhaften Spannung, ich war wie erstarrt. Wir wußten ja nicht, ob Israel nicht eine Überraschung bereithielt. Hatte der Feind neue Waffen? Nach drei Stunden war es aber klar, daß die Israelis nicht mobilisiert hatten, daß sie völlig überrascht worden waren. Unsere Truppen überquerten den Kanal trotz seiner steilen Ufer...«

Der Brückenbau für die nördlichen Angriffsspitzen verlief nach Plan. Auch bei Ismailia und Kantara hatte die Zweite Armee ihre Brücken pünktlich fertig. Die Dritte Armee, die weiter südlich operierte, stieß dagegen auf Schwierigkeiten. Der israelische Sandwall war viel breiter als man vermutet hatte, und das Terrain war für die Benutzung der neuen russischen PNP-Brücke ungeeignet. Um

17 Uhr saß die Dritte Armee fest. Ismail griff entschlossen ein: »Ich schickte den Pionierführer Generalmajor Ali Mohammed zu den Stellungen der Dritten Armee und befahl ihm, den Brückenbau zu bewerkstelligen, einerlei wie hoch die Verluste waren. Er schaffte es auch, allerdings ist sein Stellvertreter bei einem israelischen Tiefangriff auf einer der Brücken gefallen.« Unterdessen mußten die Panzer der Dritten Armee den Übergang bei Ismailia benutzen und 40 Meilen durch israelisch besetztes Gebiet im Sinai nach Süden fahren, um dort den Brückenkopf zu sichern.

Alles in allem gesehen war die Leistung der ägyptischen Pioniere außerordentlich. »Unsere Pioniere brauchten zwischen sechs und neun Stunden, um 60 Breschen zu spülen, zehn Brücken zu schlagen und 50 Fähren einzurichten«, sagte Shasli. Ismail hatte eigentlich mehr Brücken haben wollen – er glaubte, er müßte sich gegen Beschädigungen durch israelische Luftangriffe oder Artilleriebeschuß sichern – doch Samstagabend war klar, daß die mit Raketen ausgerüstete ägyptische Infanterie mit den israelischen Gegenangriffen fertig wurde. »Dayan hat die Fähigkeit unserer Infanterie, Panzer und Tiefflieger abzuwehren und Gelände längere Zeit auch ohne schwere Waffen zu halten, nicht richtig eingeschätzt«, bemerkte Shasli später. Der Weg war nun frei für den Übergang der ägyptischen Panzer.

Auch diese Phase war sorgfältig vorbereitet worden. Hier wieder Shasli: »Gleich zu Beginn des Angriffs wurden Drähte verschiedener Farbe über den Kanal gespannt, an denen die Einheiten sich orientieren konnten. Das war vorher lange geübt worden.« Im Schutze der Dunkelheit rollten nun ägyptische Panzer und Raketen über den Kanal. Zehn Stunden nach Kriegsbeginn hatten die Ägypter am Ostufer des Suezkanals 500 Panzer versammelt und ein vorgeschobenes Raketenabwehrsystem aufgestellt. »Das ganze war wie eine großartige Symphonie, an der Zehntausende Musiker mitwirken«, sagte Shasli. Weniger blumenreich ausgedrückt heißt das: die Ägypter waren auf dem Höhepunkt ihrer militärischen Erfolge in diesem Krieg angelangt.

Die Bürgerarmee zieht ins Feld

Für die Zivilisten in Israel begann der Alptraum, als kurz nach 14 Uhr in allen Städten und Siedlungen die Alarmsirenen heulten. Die Leute blieben auf der Straße stehen, schauten in den klaren blauen Himmel und liefen zum nächsten Radio. Das israelische Radio schweigt gewöhnlich am Jom Kippur, doch um 14.40 Uhr kam die erste Meldung: »Ein Sprecher der Armee gibt bekannt, daß heute um 14 Uhr Truppen Ägyptens und Syriens im Sinai und auf den Golanhöhen einen Angriff eröffnet haben. Unsere Streitkräfte befinden sich im Kampf. Da im Abschnitt der Golanhöhen lebhafte Lufttätigkeit herrscht, sind überall im Land die Alarmsirenen zu hören. Es handelt sich um einen echten Alarm... Die teilweise Mobilmachung ist angeordnet worden... die notwendigen Maßnahmen wurden eingeleitet. Während des herrschenden Notstands ist jeder nicht unbedingt erforderliche Straßenverkehr einzustellen...« Es folgte klassische Musik und die Ankündigung weiterer Nachrichtensendungen im Abstand von 15 Minuten. Am Vormittag schwirrten die Gerüchte quer durch das Land; jeder kannte jemanden, dessen Bekannte einberufen worden waren, und man hörte mit Erleichterung endlich eine amtliche Bekanntmachung. Niemand in Israel wird so bald die Stunden vergessen, die nun folgten.

Shalom, 25 Jahre alt, Student an der Hebräischen Universität von Jerusalem, war mit seiner Braut Sarah bei Freunden zu Besuch. »Ein Nachbar kam die Treppe herunter und rief: der Krieg ist ausgebrochen! Gleich darauf heulten die Sirenen. Wir liefen auf die Straße. Hier waren schon viele Leute, aber keiner wußte, was geschehen war. Sie waren wohl alle ebenso benommen wie ich, konnten es nicht glauben...« Shalom ging nach Hause. Er wußte, daß man ihn als Reserveleutnant einberufen würde.

Die Einberufung der Reservisten erfolgt auf zweierlei Weise, entweder durch persönliche Benachrichtigung zu Hause oder durch die Verlesung der Tarnbezeichnungen ihrer Einheiten über das Radio. Shuki, 23 Jahre alt und Architekturstudent in Tel Aviv, erinnert sich: »Ich war mit Freunden in der Stadt, als die Sirenen aufheulten. Ich rannte den ganzen Weg nach Hause und kam gerade noch zurecht, um die Durchsage für meine Einheit im Radio zu hören.«

In den Wohnvierteln der israelischen Städte fuhren Kuriere von

Haus zu Haus, oft wurden sie zur Synagoge gewiesen. Überall in Israel wurden Gottesdienste unterbrochen, als Soldaten in Uniform mit Listen in der Hand die Synagogen betraten. In der Jerusalemer Vorstadt Beit Hakerem verlas der Kantor die Namensliste, die man ihm gereicht hatte und auf der auch der Name seines Sohnes verzeichnet stand. In der Synagoge der Sephardim in Jerusalem stand ein junger Mann auf, als er seinen Namen verlesen hörte. Sein Vater, der neben ihm saß, wollte ihn festhalten, doch der Rabbiner trennte die beiden und tröstete den weinenden alten Mann: »Der Platz Ihres Sohnes ist heute nicht hier.«

Junge Männer fuhren per Autostop zu ihren Sammelplätzen und überließen es den Vätern, die Luftschutzkeller auszuräumen. In Tel Aviv wollte Shuki so schnell wie möglich weg, »aber meine Mutter mußte mir unbedingt noch etwas zu essen machen und ließ mich nicht gehen. Schließlich gab sie mir genügend Lebensmittel für ein ganzes Regiment mit.«

Jeder versuchte, sich zu uniformieren, so gut es gehen wollte: ein Major erschien in hellen Wildledersstiefeln, ein Unteroffizier der Artillerie in einem Unterhemd mit der Aufschrift »Let's go Mets«, dem Schlachtruf einer New Yorker Baseball-Mannschaft. Man half sich, so gut man konnte – angeblich lieferten die Bekleidungskammern nur eine einzige Hosengröße, und niemand wollte in unbequemen Hosen ins Gefecht gehen.

Väter brachten Frauen und Kinder zu Verwandten. Man verabschiedete sich mit »Lehitraot«, was nicht Lebewohl bedeutet, sondern Auf Wiedersehen. Wer noch nicht aufgerufen worden war, wartete ungeduldig. Viele fuhren unaufgefordert zu ihren Einheiten, andere machten es wie Shukis Vater: »Auch er ist Reservist, seine Einheit war aber noch nicht benachrichtigt worden, und es regte ihn auf, daß ich früher losging als er. Er telefonierte mit einem seiner Offiziere, doch sagte man ihm, er solle zu Hause bleiben und abwarten. Er brachte mich an die Hauptstraße, wo ich einen Wagen anhalten wollte.«

Außerhalb Israels umlagerten israelische Bürger und ausländische Juden die Fahrkartenschalter von EL AL. Diese Fluggesellschaft flog aber wegen des Feiertages nicht nach Israel, überdies war der Flugplatz Lod soeben bis auf weiteres geschlossen worden. Als tags darauf die Maschinen wieder flogen, wurden zuerst Reservisten, dann Ärzte und schließlich Zeitungs- und Fernsehkorrespondenten abgefertigt. Der bemerkenswerteste Fall war wohl der eines Mannes, der als Urkundenfälscher angeklagt worden war und sich zu Beginn des Jahres durch die Flucht seinem Prozeß entzogen hatte. Er war Reserveleutnant und flog aus lauter Patriotismus zurück nach Israel. Vielleicht glaubte er auch, man würde ihm dafür die Strafe erlassen. Er wurde am Flughafen festgenommen, doch der Polizeirichter war so beeindruckt, daß er ihn zu seiner Einheit schickte, als er versicherte, er würde sich nach dem Krieg den Behörden stellen.

Der Aufbruch der Israelis in den Krieg wirkte im Zwielicht jenes Samstagnachmittags wie die Darstellung einer Völkerwanderung. Man benutzte alle nur erdenklichen Fahrzeuge: requirierte Privatwagen, ausrangierte Autobusse, Brotwagen, Lastzüge und Milchtransporter. Ein Reporter der *Sunday Times* entdeckte im Golan ein verlassenes Reisemobil mit einem Cello auf dem Rücksitz – der Eigentümer gehörte zu einem Sinfonieorchester und war direkt zu seiner Einheit gefahren. Es kam zu Verkehrsstauungen. Die arabischen Tankstellen in Ostjerusalem, die wie üblich auch an diesem Feiertag geöffnet hatten, machten ein blendendes Geschäft. Am Straßenrand hielten Soldaten vorüberkommende Autos an, und mancher strenggläubige Jude trug immer noch das Gebetskäppi, den Schal und die Butterbrote, von denen er am Ende der Fastenzeit essen wollte; die Rabbiner hatten allerdings des Krieges wegen in aller Eile Nahrungsmittel und Kraftfahrzeuge gesegnet.

Aus den Krankenhäusern wurden alle Patienten nach Hause verlegt, die nicht dringend behandelt werden mußten. Die Ärzte meldeten sich bei ihren Sanitätseinheiten. Der Zivilschutz sorgte dafür, daß Fensterscheiben mit Streifen beklebt und Verdunkelungsvorkehrungen angebracht wurden. Gegen Abend machten die Straßencafés auf, und bei Einbruch der Dunkelheit drängten sich dort die Besucher.

Als das Widderhorn das Ende des Jom Kippur verkündete, begannen junge und alte Leute, die bislang an der Klagemauer gebetet hatten, die *Horra* zu tanzen. Ein Lautsprecherwagen der Polizei schickte sie heim. »Bitte gehen Sie gleich nach Hause. Wir wünschen Ihnen ein gutes Neues Jahr und Ihnen und Ihren Angehörigen Gesundheit«, sagte der Polizist. Mit einem Schlag sah man keine jungen Männer mehr auf den Straßen. Der Rabbiner von Katamon sagte: »Der Krieg ist ausgebrochen, laßt uns für unsere Soldaten beten. Gott gebe ihnen Mut und schütze sie.«

In diesem Stadium hatten die Reservisten mehr gegen die Mängel der Organisation zu kämpfen als gegen die Araber. Obwohl angeblich seit zehn Tagen Alarmbereitschaft herrschte, verlief die Mobilisierung chaotisch. 20 Prozent der israelischen Panzer waren in den Werkstätten. Viele Kanonenrohre waren zum Schutz vor dem Wüstenstaub dick mit Fett eingeschmiert. Es fehlte an Granaten, und die vorhandenen konnten oft nicht schnell genug zu den Panzern gebracht werden. So mancher Reservist fuhr nur mit der Hälfte der vorgeschriebenen Munition in den Kampf. Wo voll ausgerüstete Panzer vorhanden waren, fehlte es an Panzerschleppern, um sie an die Front zu bringen. Von diesen waren die meisten ebenfalls in Reparatur. Was nun den israelischen Werbeslogan betrifft: »In unserer Armee geht keiner zu Fuß«, so sah sich eine Einheit immerhin genötigt, in einem Milchwagen quer durch den Sinai zu fahren. Einzig die Luftwaffe war voll einsatzbereit.

Um 18.15 Uhr wußte die israelische Führung, daß es an der Front schlecht stand. Die Regierungschefin verschwieg allerdings das Ausmaß des herrschenden Durcheinanders und die mangelnde Kampfbereitschaft der Streitkräfte, als sie über Rundfunk und Fernsehen zu den Bürgern sprach. »Bürger Israels, heute um 14 Uhr haben die Armeen Ägyptens und Syriens eine Offensive gegen unser Land begonnen… Die israelischen Truppen schlagen die Angriffe zurück. Der Feind hat schwere Verluste erlitten… Der Feind hat gehofft, die Bürger Israels am Versöhnungstag zu überraschen, wenn viele in den Synagogen beten… Wir sind aber nicht überrascht worden… Seit Tagen schon weiß der israelische Nachrichtendienst, daß die Armeen Ägyptens und Syriens gemeinsam einen Angriff vorbereiteten… Unsere Streitkräfte wurden in Verteidigungsbereitschaft gesetzt. Wir zweifeln nicht an unserem Sieg und halten die ägyptisch-syrische Aggression für einen Akt der Tollheit…« Um was es bei diesem Krieg gehen sollte, wußte sie ebenfalls genau: »Nicht zum ersten Mal wird uns ein Krieg aufgezwungen. Wir müssen bereit sein, für unsere Freiheit, unsere Unabhängigkeit, ja für unser Leben alle notwendigen Opfer und Lasten auf uns zu nehmen… Nur ein Sieg unserer Streitkräfte kann unsere Existenz und den Frieden gewährleisten.«
Die israelische Moral wurde zusätzlich gestärkt, als Moshe Dayan, blitzenden Auges, vor der Kamera erschien und mit aggressivem Selbstvertrauen sagte: »Auf den Golanhöhen sind wahrscheinlich syrische Panzer durchgebrochen, sie haben wohl auch einzelne Erfolge erzielt, die aber nichts zu bedeuten haben… Wir haben hier und dort Verluste erlitten, die Lage auf den Golanhöhen ist nach meiner Ansicht aber einigermaßen zufriedenstellend. Am

Suezkanal sind sehr viel mehr ägyptische Streitkräfte aufgetaucht, und hier ist die Lage ganz anders... Der Sinai ist groß... Unmöglich kann man hier um jeden Meter Gelände kämpfen... Es ist den Ägyptern gelungen, den Kanal zu überqueren... morgen werden wir die Lage bereinigen...«

Die letzte Passage seiner Ansprache schadete seinem Ruf am meisten: »Wir müssen uns darüber im klaren sein, daß dies ein Krieg ist und eine kurze Spanne der Ungewißheit hinnehmen... Wir können uns auf unsere Soldaten verlassen, und der Vorstoß über den Kanal und nördlich des Kanals wird für die Ägypter zu einem sehr, sehr gefährlichen Abenteuer werden... Wir haben Verluste erlitten, aber nicht höhere Verluste als man am ersten Tag eines Krieges erwarten muß, der bereits in den nächsten Tagen mit unserem Sieg enden wird.«

Dayan und Golda Meïr müssen aber gewußt haben, wie verzweifelt die Lage in diesem Augenblick war. Die Ägypter hatten im Sinai die Initiative und würden mit Sicherheit am nächsten Morgen das Schlachtfeld beherrschen. Das Ausmaß des syrischen Angriffs im Golan war geradezu atemberaubend.

Die syrische Welle rollt

Die ersten syrischen Panzer, die den hohen Drahtzaun entlang der entmilitarisierten Zone durchbrachen, hielten sich nicht bei den Bunkern auf, in denen israelische Infanteristen sich total verblüfft an ihre wirkungslosen Waffen klammerten. Das Artilleriefeuer wurde schon bald vom Getöse der Panzerketten und Motoren übertönt. Tage später sagte ein immer noch unter dem Eindruck dieses Schocks stehender israelischer Offizier: »Sie kamen über uns wie Wasser, durch alle Ritzen und Spalten.« Die koordinierten syrischen Panzervorstöße erfolgten an zwei Stellen – der eine in südwestlicher Richtung auf der Straße nach Kuneitra, der andere sichelförmig nach Nordwesten von Rafid nach Khusniye (siehe Kartenteil). Dann teilten sich beide Kolonnen. Der Angriff auf Kuneitra fand in der klassischen Zangenform statt, die auf den UN-Beobachter im Bunker »Winter« solchen Eindruck machte. Die andere Kolonne teilte sich ebenfalls: 200 Panzer rollten südwärts entlang der Grenze des Golan, wo Klippen steil zum Flusse Yarmouk abfallen; die anderen 200 Panzer hielten geradeaus über

Khusniye auf Naffak zu. Beide Stöße hatten Naffak zum Ziel. Hier befand sich der gemeinsame Stab der beiden israelischen Brigaden, die den Golan verteidigen sollten, denn der Ort beherrscht die Hauptstraße vom Golan nach Israel.

Das Terrain, das sich zur Ebene von Damaskus hin senkt, ist flach, grau und wüst – ein Basaltplateau bedeckt mit Lavabrocken, manche klein wie Tennisbälle, andere riesige Blöcke. In dieser trostlosen Landschaft erheben sich bis zu hundert Meter hohe Kegel, erloschene Vulkane, die als solche noch erkennbar sind. Ziegenhirten aus den Drusendörfern in der Umgebung des Berges Hermon wandern hier mit ihren Tieren; Landwirtschaft wird kaum noch betrieben, wenn man auch die Umrisse ehemaliger Felder an ihren Wällen aus bröckelndem Lavagestein noch erkennt. Hier weht ständig ein trockener Wind.

Oberhalb des Plateaus befinden sich Reste von Weilern, die 1967 von ihren drusischen Bewohnern verlassen wurden. Kuneitra ist noch in Resten vorhanden. Die israelische Garnison hat in den Trümmern Stacheldraht gezogen und Panzerfallen angelegt. Naffak ist nichts weiter als ein unterirdischer Gefechtsstand, umgeben von mit Sandsäcken geschützten Bunkern. Nur das Minarett von Khusniye – schlank, etwas schief und voller Einschüsse – ragt noch in den Himmel und erinnert neugierige Touristen an die Toten von 1967.

Im Norden windet sich eine Straße von den Vorbergen zu der kleinen Stadt Dan am oberen Ende des Jordantals hinab. Im äußersten Südwesten des Golan, wo ein hochgelegener Streifen fruchtbaren Landes an den Klippen oberhalb des Sees Tiberias endet, führt noch eine gewundene Straße nach Israel hinunter. Am zerklüfteten Westhang des Plateaus gibt es dann nur noch zwei Stellen, wo befahrbare Wege zu Tal führen. Eine häßliche Balkenbrücke mit dem unpassend schönen Namen Gesher Benot Yacov (Brücke der Töchter Jakobs) führt die Hauptstraße von Kuneitra und Naffak über den Jordan. Der vierte und letzte Ausgang liegt etwas weiter nördlich und führt unterhalb von Wazit über eine Brücke.

Die Syrer mußten wenigstens zwei dieser vier Übergänge in ihre Hand bringen, darunter unbedingt die Brücke der Töchter Jakobs, weil der Hauptnachschubweg von Israel dort entlangführt. Die über Kuneitra nach Südwesten und die von Rafid nach Nordwesten zielenden Panzervorstöße richteten sich denn auch eindeutig gegen diese Brücke. Als auch die übrigen von Rafid kommenden Panzer nach links einschwenkten, wurde klar, daß die Syrer als zweiten Übergang die Straße an der Nordspitze des Sees Tiberias in Aussicht genommen hatten.

Die von den Israelis angelegten befestigten Siedlungen, mit denen man die Eroberungen von 1967 zu verteidigen hoffte, brachen sogleich zusammen. Zu Verteidigungszwecken hatte Israel die dreifach gestaffelte Stellung der Syrer ausgebaut, die 1967 überrannt worden war. Diese Stellungen sollten von den Bewohnern der 16 befestigten Siedlungen gehalten werden. Aber schon 1942 hat Rommel in seinen *Regeln des Wüstenkrieges* geschrieben: »Gegen einen motorisierten und gepanzerten Feind sind Fußtruppen nur von Wert, wenn sie vorbereitete Stellungen einnehmen. Werden solche Stellungen durchstoßen oder umgangen, sind deren Besatzungen hilflose Opfer, die man mit motorisierten Verbänden freikämpfen muß.« Es wurde dann auch die vordringliche Aufgabe der zahlenmäßig unterlegenen israelischen Panzer, diese Fußtruppen zu retten.

Daran, daß die Zivilisten nicht vor Beginn der Kriegshandlungen vom Golan evakuiert worden waren, läßt sich erkennen, wie sehr die Israelis die syrische Panzerwaffe unterschätzten. »Die befestigten Siedlungen trugen nichts dazu bei, den syrischen Angriff zum Stehen zu bringen. Diejenigen, die von den Syrern erobert wurden, dienten dem Feind vielmehr als nützliche Ausgangsbasis bei der Fortführung des Angriffs«, heißt es in einer später aufgestellten Bilanz der Kampfhandlungen.

Die israelischen Panzerbesatzungen erkannten, daß sie nicht so bald mit Verstärkung rechnen konnten. »Die Truppen wußten von Anfang an, daß sie die Invasion der syrischen Armee ganz alleine aufhalten mußten«, heißt es in einer späteren israelischen Verlautbarung. Mindestens 30 Stunden mußten vergehen, bis die morgens alarmierten Reserven die gewundene Straße von Rosh Pina über den Jordan und den steilen Anstieg zum Golan bewältigen konnten. Bis dahin mußten zwei Panzerbrigaden, von denen eine nur zu drei Vierteln einsatzbereit war, den übermächtigen Gegner daran hindern, jene 25 Kilometer zu überwinden, die ihn von Israel trennten.

Beide Brigaden hielten je einen Abschnitt der Front am Golan. Im Norden hatte die 7. Brigade mit ungefähr 100 Panzern den schmalsten und darum, wie das israelische Oberkommando glaubte, am meisten gefährdeten Sektor zu verteidigen. Geführt wurde sie von einem glänzenden, aus Ungarn stammenden Panzerkommandeur, der bei seinen Leuten nur »Oberst Janos« hieß. Den mittleren und südlichen Abschnitt, etwa von der Linie Kuneitra – Brücke der Töchter Jacobs nach Süden war der Brigade von Oberst Ben Shoam und seinen nicht mehr als 75 Panzern zugewiesen. Shoam sollte die von Rafid vorstoßenden syrischen Verbände aufhalten, von denen einer in nordwestlicher Richtung operierte, um das Plateau in zwei Teile zu trennen, während der andere auf den See Tiberias vorstieß.

Die Aussichten für die Brigade Shoam waren besonders schlecht: im Durchschnitt war der Gegner fünf zu eins überlegen, stellenweise sogar zwölf zu eins. Das israelische Abwehrfeuer setzte Dutzende syrischer Panzer außer Gefecht. Bei anderen rissen die Ketten im steinigen Gelände. Doch solange die Panzer beweglich waren, blieben die Syrer im Angriff, und in den ersten Tagen benutzten die Besatzungen der manövrierunfähigen Panzer ihre Fahrzeuge als feststehende Artillerie.

Ein junger israelischer Hauptmann namens Jossi führte sieben Panzer, bis ihn nach dreistündigem Gefecht ein Granatsplitter am Hals traf. Sein Bericht macht Lärm und Schrecken der Szenerie anschaulich. In einer Staubwolke sah er drei syrische Panzer die Waffenstillstandslinie überrollen und brachte seine Einheit gegen sie in Stellung. »Es gab gleich drei Volltreffer. Ich zielte auf einen vierten Panzer, dessen Turm beim ersten Schuß durch die Luft flog. Wir glaubten, das Gefecht wäre zu Ende, es fing aber erst richtig an. Aus einem Staubvorhang stießen Dutzende Panzer vor, begleitet von gepanzerten Planierraupen und Schützenpanzerwagen. Wir teilten die Ziele unter uns auf und schossen einen nach dem andern ab, doch bevor wir noch Luft holen konnten, kam uns schon die nächste Welle entgegen.«

Gegen so geschickte Kanoniere wie die Israelis mußte der syrische Vorstoß starke Verluste hinnehmen. Die ersten Wellen konnte man noch wie Hauptmann Jossi aus vorbereiteten Stellungen nach einem festgelegten Feuerplan bekämpfen, und die vordersten syrischen Panzer gerieten in ein mörderisches Abwehrfeuer. Ein Reporter der *Sunday Times* zählte auf wenigen hundert Metern der Angriffsstrecke von Rafid 13 syrische Panzer, die noch in korrekter Formation – Kanonen auf den Feind gerichtet – von israelischen Scharfschützen außer Gefecht gesetzt worden waren. Daß der Vorstoß gabelförmig geführt wurde, wirkte sich aber schließlich zum Nachteil der Brigade Shoam aus. Als die syrischen Panzer die Stellungen durchbrochen hatten, fächerten sie sich auseinander, und wenn die israelischen Panzer, von denen die meisten fast ihre ganze Munition verschossen hatten, nicht umgangen werden wollten, mußten sie die vorbereiteten Stellungen aufgeben und ein Rückzugsgefecht beginnen. Bei Einbruch der Dunkelheit hatten sie die Schlacht verloren.

Die 7. Brigade von Oberst Janos hielt sich überraschenderweise gegen die weiter nördlich bei Kuneitra angesetzte Zangenbewegung der Syrer wesentlich besser. Ein Panzerkommandant erläuterte später, wie schwer das Terrain im Golan zu verteidigen ist; überall trifft man auf Hügel, Felsbrocken, Gruppen zerzauster Bäume, niedriges Gebüsch und die Ruinen verlassener Dörfer, die allesamt das Gesichtsfeld der Verteidiger beschränkten. »Man weiß nie, was hinter der nächsten Biegung lauert«, sagte er. »Dort ist es anders als in der Wüste, wo man das ganze Schlachtfeld überblickt.«

Die Syrer konnten jetzt allerdings das gesamte Schlachtfeld überblicken. Um 16.20 Uhr an diesem ersten Kriegstag gab Radio Damaskus bekannt: »Unsere Truppen haben einige Stellungen befreit, darunter die auf dem Berge Hermon.« Das war etwas voreilig, denn der eigentliche Sieg kam erst am Sonntag. Israel wollte zehn Tage lang diesen Verlust nicht eingestehen, denn der war für den Golan ebenso verhängnisvoll wie der Verlust der Bar-Lev-Linie für den Sinai. Wer im Besitz des über 2000 Meter hohen Berges Hermon war, konnte von dort den gesamten Golan einsehen. Syrische Kommandos eroberten die israelischen Festungen von Hubschraubern aus. Für die Panzerkräfte auf dem Golan war das eine Katastrophe, denn von dort oben konnten syrische Artilleriebeobachter das Feuer gegen die israelischen Panzerverbände weiter unten in der Ebene eröffnen.

Wenn man bedenkt, daß nun auch diese Gefahr noch zu der zahlenmäßigen Unterlegenheit hinzukam, dann erscheint die Leistung der 7. Brigade überwältigend. Nördlich von Kuneitra wurde der Angriff zum Stehen gebracht, und als es dunkel wurde, hatten auch die syrischen Panzer südlich von Kuneitra schwere Verluste erlitten.

Einer der israelischen Kommandeure sagte später, der Schlüssel zu diesem Erfolg sei das geordnete Zusammenwirken dreier Elemente gewesen: von Panzern, Infanterie und Luftwaffe. Die Verteidigungsanlagen im nördlichen Abschnitt des Golan waren zweifellos besser als die, welche die Brigade Shoam im Süden schützen sollte. Nördlich von Kuneitra befand sich ein Labyrinth aus Drachenzähnen, Minenfeldern und einem breiten Panzergraben. Die Syrer waren darauf vorbereitet; ihr Vorstoß im Norden wurde angeführt von gepanzerten Planierraupen, Minenräumpanzern und Brükkenpanzern. Diese bildeten aber gute Ziele für die Richtschützen von Oberst Janos, und das Dreieck von Kuneitra nach Westen bis zur Waffenstillstandslinie im Norden war schließlich so verstopft von den rauchenden Panzerwracks der syrischen Vorhut, daß die Israelis es im Sprechfunkverkehr untereinander nur noch ›den Friedhof‹ nannten.

Anders als Shoam, der sich gezwungen sah, den an vielen Stellen drohenden Vorstößen der Syrer zu begegnen, vermochte Janos seine Panzer so beisammen zu halten, daß sie sich untereinander Feuerschutz geben konnten. Er wurde auch mit der Bedrohung durch die Panzerabwehrraketen fertig, obwohl die Lavablöcke im Gelände den Infanteristen vorzügliche Deckung boten. Die Brigade Shoam jedoch erlitt schwere Verluste, nachdem sie sich aufgeteilt hatte.

Von der Mitte des Nachmittags an wurde die scharfe Schneide des syrischen Angriffs an der klassischen Waffe Israels stumpf – dem Angriff aus der Luft. Hierbei spielten die Skyhawks die Hauptrolle, Phantoms und Mirages boten ihnen dabei Schutz. Die Treffsicherheit der Piloten war so außerordentlich, daß die Panzerkommandeure Feuer auf Ziele in allernächster Nähe anfordern konnten. Die Luftwaffe erlitt aber schwere Verluste. Zu dem Luftschirm, den die Syrer im Golan aufgerichtet hatten, gehörten nämlich auch die neuesten fahrbaren Luftabwehrraketen vom Typ SAM-6. Am ersten Nachmittag verlor Israel 30 Skyhawks und etwa zehn Phantomjäger, die meisten davon über dem Golan. Fast alle waren Opfer der SAM-6 oder der mörderischen Flak ZSU-23 auf Selbstfahrlafetten (ebenfalls russischer Bauart), die jene Piloten herunterholte, die sich im Tiefstflug den Raketen zu entziehen versuchten. Aussteigen konnte kaum einer von ihnen. Die Verluste waren so hoch, daß Elasar für zwei Stunden alle Luftangriffe untersagte. Diese Zeit wurde dazu benutzt, eine neue Taktik auszuarbeiten.

Bei Einbruch der Dunkelheit beobachtete John Bonar, der Korrespondent der *Sunday Times* in Amman, vom Dach eines Bauernhauses im nördlichen Jordan, wie die Skyhawks paarweise wie silberne Fische im Tiefflug über jordanischem Gebiet dahinglitten, um dann über dem Plateau von Golan hochzuziehen, die syrischen Panzer in der Flanke anzugreifen und dann in einer Westkurve hinter dem Berg Hermon zu verschwinden, nach Möglichkeit ohne in den Bereich der tödlichen SAM-Raketen zu geraten. Teilweise gelang ihnen das. Die Verluste gingen zurück, waren aber immer noch bedenklich hoch.

Bei Anbruch der Nacht kam es überall auf dem Plateau zu Panzer-
duellen und Nahkämpfen der Infanterie, während die Israelis allmählich zurückwichen. Der Kommandeur des Nordabschnittes,
Generalmajor Yizhak Hoffi, beschloß nun, die Verteidigung des
Golan dem Brigadegeneral Rafael Etan anzuvertrauen; Etan war
der Mann der Stunde.

Man erzählt sich, daß Etan, nachdem ein israelisches Kommando
unter seiner Führung am 28. Dezember 1968 auf dem Flughafen
von Beirut 13 Flugzeuge zerstört und auch sonst beträchtlichen
Schaden angerichtet hatte, im Warteraum für Fluggäste schwarzen Kaffee bestellte. Dem zu Tode erschreckten Kellner, von dem
auch Etans Kameraden etwas zu trinken verlangten, reichte er eine
israelische Zehnpfundnote – etwa sieben DM –, schrieb seinen Namen darauf und sagte, falls der Kellner je nach Israel komme, wolle
er ihm die ganze Rechnung bezahlen.

Etan ist ein Mann von wenig Worten. Auf einer Farm im Norden
des Landes geboren, ist er untersetzt, hat riesige Hände und gilt als
einer der besten Soldaten der israelischen Armee; man meint sogar, sein Mut sei für seine Untergebenen unbekömmlich. Dieser
ausgebildete Fallschirmjäger schied Anfang der fünfziger Jahre aus
der Armee aus und zog sich aufs Land zurück. Angeblich hat ihm
während des Suez-Krieges von 1956 ein Freund deswegen Vorwürfe gemacht. »Da melkst du nun deine Kühe, während Juden
umgebracht werden«, soll er gesagt haben. Etan kehrte also wieder
zum Dienst zurück, diesmal für länger. Seine Führung im Sechs-
Tage-Krieg von 1967 wurde lobend erwähnt, in einer Armee, die
keine Orden kennt, eine hohe Auszeichnung.

Ein strategisches Genie ist Etan nicht. 1967 überlebte er einen
Kopfschuß, und es hieß bei den Kameraden, dies beweise nur, daß
er kein Hirn hat. Als wortkarger Mensch hat er wenige Freunde. In
seinem Büro, wo die meisten Offiziere Bilder von Golda Meïr oder
Dayan hängen haben, sieht man Fotos seiner Vorbilder: ein Leutnant, der bei dem von Arik Sharon provozierten Hinterhalt am
Mitla-Paß im Jahr 1956 gefallen ist, und ein Hauptmann, den palästinensische Guerillas während des Abnützungskrieges am Jordan
getötet haben.

Etan brachte also für die Schlacht im Golan genau die Eigenschaften mit, die dringend benötigt wurden – Mut, Erfindungsgabe in
verzweifelter Lage und eine maultierhafte Halsstarrigkeit, die ihn
wahrscheinlich gehindert hätte, einen Rückzugsbefehl zu befol-

gen. Als bei Dunkelwerden die erste Phase der Kämpfe verebbte, machte Etan sich daran, die Abwehr zu organisieren. Die Frage, die ihm am meisten zusetzte, lautete: wie schnell ist mit Reserven zu rechnen?

Die Heranführung von Reserven war abhängig von der Lage im Sinai. Anfangs hatten die Israelis dort planlose und verwegene Gegenangriffe geführt – einzelne Panzerverbände waren tollkühn gegen den Feind vorgegangen, nur um in die Luft gejagt zu werden, manchmal von mehreren Raketen gleichzeitig Shasli, der ägyptische Stabschef, bemerkte später dazu, »mindestens in den ersten Tagen war aus dem Mangel an Koordination zu erkennen, daß der Feind überrascht war«. Die Israelis drückten das mit bitteren Worten aus. In den ersten Stunden war von Koordination so gut wie keine Rede mehr – »es gab nicht eine israelische Armee«, sagte ein höherer Offizier später, »sondern gleich mehrere, und jede tat, was sie für gut hielt«. So kam es zu großen, überflüssigen Verlusten.
Die ersten ägyptischen Luftangriffe – Ismail zufolge von hundert Maschinen ausgeführt – trafen Israels Flughäfen und Fernmeldezentralen in Bir Gifgafa, Bir el-Thamada und den vorgeschobenen Gefechtsstand in Tasa (der allerdings so tief unter der Erde lag, daß er keinen Schaden nahm). Während die Startbahnen repariert wurden, mußten israelische Gegenangriffe von Flughäfen innerhalb des eigentlichen Landes geführt werden. Die Ägypter erreichten dies nicht ohne Verluste. Während der ersten Stunden des Krieges wurde Präsident Sadats Halbbruder Adel Sadat, ein 22 Jahre alter Hauptmann der Luftwaffe, in seiner MIG über dem Sinai abgeschossen. Doch schon die ersten israelischen Gegenangriffe gerieten in Schwierigkeiten. Zu ihren dringlichsten Zielen gehörten selbstverständlich die Brücken, die über den Kanal geschlagen wurden, doch die ägyptische Infanterie lag bereits mit ihren tragbaren Fla-Raketen auf der Lauer. Shasli meint dazu: »Der Feind versuchte, die Brücken im Tiefstflug anzugreifen, doch die SAM-7-Raketen erwiesen sich als glänzende Abwehrwaffe.« Das war nun übertrieben; die von der Infanterie mitgeführten SAM-7 fanden ihr Ziel unweigerlich dank ihrer Hitzesensoren, doch die Sprengladungen waren so gering, daß sie nicht viele Maschinen vernichteten. Die größten Opfer forderten vielmehr die Raketen vom Typ SAM-6 auf Selbstfahrlafette und die Flak vom Typ ZSU-23.
Weil die Luftwaffe hauptsächlich im Golan eingesetzt wurde,

mußten die ersten Gegenschläge von den Panzern geführt werden. Den am frühen Sonntagmorgen auf dem Ostufer versammelten 500 ägyptischen Panzern konnte Israel im Sinai die 230 Panzer der 14. Brigade unter Oberst Amnon Reshef entgegenstellen, meist solche vom Typ Patton. Ein Viertel davon war aber in der Bar-Lev-Linie stationiert gewesen und mithin verloren. Die ägyptischen Panzerverbände, die in den Frühstunden des Sonntags aus der geknackten Festungslinie ostwärts hervorrollten, bedrohten nun auch Israels zweite Linie.

Israel hatte mehr als 200 Millionen DM für die Bar-Lev-Linie ausgegeben. (Man erzählt sich, daß Generalleutnant Chaim Bar-Lev, damals noch Chef des Stabes, von Frau Meïrs Vorgänger Levi Eshkol mehr Geld mit der Begründung verlangte, es sei eben teuer, frisches Wasser zuzuführen. Worauf Eshkol geantwortet haben soll: Man kann doch wohl das Wasser aus dem Kanal trinken?) Noch einmal die gleiche Summe war für den Bau von Straßen, Landebahnen, Versorgungslagern und Stützpunkten überall im Sinai aufgewandt worden. Die zwei wichtigsten dieser Straßen verliefen in Nord-Süd-Richtung, parallel zum Kanal, eine etwa 25 Kilometer vom Kanal entfernt, die andere etwa 32. Diese zweite Straße berührte den Hauptgefechtsstand in Tasa. Der israelische Abwehrplan sah vor, auf der näher am Kanal verlaufenden Straße schwere Artillerie vom Kaliber 15,5 cm und 17,5 cm zu bewegen, auf der landeinwärts gelegenen Straße Munition, Nachschub und Ersatzteile heranzuführen. Der in den Frühstunden des Sonntag stattfindende Angriff machte solche Überlegungen zuschanden.

Wie im Golan wurden auch hier die Kämpfe von den Eigenheiten des Geländes bestimmt. Der südliche Sinai (siehe Kartenteil) ist eine ausgedörrte Mondlandschaft voller unpassierbarer Berge. Im Norden jedoch verengt sich diese Gebirgslandschaft zu einem Kamm, der in dem Sandstrand des Mittelmeeres ausläuft. Über diesen Kamm führen drei Pässe: im Süden der Mitla-Paß, im Zentrum der Gidi-Paß und weiter nördlich der Khatmia-Paß. Außer diesen Pässen kann man den Sinai nur noch auf der Küstenstraße durchqueren, die aber für Panzerverbände nicht in Frage kommt, da auf der einen Seite das Meer und auf der anderen Seite weicher Sand die Straße begrenzen.

Wenn die Ägypter im Sinai vordringen wollten, mußten sie also mindestens einen der drei Pässe in ihre Hand bringen. Die Kämpfe, in denen sie dies versuchten, und in denen die Israelis verzweifelt versuchten, sie zu stoppen, fanden zwischen dem Suezkanal und jenem Gebirgszug statt. Das Gebiet bildet ein Dreieck mit einer Nord-Süd-Ausdehnung von rund hundert Kilometern, ist nie mehr als 75 Kilometer tief und nur etwa 35 Kilometer gegenüber dem Mitla-Paß. Das Terrain ist mit dornigem Gebüsch bewachsen, die Dünenlandschaft weist plötzlich abfallende Steilhänge und ausgedehnte Hochebenen auf, wo hin und wieder Wasserlöcher und tückischer Quicksand anzutreffen sind. In der ersten Nacht des Krieges erfochten die zahlenmäßig unterlegenen israelischen Panzerbesatzungen hier einen bemerkenswerten Sieg.

Das Ziel der aus dem nördlichen und mittleren Brückenkopf am Abend vorstoßenden Ägypter war es, die beiden erwähnten israelischen Nachschubstraßen in Besitz zu nehmen. Die Panzer querten an mehreren Stellen die dem Kanal am nächsten laufende Straße, doch die Israelis vernichteten diese Vorhut, ehe sie auch die weiter landeinwärts gelegene Straße einnehmen konnte. Aus dem südlichen Brückenkopf versuchten die Ägypter, die etwa 35 Kilometer zum Mitla-Paß vorzustoßen, wurden aber nach knapp 20 Kilometern von den Israelis zum Stehen gebracht.

Zugleich versuchte Ägypten, die israelischen Angriffe von hinten zu stören. Unter Ausnutzung des frühen Monduntergangs – eine der Voraussetzungen, von denen General Ismail die Festsetzung des Angriffsdatums abhängig gemacht hatte – transportierten Hubschrauber ägyptische Kommandoeinheiten weit hinter die israelischen Stellungen, eine Taktik, die an die tiefen Vorstöße der Israelis im Jahre 1967 erinnerte. Die zwanzig ägyptischen Kommandobataillone sind eine Elitetruppe und Stabschef Shasli, selbst Fallschirmjäger, war besonders stolz auf sie, er betrachtete sie als Symbole des Wiedererstehens der ägyptischen Kampfkraft. Im Gefecht waren sie allerdings nicht sehr erfolgreich: israelisches Flakfeuer schoß mehrere Hubschrauber ab, von deren Besatzung niemand überlebte. Einer wurde auf dem Ostufer des Golfs von Suez bei Ras Sudar, weit vom eigentlichen Schlachtfeld, abgeschossen. Vielleicht galt der Angriff den Ölquellen von Ras Sudar, vielleicht wollte er den Aufmarsch der israelischen Reserven am Mitla-Paß stören.

Einige dieser Kommandos kamen aber durch. So griffen 60 von ihnen im Norden den vorgeschobenen Gefechtsstand der Israelis bei Baluza an. Die Israelis hatten hier jedoch eine Straße in die Salzmarsch gelegt und konnten die Ägypter vertreiben, nachdem sie ihnen schwere Verluste beigebracht hatten. Weitere Überfälle wurden bei Bir Gifgafa und bei Sharm el Sheick versucht, sogar mit

Erfolg, trotz allem, was die israelische Propaganda darüber zu sagen hatte. Mehr als lästig war das aber nicht.

Sonntag bei Sonnenuntergang waren die Ägypter im Stellungskrieg nicht vorangekommen, auch wenn sie ihre Angriffe immer noch hartnäckig fortsetzten. Ihre Brückenköpfe reichten nirgendwo mehr als 16 Kilometer in den Sinai hinein. Militärische Quellen, die wir unterdessen befragt haben, meinen, die 14. Brigade der Israelis habe von den zu Anfang des Krieges vorhandenen 230 Panzern etwa 150 eingebüßt. Doch beim Morgengrauen trafen die ersten Einheiten von Israels Bürgerarmee ein; in der ersten Welle waren nicht mehr als 100 Panzer, doch unterstützt wurden sie von mehr als 20000 Infanteristen und schwerer Artillerie.

Am Sonntagmittag machte sich Arik Sharons mühsam aufgestellte Reservedivision endlich kampfbereit. Als Kommandeur des Mittelabschnittes brachte er seine nunmehr beträchtlichen Streitkräfte vor dem Mitla-Paß und dem Gidi-Paß in Stellung. Danach konnte die unmittelbare Krise im Sinai für beendet gelten. Den kleinen, abgeschnittenen Gruppen, die immer noch am Kanal Widerstand leisteten, darunter Avi Jaffe und seinen Kameraden in ihrem belagerten Bunker in der Bar-Lev-Linie, schien das durchaus nicht so. Die Ägypter, denen weniger daran lag voranzudrängen, als ihre Positionen zu konsolidieren, waren im Begriff, den Bunker mit Artilleriefeuer einzudecken. Avi stellte neuerlich sein Tonbandgerät an.

Meierke (als das Feuer beginnt): Schuki! Geh mal zum Außenposten drei und melde, was da los ist. Schlomo geht mit. Moment noch. Es muß auch jemand zum nördlichen Außenposten. Die greifen vielleicht noch von Norden an. Verbinde mich mal mit vier.

Avi: Du hast die Leitung ja schon.

Meierke: Hallo! Hallo... da antwortet keiner.

Avi (mit Megaphon): Position vier! Nehmt mal den Hörer ab!

Meierke (am Telefon): Wer ist da? Dubbele? (Spitzname eines Beobachters namens Mordechai Eichebaum.) Der Herr möge dich jeden Tag segnen. (Spaßig gemeinte Begrüßung)... Wie geht es dir? (Gewaltige Explosion) Wo war das? Auf dem Bunker?... Gut, aber hin und wieder mußt du schon mal den Kopf raushalten. Es kann sein, daß sie von Norden aus angreifen. Verstehst du mich?... Ich muß schließlich wissen, was passiert!... Das wird sich schon bald rausstellen. Und woher sie jetzt schießen, weiß ich auch nicht.

Der Bunker wird mit Werfergranaten eingedeckt.

Avi: Die Einschläge liegen angeblich am Eingang.

Meierke (zum Beobachter am Eingang): Paß auf da draußen! Sobald die mit Schießen aufhören, steckt ihr den Kopf raus und achtet auf den Eingang. Klar?

Zwei Volltreffer auf den Bunker.

Avi: Schuki antwortet nicht...

Meierke (greift zum Telefon): Schuki... Schuki... vielleicht ist er zur drei gegangen?

Das Feuer nimmt zu, und jetzt liegt praktisch jede Granate im Ziel. In Gräben und Bunkern gibt es Sandeinbrüche. Die Telefonverbindungen zwischen den einzelnen Posten sind ausgefallen, die Antennen der Funkgeräte zerstört. Avi und Schlomo, die beiden Funker, gehen hinaus und reparieren sie.

Meierke: Gebt mir mal den Stab... hallo, Jigal, hör mal zu: die decken uns ganz schön ein, mit Artillerie, vielleicht auch mit Panzern. Wir kriegen alles aufs Dach, ich weiß nicht, von wo. Die Panzer schießen von drüben.

Dubbele (am Telefon): Moment, Schuki ist im Bunker vier.

Meierke: Bestimmt? Das ist gut. Paßt ihr dort drüben auf? Die Granaten fallen immer dichter.

Dubbele: Vermittlung, Vermittlung. Der Graben nach drei und drei a ist eingestürzt.

Schuki (am Megaphon): Die Gräben nach drei und drei a sind blockiert!

Meierke (zu Schuki): Du bleibst in vier.

Sergeant Baruch erscheint mit einer blutenden Kopfwunde. Ein Granatsplitter hat seinen Helm durchschlagen und sitzt noch in der Kopfhaut, auch sein Ohr ist verletzt.

Baruch: Helft mir mal, Leute.

Der Sanitäter und der Arzt nehmen sich seiner an. Der Granatsplitter wird entfernt, Baruch bekommt eine Spritze und schläft auf dem Bett des Arztes ein. Der Beschuß geht weiter...

Avi: Man sollte vielleicht dem Stab melden, daß es hier mulmig wird.

Soldat: Am besten, wir melden Verluste.

Meierke: Was können die dabei schon machen?

Soldat: Beeilen könnten sie sich.

Meierke (zum Stab): Wir liegen unter Beschuß, ich weiß nicht, von wo.

Avi: Mach es den Brüdern nicht so leicht.

Meierke: Was soll ich schon machen? Ich sage, wir liegen unter Beschuß. Na und?

Avi: Übertreib doch ein bißchen, mach etwas Dampf dahinter.

Meierke: Ich übertreibe ja schon (zum Stab): *Wohin?* Ich möchte wissen, *woher* geschossen wird. (Zu Avi): Gib mir mal Schuki auf vier.

Avi: Die Leitung ist hin.

Schlomo (mit dem Megaphon): Schuki! Nimm den Hörer ab!

Meierke: Gib mir noch mal den Stab... (geht an den anderen Apparat): Schuki, wo steckst du?

Schuki: In Bunker vier. Draußen kann man sich nicht aufhalten, da geht alles in Fetzen.

Meierke: Man muß aber doch sehen, was nördlich von uns passiert... (unterbricht sich und versucht, den Stab zu erreichen).

Avi: Beim Stab antwortet keiner, ich rufe immerzu. Die Kerle lassen sich Zeit.

Schuki (nach einer weiteren schweren Explosion mit dem Megaphon): Bunker vier ist blockiert. Ich kann hier nicht mehr raus. Irgendwer muß mal beim Eingang...

Meierke (der schließlich Verbindung zum Stab hat): Jetzt hör mal zu, Jigal, Jigal...

Stab: Hallo, ihr kriegt gleich welche.

Meierke: Was kriegen wir?

Stab: Artillerie.

Meierke: Wohin denn? Jetzt hört mir mal zu... die Artillerie soll gefälligst auf den Panzerpark schießen...

Schuki (am Telefon): Was ist eigentlich los? Die schießen wie verrückt. Ich bin jetzt in vier. Die Gräben sind überall eingestürzt. Ich versuche rauszukommen.

Unterdessen ist es dunkel geworden, und man hört wiederum eine gewaltige Explosion.

Meierke: Was war das denn nun wieder?

Schuki: Hier stürzt alles ein... ich sehe nichts mehr. Die Granate muß genau in die Stellung gefallen sein. Schöne Brummer sind das. Der Graben bei vier ist auch eingestürzt.

Schuki will, daß ihm jemand hilft, den Eingang zum Bunker vier freizulegen, schafft das aber selbst, bevor jemand kommt.

Schlomo: Posten A behauptet, er kann Panzer hören, weiß aber nicht, von wo. Gegenüber auf der Kanalstraße fahren Schützenpanzer.

Meierke: Gebt mir noch mal den Stab... auf der Kanalstraße sehen wir Lichter…

Stab: Redet nicht so lange rum, sondern gebt uns Ziele durch.

Meierke (immer mehr Einschläge): Das hab' ich doch schon. Als erstes die Kanalstraße. In ganzer Länge. Da fahren Schützenpanzer spazieren. Ich weiß bloß nicht, sind es unsere oder ihre. Sehen kann ich das nicht. Ihr habt doch so viele Geschütze, also fangt endlich mal an zu schießen, bevor sie uns hier ausräumen. In unsere Stellungen können wir nicht mehr rein, weil die Gräben eingestürzt sind. Also jetzt schreibt euch mal auf: als erstes Feuer auf Punkt G. Danach auf die Kirche von Ismailia. Ganz in der Nähe ist nämlich eine Panzerstellung. Ihr könnt sie auf der Karte sehen, sie ist zwischen der Kirche und der Moschee. Als nächstes der Panzerpark. Dann weiter nördlich, 200 Strich nordöstlich… (eine gigantische Detonation)… die Bunker brechen zusammen… vielleicht schießt ihr nun endlich mal…

Soldat: Können die uns nicht mit Fahrzeugen hier rausholen?

Meierke: Von hier? Bei so einem Beschuß? Da draußen machen sie uns gleich hin. Bei so heftigem Feuer sind auch Panzer gleich kaputt.

Schuki (aus den Ruinen des Bunkers vier): Hier hat's eben fürchterlich gebumst, alles ist voller Sand.

Meierke (mit vom Staub erstickter Stimme): Wir sehen hier nichts mehr, wir ersticken. Der Ventilator ist im Eimer…

Zum Glück war das die letzte ägyptische Salve. Das Feuer hört ebenso plötzlich auf, wie es begonnen hat. Auf dem Tonband hört man das Quietschen des Ventilators, den jetzt jemand mit der Handkurbel bewegt, im übrigen herrscht Ruhe. Avi spricht eine Nachricht an seine Frau auf Band: »Hörst du mich, Dassy? Ich hätte Lust, mich mit dir zu unterhalten…« Er verstummt mutlos und stellt das Bandgerät bis zum nächsten Morgen ab.

Auch auf dem Golan war Sonntag für die Israelis der schlimmste Tag. Zeev Schiff, der Kriegskorrespondent der israelischen Zeitung *Ha'aretz* bemerkte dazu: »Die Bewohner unseres Landes haben keinen Augenblick gemerkt, wie groß die Gefahr und wie blutig der Kampf war. 800 Panzer waren auf die Ebene durchgebrochen… die Elite der syrischen Panzerarmee stand nur wenige Kilometer vor der Brücke der Töchter Jakobs.« Am späten Sonntagnachmittag glaubten die Israelis tatsächlich zwei Stunden lang, sie hätten die Schlacht verloren. Der erste Schreck war beim Morgengrauen gekommen.

Anders als in früheren Kriegen hatten die syrischen Panzerbesatzungen die Stunden der Dunkelheit nicht vergeudet. Mit Hilfe des infraroten Nachtsichtgerätes, mit dem viele ihrer russischen Panzer ausgerüstet waren, hatten sie während der Nacht umgruppiert und standen bei Sonnenaufgang in breiter Front zum Angriff bereit – »das ist ja heutzutage nicht die klassische Angriffsform, doch vielleicht lernen sie das bei den Russen«, bemerkte ein israelischer Kommandeur dazu. Beim Morgengrauen also setzte sich diese breite Front in Bewegung. Nun aber stießen sie wenigstens in einem Frontabschnitt auf die ersten israelischen Reserven. General Etan war in der Nacht zu der Entscheidung genötigt worden, die 7. Brigade von Oberst Janos sich selbst zu überlassen und die ersten gerade eintreffenden Reserveeinheiten in den Kampf um den Südabschnitt zu werfen.

Die zuerst eintreffenden Reserveeinheiten waren mit Israels schwächsten Panzern ausgerüstet, solchen vom Typ Sherman, Überbleibsel aus dem Zweiten Weltkrieg, die zwar mit 10,5 cm Kanonen neu bestückt, doch nach heutigen Gesichtspunkten viel zu schwach gepanzert waren (einige hatten übrigens nur Kanonen vom Kaliber 7,5 cm). Ihnen gegenüber standen sehr viele russische T-54 und T-55 aus den 50er und 60er Jahren und einige vom modernsten Modell T-62. Von diesen hatten manche nicht einmal 100 Kilometer auf dem Zähler. Sie waren von den Transportfahrzeugen herunter direkt ins Gefecht gefahren worden. »Sie sind sehr modern, frisch angemalt und riechen noch nach neuem Gummi«, heißt es in einem israelischen Bericht, in dem erbittert angemerkt wird: »Überhaupt ist alles russisch, ausgenommen das Essen; das ist arabisch.« Verblüffenderweise gingen die israelischen Reservisten aus diesem ungleichen Treffen als Sieger hervor.

Leutnant Dov, ein 28jähriger Beamter vom Westufer des Jordan, befehligte einen der vorderen Sherman-Panzer. Sein Funker und Ladeschütze war der 29 Jahre alte David Elimelech. Als dieser von seinem Verbandsführer Hauptmann Gadi hörte, man werde es wohl mit 70 oder 80 russischen Panzern zu tun bekommen, lief es ihm kalt den Rücken herunter. Gegen Mittag etwa näherten sie sich den syrischen Verbänden, die um El Al herum in Stellung gegangen waren. Leutnant Dov sagte später, er habe sich beinahe in einem Zustand des Schocks befunden, »so höllisch krachte es von explodierenden Granaten, als wir nach El Al hineinfuhren«. Er wand sich wie eine Schlange mit seinem Panzer zwischen den Einschlägen hindurch und strebte der nächsten Deckung zu. Als er sah, wie stark die syrischen Verbände waren, traute er seinen Augen nicht. »Erst als ich merkte, daß unsere Leute das Feuer auf sie eröffneten, kam ich wieder zu mir.«

Das nun folgende Gefecht nahm teilweise die Form eines Handgemenges an. So erschien plötzlich mitten zwischen den Schützenpanzern der Stabskompanie ein T-55. »Höchst unbehaglich«, sagte Major Itzik. Man wußte nicht recht, wie man sich verhalten sollte. Den Panzer zu provozieren, der sie sämtlich hätte fortblasen können, wäre unklug gewesen. Also feuerte keiner der Israelis. Die syrische Panzerbesatzung war offenbar ebenso verblüfft, denn sie machte kehrt und rasselte davon, ohne einen Schuß abzugeben.

Für die Israelis war es kein leichter Sieg. Ein Kanonier aus Inverness in Schottland sagte von seinen syrischen Gegnern: »Sie trafen gut; die Zeiten, als sie nicht geradeaus schießen konnten, sind vorbei.« Während die Reservisten den nach Süden gerichteten Stoß der Syrer aufhielten, ging die Vernichtung der Brigade Shoam weiter. Sonntagmittag fiel der Oberst selbst. Er war auf einen der erloschenen Vulkankegel geklettert, um Ausschau zu halten, als ihn eine Granate traf. Die Reste der Brigade wurden von seinem Stellvertreter übernommen. Viel war das nicht. Die Israelis haben keine Zahlen freigegeben, doch nach unserer Berechnung müssen bis Sonntag 17 Uhr annähernd 150 Leute von seiner Brigade gefallen sein. Legt man die israelische Faustregel zugrunde, daß die Besatzung jedes zweiten getroffenen Panzers tot ist, dann hat die Brigade Shoam wohl nicht mehr existiert.

Um 17 Uhr machten die Syrer den letzten Versuch, die 7. Panzerbrigade auch noch zu vernichten. Unter dem Kommando von Rifad Assad, dem Bruder des syrischen Präsidenten, rollte die Panzerreserve, 300 Kampfwagen einer Elitedivision, über die Waffenstillstandslinie. »Die nun folgenden zwei Stunden von fünf bis sieben Uhr waren die schlimmsten der ganzen Schlacht«, sagte ein israelischer Offizier hinterher einem Reporter der *Sunday Times*. Man weiß nur wenig darüber, wie Oberst Janos mit dieser neuen furchteinflößenden Aufgabe fertig wurde. Einer amerikanischen Version zufolge gelang es ihm, den syrischen Vorstoß zu kanalisieren, ihn also daran zu hindern, sich nach Gutdünken über das Plateau zu verbreiten. Das würde zu der bekannten israelischen Taktik passen und auch zu einem später abgegebenen israelischen Kommentar, in dem es heißt: »Ein störender Faktor lag in der Gefahr eines möglichen Durchbruchs auf breiter Front.«

Der Schwung des syrischen Angriffes war jedoch nicht zu brechen.

Bei Sonnenuntergang am Sonntag war die Vorhut auf der Straße von Kuneitra an Naffak vorbei bis zu dem alten Zollhaus auf dem Kamm über dem Jordan vorgestoßen. Keine acht Kilometer unterhalb lag die Brücke der Töchter Jakobs und dazwischen nichts als verstreute Reserveverbände, die sich die Straße hinaufquälten. »Wir hatten keine Zeit, unsere Reserven richtig zu gruppieren«, sagte später ein Angehöriger des Stabes auf dem Nordabschnitt. »Sobald ein Trupp ankam, schickten wir ihn die Straße hinauf den Syrern entgegen.« Man kann sich nicht vorstellen, daß ein entschlossener syrischer Vorstoß diese unkoordinierten Einheiten in den folgenden Stunden nicht hätte zerschlagen sollen, und doch kam der syrische Vormarsch hier zum Stehen.

Manches deutet darauf hin, daß ihm einfach die Luft ausging. Die wenigen UN-Beobachter, die ja noch in ihren Bunkern an der Waffenstillstandslinie hockten, sahen beispielsweise nur sehr wenig Nachschub an Treibstoff und Ersatzteilen zur Front gelangen. Da die Syrer nach russischem Vorbild immer ein bestimmtes Ziel für den Tag festlegen, ist auch denkbar, daß der Gebirgskamm ihr Ziel für diesen Abend war.

Vielleicht sind sie aber auch von den verzweifelten israelischen Gegenangriffen aufgehalten worden. Phantoms und Skyhawks nutzten die letzten Minuten des Tageslichtes dazu, sich im haarsträubenden Tiefstflug über das Jordantal und den Golankamm zu werfen und die vorrückenden Panzer mit Bordwaffen zu beschießen. Ein Beobachter sah später außerhalb von Naffak eine ganze Reihe solcher aus der Luft zerstörter syrischer Panzer, und die langen Streifen verbrannter Erde ließen erkennen, daß hier Napalm verwandt worden war. »Unsere Luftwaffe hat das letzte hergegeben«, bemerkte ein israelischer Kommentator später dazu.

Jedenfalls war dies der Wendepunkt der Schlacht im Golan. Montagfrüh verstopften bereits israelische Reserven die zum Plateau führenden Straßen, und gegen Mittag kamen endlich auch welche bei Oberst Janos an. Die 7. Brigade hatte jetzt hundert Gefallene zu beklagen, die Hälfte ihrer Panzer war zerstört. Montagmittag hatte Israel nach 48 Stunden Kriegsdauer im Golan 250 Soldaten verloren und ebenso viele im Sinai. An beiden Fronten war die drohende Krise vorüber, doch bei solchen Verlusten – und mindestens tausend Verwundeten – konnte sich Israel nicht leisten, weiter so intensiv zu kämpfen. Während der restlichen ersten Woche wurde seine Strategie dann auch wesentlich von der Notwendigkeit bestimmt, die Verluste niedrig zu halten.

Am meisten Gedanken machte man sich am Montag im israeli-schen Oberkimmando über die Verluste an Piloten. Es war nämlich in den ersten beiden Kriegstagen deutlich geworden, daß der israe-lischen Luftwaffe bei der Bekämpfung der tödlichen Fla-Raketen ebenso große Verluste drohten, wie die israelischen Panzer bereits erlitten hatten.

Man wußte, daß es sich bei den Raketen um solche vom Typ SAM-6 (NATO-Bezeichnung ›Gainful‹) und SAM-7 handelte (be-kannt unter ihrem russischen Namen ›Strela‹). Doch begegnet wa-ren die israelischen Piloten ihnen bisher nicht. Von Vietnam her war über die SAM-7 einiges bekannt: Sie war sehr mobil, von kur-zer Reichweite und wurde gegen tieffliegende Maschinen einge-setzt. Die SAM-6 wurde zum ersten Mal verwendet und war noch unbekannt; sie erwies sich sowohl auf kurze wie auf weite Entfer-nung als äußerst wirkungsvoll.

Das erste bekannte Opfer dieser neuen Waffe war ein zwei Stun-den nach dem Übergang über den Kanal im Tiefflug auf den ägypti-schen Brückenkopf anfliegender Phantombomber. Mit ziemlicher Sicherheit wurde er von tragbaren SAM-7 abgeschossen, die die erste Welle der mit Raketen ausgerüsteten Infanterie mit sich führte. Nach einer ersten Serie vergeblicher Anflüge auf die ägyp-tischen Brücken beschloß dann das israelische Oberkommando, seiner Luftwaffe den Auftrag zu erteilen, vordringlich den Angriff im Golan zu bekämpfen. Hier nun waren die Flugzeuge in das Feuer der geschickt angeordneten SAM-6-Batterien geraten, ver-stärkt durch Flak vom Typ ZSU-23 (von denen jede 4000 Granaten pro Minute verschießt), die jene Maschinen herunterholten, die den Raketen im Tiefflug auszuweichen versuchten.

In der nun folgenden Woche sollte Israel 80 Maschinen an beiden Fronten verlieren, überwiegend Opfer der SAM-6 und ZSU-23, wenn sie im Tiefflug eigene Panzervorstöße unterstützten. Etwa zwei Drittel dieser Verluste traten über dem Golan ein. (Die Israe-lis behaupten, von 115 Maschinen, die insgesamt im Krieg verlo-rengingen, seien nur vier im Luftkampf abgeschossen worden.)

Als die Israelis am Montag wieder Luft holen konnten, weil die Krise am Golan vorüber war, mußte sich die Luftwaffe auf die grimmige Aufgabe vorbereiten, die Raketenbasen zu zerstören. Die erste Schwierigkeit war dabei die Beweglichkeit der Abschuß-rampen. Die schwerfälligen SAM-2- und SAM-3-Raketen, mit denen Rußland die Ägypter nach dem Krieg von 1967 ausgerüstet hatte, waren mehr oder weniger ortsfest. (Um eine abzubauen, braucht man mindestens acht Stunden.) Die neuen SAM-Raketen können jedoch mit verblüffender Geschwindigkeit im Kriegsgebiet bewegt werden.

Die SAM-6 sind jeweils zu dritt auf ein selbstfahrendes Kettenfahrzeug montiert, das auch auf Sandboden beweglich ist. Die Lafette und das begleitende Radarfahrzeug können sofort nach dem Abschuß einer Salve die Stellung wechseln. Die Tarnung war verhältnismäßig einfach, und insbesondere die Syrer machten sehr geschickt von der Beweglichkeit ihrer Rampen Gebrauch. (So hatten sie beispielsweise ihre SAM-6 nach dem israelischen Aufklärungsflug am Vorabend der Schlacht und vor dem eigentlichen Angriff verlegt.) Für die meisten israelischen Piloten war das erste Gefahrenzeichen die feine weiße Rauchspur, die die SAM-6 hinter sich läßt, wenn sie sich in einer flachen Kurve mit doppelter Schallgeschwindigkeit ihrem Ziel nähert. Wenn die Israelis – der Pilot, wenn er noch am Leben war, anderenfalls das beobachtende Bodenpersonal – Artilleriefeuer oder Kampfbomber anfordern konnten, waren Abschußrampe und Radarbegleiter bereits anderswo.

Die SAM-7 war sogar noch beweglicher. Es gab nicht nur das Modell, das Infanteristen von der Schulter feuern konnten, sondern in der zweiten Kriegswoche sahen israelische Piloten sich auch noch einer anderen Version gegenüber. Ägypter und Syrer setzten jetzt Selbstfahrlafetten ein, die gleichzeitig bis zu acht Strelas verschießen, denen ein Flugzeug praktisch nicht mehr ausweichen kann. Die SAM-7 erzielten also zahlreiche Treffer, wenn auch nicht immer tödliche, weil ihre Sprengladung weniger wirkungsvoll ist als die anderer SAM-Raketen.

Die Raketenbasen mußten zerstört werden, bevor man die ägyptischen Brückenköpfe angreifen konnte, denn die Ägypter hatten unterdessen eine dreifach gestufte Abwehr aufgebaut: Infanterie mit panzerbrechenden Raketen vom Typ Sagger; dahinter Panzer; dahinter Batterien von SAM-6-Raketen, die noch vor den Panzern über den Kanal gebracht worden waren. Man mußte diese Raketen irgendwie überlisten, bevor man sie und die von ihnen beschützten Panzerkräfte vernichten konnte.

Man hatte in Vietnam bereits Erfahrungen mit dem Feuerleitsystem der Raketen vom Typ SAM-2 und SAM-3 gesammelt, und die israelischen Phantom und Skyhawk waren von den Amerikanern mit komplizierten elektronischen Abwehrvorkehrungen versehen worden (ECM). Ein Frühwarnsystem, im Jargon der Piloten ›Sam Song‹ genannt, ertönte im Cockpit, sobald der Bodenradar einer Rakete die Maschine ortete; sodann wurde das Radarsystem vom Flugzeug aus durch Sendungen auf der gleichen Frequenz gestört.

Die SAM-7 – und in der letzten Phase auch die SAM-6 – beruht auf einem anderen Prinzip, das gegen die ECM unempfindlich ist. Sie wird nicht durch Radar geleitet, sondern durch hitzeempfindliche infrarote Sensoren, die das Geschoß auf die heißen Abgase der Flugzeugdüsen hinsteuern. Die SAM-6 wird anfangs von Radar gesteuert, doch auch gegen diesen konnten die ECM nichts ausrichten. Die elektronischen Einrichtungen dieser Rakete waren viel raffinierter als die der älteren Typen. Der Steuerradar der SAM-6 konnte unter mehreren Frequenzen wählen, sobald er gestört wurde.

Die Amerikaner unternahmen schon sehr bald in diesem Krieg intensive Forschungen an der Elektronik der SAM-6 – das taten sie mindestens so sehr in ihrem eigenen Interesse wie in dem der Israelis. Dabei benutzten sie zweifellos die Aufklärungssatelliten, die über dem Nahen Osten kreisten. Die Methode bestand darin, daß man in dem Augenblick, da ein Satellit in der richtigen Position stand, den Abschuß einer SAM-6-Rakete durch Überfliegen ihrer Stellung mit einem Aufklärungsflugzeug in großer Höhe provozierte. Auf diese Weise konnten die Techniker in den Vereinigten Staaten fast sogleich den Bericht des Satelliten über das Such- und Leitsystem der Rakete ablesen. Für den Piloten war das allerdings weniger angenehm. Erst in den letzten Kriegstagen hatten die israelischen Maschinen wirkungsvolle Abwehrvorrichtungen zur Verfügung. Bis dahin mußten ihre Piloten sich mit hausgemachten Mitteln behelfen.

Dazu zählte der bewährte Abwurf von sogenanntem »Lametta«, schmalen Metallstreifen, die das Radarbild stören, welches das Flugzeug abgibt. Um die beste Wirkung zu erzielen, muß die Länge dieser Streifen einem Mehrfachen der Wellenlänge des Radars entsprechen; die Methode war also fragwürdig, solange man die Wellenlänge der SAM-6 nicht kannte. Man wandte ferner einen ebenfalls in Vietnam entwickelten Kniff an: zur Irreführung der Hitzesensoren der Geschosse schoß man starke Hitze entwickelnde Leuchtpatronen ab. Auch hier erlebte die israelische Luftwaffe eine bittere Enttäuschung. Die Russen hatten offenbar hierfür ein ›Gegen-Gegenmittel‹ erfunden. Sie versahen ihre Sensoren mit Filtern, die zwischen der Infrarotfrequenz von Düsenabgasen und den niedrigeren Frequenzen der Leuchtpatronen unterscheiden konnten.

Es gab noch ein letztes Mittel gegen die SAM-6, nämlich heftige Ausweichmanöver. Nach den ersten Tagen wurden solche vorberechneten Ausweichmanöver geflogen, die darin bestanden, daß man die Schußbahn der Rakete kreuzte oder ihr entgegenflog, in der Hoffnung, ihr Leitsystem zu verwirren. Gelegentlich ließ man die Piloten auch von Hubschraubern aus warnen, die nach dem weißen Rauchfaden Ausschau hielten, der auf den Abschuß einer Rakete folgte, doch auch dann blieben den Piloten nur Sekunden, in denen sie reagieren konnten.

Am ersten Mittwoch des Krieges, am 10. Oktober, beobachtete der *Sunday-Times*-Reporter Philip Jacobson, wie innerhalb einer Stunde bei Kuneitra drei Skyhawks und zwei Mirages abgeschossen wurden. Ein abgesprungener Pilot landete unversehrt in seiner Nähe. »Wenn sich erst mal so ein Ding hinter einen setzt, ist alles vorbei«, bemerkte er, während er auf den Rettungshubschrauber wartete. »Wir haben Befehl auszusteigen, sobald wir merken, daß eins auf unseren Düsenausstoß angesprochen hat.« Es fiel Israel schwer genug, Ersatz für seine Flugzeuge zu beschaffen; Piloten waren noch kostbarer. Angesichts der von den Ägyptern im Sinai massierten Raketen sah es am dritten Kriegstag so aus, als würden die israelischen Gegenangriffe sowohl an Flugzeugen wie auch an Panzern große Verluste fordern.

Am Montagabend gab der israelische Stabschef David Elasar eine ziemlich kühne Darstellung der Vorgänge. »Heute Vormittag sind wir gleichzeitig an beiden Fronten zum Gegenangriff übergegangen... ich freue mich, sagen zu können, daß wir Erfolg haben, ... wir haben mit der Vernichtung der ägyptischen Armee begonnen. An einigen Stellen stehen wir wieder am Kanal, anderswo ist der Gegenangriff noch im Gange... wir rücken an allen Fronten vor... es ist ein ernster Krieg, es wird schwer gekämpft. Ich freue mich aber sagen zu können, daß wir am Wendepunkt angelangt sind, daß es schon wieder vorwärts geht.« Er deutete sogar unverblümt an, daß Israel Geländegewinn erwartete: »Ich möchte Sie daran erinnern, daß die Waffenstillstandslinie im Gelände nicht markiert ist... Wo es geht, stoßen wir vor, und wir vernichten den Feind, wo immer möglich. Wir werden ihn schlagen, werden ihm die Knochen brechen.« Elasars Freunde sagten später, daß er mit dieser Ansprache die Zuversicht der in den Kampf ziehenden Reservisten stärken wollte.

Solchen Zuspruch brauchten aber auch höhere Offiziere. Der Kommandeur im Sinai, Generalmajor Shmuel Gonen, hatte seinen vorgeschobenen Gefechtsstand von Beer Sheba nach Khiseiba, auf eine den Gidi-Paß beherrschende Höhe, 33 Kilometer vom Kanal entfernt, verlegt. Hier herrschte eine fast verzweifelte Stimmung, Dayan und Elasar verbrachten den größten Teil des Sonntags damit, im Sinai die Moral der Truppe zu festigen. NATO-Unterlagen in Washington zufolge glaubte Israel, über Hilfsmittel für eine Kriegsdauer von 33 Tagen zu verfügen. Israelische Militärkreise haben das folgendermaßen erläutert: für die Niederkämpfung der syrischen Armee eine Woche, für die der ägyptischen Armee drei Wochen. Die Zuversicht, Israel könne zunächst an einer, und sodann erst an der zweiten Front kämpfen, gründete aber auf der Annahme, daß man dank der Bar-Lev-Linie die Ägypter daran hindern könnte, Truppen im Sinai zu massieren. Montagabend war durch diese Rechnung bereits ein dicker Strich gemacht worden, denn Ägypten hatte 600 Panzer und vermutlich fünf Infanteriedivisionen über den Kanal gebracht.

Sharon sagte später: »In der ersten Woche sollte der ägyptische Angriff im Sinai aufgehalten, und aus der Verteidigung heraus sollten möglichst viele Panzer vernichtet werden.« Davon, daß Israel seine Verluste gering halten mußte, erwähnte Sharon nichts. (Hierin hatten die israelischen Kommandeure Erfolg. Nach den ersten beiden Tagen nahm die Zahl der täglichen Verluste um zwei Drittel ab, gemessen an der anfänglichen Rate von 250 pro Tag.)

Überdies schien es keine Möglichkeit zu geben, den steten ägyptischen Druck zu mildern. Elasar behauptete wahrheitsgemäß, eine Panzereinheit habe den Kanal erreicht. Er verschwieg aber, daß dies in der Nähe von Kantara geschah, im Verlauf eines Gefechtes, das die Ägypter gewannen. Der nördliche ägyptische Brückenkopf bei Kantara war des weichen, moorigen Terrains wegen mehr auf Infanterie angewiesen als die anderen Brückenköpfe. Doch Montagabend, als die mit tragbaren Raketen ausgerüsteten ägyptischen Infanteristen den von Elasar erwähnten Panzervorstoß abgeschlagen hatten, ging eine ägyptische Panzerbrigade bei Kantara-Ost in Stellung. (Der ägyptische Kriegsbericht vom folgenden Tage, in dem es hieß, die arabischen Bewohner hätten in hellen Scharen ihre Befreier begrüßt, nahm es mit der Wahrheit weniger genau. Kantara-Ost war eine Geisterstadt, seit die Israelis 1968 die Bewohner 150 km weiter östlich bei El Arish angesiedelt hatten.) Weiter im Süden, entlang der Brückenköpfe von Ismailia und

Suez, dehnten die Ägypter sich methodisch nach den Seiten aus, »sie reckten ihre Ellenbogen, wo sie konnten«, wie es im israelischen Militärjargon etwas beschönigend hieß. In Wahrheit konsolidierten sich die ägyptischen Brückenköpfe zu einer ununterbrochenen Front auf der ganzen Länge des Kanals.

Es schien auch keine Möglichkeit zu geben, dem ägyptischen Aufmarsch ernstlich Abbruch zu tun. Neben der Luftunterstützung im Golan waren von Sonntag an die wichtigsten Ziele der israelischen Luftwaffe die Brücken über den Kanal. Die Angriffe wurden unter schweren Verlusten abgewiesen; immer mehr Piloten wurden abgeschossen und der ägyptische Stabschef Shasli erläuterte später, warum die Israelis hier keine Erfolge hatten. »Die feindlichen Luftangriffe waren schwer und erfolgten immer wieder. Es wurden auch Treffer erzielt. Doch die Kriegsbrücken (Shasli meinte die PNP-Pontons) bestanden aus einzelnen Gliedern, die leicht zu ersetzen sind. Eine Brückenreparatur dauerte nicht länger als eine halbe, höchstens eine ganze Stunde. Auch verschoben wir die Brücken von einem Ort zum anderen, um die Piloten zu verwirren, die sich an die Ergebnisse ihrer Aufklärung hielten. Wir nebelten die Brücken ein, was es ihnen schwerer machte, ihr Ziel zu sehen. Außerdem wurden sie mit dichtem Flakfeuer empfangen.«

Den größten Schaden in den Brückenköpfen richteten die israelischen Geschütze vom Kaliber 15,5 cm und 17,5 cm an, die relativ ungefährdet von Feuerstellungen auf der fast 30 Kilometer vom Kanal entfernten Straße aus schossen. Hier zeigte sich aber eine weitere israelische Nachlässigkeit. Die Artillerie war vollständig abhängig von vorgeschobenen Beobachtern – Panzerbesatzungen und letzte verbliebene Stützpunkte am Kanal wie der von Meierke. Ferner liegen Hinweise darauf vor, daß bei den Tarnbezeichnungen der Ziele erhebliche Verwirrung herrschte, was darauf schließen läßt, daß die Artillerie andere Karten und Tarnbezeichnungen benutzte als die Beobachter... Gelegentlich traf die Artillerie sogar die eigene Truppe, so einmal einen Panzerverband, wobei die Besatzungen des Führerpanzers und möglicherweise zweier weiterer Panzer getötet wurden. Auch Meierkes Bunker mag von eigenen Granaten getroffen worden sein. Die Ägypter wußten davon selbstverständlich nichts und gaben sich noch mehr Mühe, die Stellungen der vorgeschobenen Beobachter zu vernichten. Am Montagvormittag gerieten Avi und seine Kameraden ernstlich in die Klemme, als die Ägypter ihren schwer angeschlagenen Vorposten heftig angriffen.

nen viel schwerer fiel als erwartet, mit den Syrern im Golan fertig zu werden. Es mochte zwar zutreffen, daß Israel am Montag im Golan auf dem Wege war, die Schlacht zu gewinnen, doch ging das viel zu langsam. »Wer gut anfängt, endet schlecht«, bemerkte ein britischer Diplomat in Amman und prophezeite, daß der syrische Vormarsch, der seinen Schwung verloren hatte, nun rasch zusammenbrechen würde. Die israelischen Verstärkungen dachten auf dem Weg zum Golan das gleiche. »Letzten Endes werden sie es doch mit der Angst zu tun bekommen«, zitierte die *Jerusalem Post* einen israelischen Offizier im Golan. Die Syrer dachten aber gar nicht an Zusammenbruch, sie wehrten sich vielmehr hartnäckig und geschickt.

Man begreift nicht recht, warum die Israelis die Syrer so verachteten. Mehr als jeder andere hatte Elasar Grund zu wissen, daß die Eroberung des Golan im Jahre 1967 keineswegs ein Spaziergang gewesen war: als Brigadegeneral hatte er damals an der Nordfront kommandiert und die Verbände in der Schlacht um die Golanhöhen geführt. (Den eigentlichen Vorstoß hat Yitzhak Hoffi geleitet, der jetzt im Norden kommandierte.) Die Syrer hatten damals gut gekämpft und waren erst unter schwerstem Druck gewichen. »Wir haben unablässig auf sie eingehämmert«, sagte der damalige Luftwaffenkommandeur, Generalmajor Mordechai Hod. »Nach 27 Stunden hatten sie genug und liefen weg.« (In Hods Gedächtnis haben sich die Vorgänge etwas zusammengedrängt; die syrische Front hielt fast überall 36 Stunden stand.) Der israelische Nachrichtendienst dürfte seither mit Sicherheit erkannt haben, daß der syrische Zusammenbruch der Durchsetzung der Kommandostruktur mit »politischen« Offizieren zu danken war. 1967 waren die meisten Offiziere Mitglieder der islamischen Sekte der Alauiten, die unter schwerem Feuer ihre Mannschaften, meist Schiiten, im Stich ließen. Wo Offiziere und Mannschaften zusammenhielten, schlugen sie sich gut.

Die Israelis haben das wohl nicht weiter beachtet, und einem Volk, das an seinen militärischen Führern eine gewisse Bravour schätzt, dürfte der syrische Kommandeur General Moustafa Tlas ziemlich farblos erschienen sein. Als Tlas, ein ehemaliger Student der Rechte, 1964 in der syrischen Armee hervortrat, gehörte auch er zu den »politischen« Offizieren; er war damals Vorsitzender des Kriegsgerichts von Damaskus. 1967 war er nicht an der Front, sondern befehligte die fünfte Division in Homs und wurde 1968 zum Chef des Stabes befördert. Immerhin waren er und Yussif Shakkour, sein Stabschef, erheblich härtere Burschen, als die Israelis vermuteten. So hatte es zum Beispiel den Anschein, als ob Gerüchte zutrafen, die Anfang 1972 besagten, Präsident Assad habe sich endlich überreden lassen, die »politischen« Offiziere aus den Streitkräften zu entfernen. Jedenfalls waren die Syrer, die jetzt ihre Eroberungen im Golan verteidigten, alles andere als unfähig. (Ein israelischer Leutnant – man sollte wohl bemerken, daß er nur einen Arm hatte – führte noch während der Schlacht im Golan einen weiteren Grund für die bessere Verfassung der Syrer an: »Wer mit guten Partnern Schach spielt, lernt etwas.«)

Für die Syrer, die sich der Demütigung von 1967 nur allzu gut erinnerten, bedeutete es schon einen Sieg, daß sie den Israelis überhaupt die Stirn bieten konnten. Die syrischen Panzerverbände taten aber mehr. Am Dienstag lag das Muster fest, nach dem die Israelis ihre Angriffe vortrugen. Ihre Piloten stürzten sich im Tiefflug auf die syrischen Verbände, danach griff die Artillerie ein, sodann attackierten die israelischen Panzer frontal. Das war ein Krieg nach der Hauruck-Methode – »eigentlich nicht unsere Art Krieg«, sagte ein Panzerführer im Golan achselzuckend –, »doch was bleibt uns übrig? Für gewöhnlich ergreifen wir die Initiative, doch diesmal sind uns die Syrer zuvorgekommen.«

Es war solides Kriegshandwerk, aber das alles ging zu langsam vonstatten und kostete Israel zuviel. Seit 24 Stunden waren die israelischen Piloten darum bemüht, die Rampen der syrischen SAM-6 zu zerstören und das ganze Gewicht der israelischen Luftmacht gegen Panzer und Artillerie der Syrer zum Tragen zu bringen. In der kühlen Schönfärberei der militärischen Sprachregelung der Israelis hörte sich das so an: »Unsere Luftwaffe erlitt Verluste bei der Herstellung der Luftüberlegenheit.« Doch trotz optimistischer israelischer Verlautbarungen über »die Vernichtung feindlicher Verbände im Mittelabschnitt der Nordfront« war den israelischen Panzern nichts weiter gelungen, als ihr erstes Angriffsziel zu behaupten, das noch dazu ihr eigener Brigadestab bei Naffak war. Die syrische Kommandozentrale bei Khusniye im Südosten des Golan blieb die Basis unangreifbarer syrischer Panzermassierungen, die fast Divisionsstärke erreichten. Die Angriffe auf die Raketenbasen hatten allerdings einigen Erfolg, und die Syrer waren genötigt, die meisten Raketen näher nach Damaskus zurückzuverlegen.

In der Nacht zum Dienstag unternahmen die Syrer mehrere gut koordinierte und entschlossene Gegenangriffe. Gleichzeitig durchstieß eine Division die israelische Front vor Kuneitra, während eine andere Formation bei Khusniye im Südabschnitt vordrang. Erst um vier Uhr früh verlangsamte sich die Gefechtstätigkeit bei Kuneitra, als die Syrer zurückwichen. Drei Stunden später stießen syrische Panzerverbände, in der Mehrzahl aus den modernen T-62 bestehend, kilometertief durch die israelische Front, die sich nördlich von Kuneitra in dem bislang von der 7. Panzerbrigade gehaltenen Abschnitt festzusetzen versuchte. Am Dienstagvormittag war auch dieser Angriff abgeschlagen, und 80 syrische Panzer lagen ausgebrannt im »Friedhof« des Dreiecks bei Kuneitra. Die Israelis brauchten aber den ganzen Tag, um den südlichsten Gegenangriff, den bei Khusniye, abzuwehren. Ein großer Teil dieser syrischen Kolonne war schon am frühen Morgen abgeschnitten worden, und bei Sonnenuntergang bombardierte die israelische Luftwaffe die dicht zusammenstehenden syrischen Panzer, Sturmgeschütze und Schützenpanzerwagen.

Damit war die letzte große syrische Gegenoffensive zu Ende, doch während der Gefechte am Dienstagabend konnte man das in Israel nicht wissen. Im Nordabschnitt schätzte der israelische Stab auch jetzt noch, daß Syrien eine Reserve von 400 Panzern besaß, »mehr als genug, um demnächst wieder eine gute Schlacht zu liefern«, wie einer der dortigen Stabsoffiziere düster bemerkte.

Es galt also, Syrien rasch niederzukämpfen. An diesem vierten Kriegstag, Dienstag, dem 9. Oktober, beschloß Israel eine kalkulierte Eskalation. Die Luftwaffe bombardierte Syriens Hauptstadt Damaskus und zerstörte in den folgenden Tagen so viel wie möglich von der syrischen Schwerindustrie.

Dafür gab es dringende Gründe. Kurz vor Sonnenaufgang war eine russische Rakete vom Typ »Frosch« mitten im Kibbutz Gevat bei Nazareth im nördlichen Israel niedergegangen, die in Syrien abgeschossen worden war. Die Detonation zerstörte zwölf Gebäude und richtete für mehr als eine halbe Million DM Schaden an. Zerstört wurde unter anderem der Schlafsaal der 270 Kinder, die allerdings in den unterirdischen Schutzräumen des Kibbutz übernachteten, wie fast alle Erwachsenen auch, so daß niemand verletzt wurde. Es wurde aber entsetzlich klar, wie verletzlich Israels Zivilbevölkerung durch Angriffe von Raketen war.

Die »Frosch-7« ist die neueste einer Serie von russischen Raketen, die im Kriegsgebiet von fahrbaren Rampen aus abgeschossen werden. Sie reicht zwar nur knapp 70 Kilometer weit, konnte damit aber von der syrischen Front bis ins nördliche Israel geschossen werden. Die Syrer hatten das in geringem Umfang bereits in jeder Nacht des Krieges getan.

Am Dienstag meldete der israelische Rundfunk um acht Uhr früh: »Gestern und vorgestern haben die Syrer etwa 20 Raketen vom Typ ›Frosch‹ auf zivile Ziele im nördlichen Israel abgefeuert...« (Das war einigermaßen übertrieben, es waren eher zehn.) Um 9.06 Uhr entgegneten die Syrer – die zweifellos ahnten, was ihnen bevorstand – ihrerseits über den Rundfunk: »Unsere Streitkräfte haben den Flugplatz von Ramat und weitere militärische Ziele in der Umgebung beschossen... zivile Ziele wurden nicht angegriffen.«

Um 12.10 Uhr näherten sich sechs israelische Kampfbomber Damaskus im Tiefflug über die Wüste südlich der Stadt. In drei Wellen, die in weniger als einer Minute aufeinander folgten, beschossen sie mit Kanonen und Raketen die Gebäude des Luftwaffenstabes und des Kriegsministeriums und richteten großen Schaden an. Dabei schossen sie aber weit über ihre Ziele hinaus. Der Luftwaffenstab grenzt an den alten Rummelplatz von Damaskus, doch das Kriegsministerium, das nicht weit entfernt ist, steht in einem Wohnviertel, wo auch Diplomaten leben. Die über ihre Ziele hinausreichenden Raketen und Granaten zerstörten eine Häuserzeile. Eine verläßliche diplomatische Quelle in Damaskus bezifferte später gegenüber dem *Sunday-Times*-Reporter Brian Moynahan die Verluste dieses Angriffs mit 200 Zivilisten. Darunter waren Frauen der indischen Kolonie, die gerade einen indischen Sänger zum Kaffeeklatsch geladen hatten; eine Rakete traf das Haus, vier Menschen wurden getötet, 16 verwundet. Auch ein norwegischer Funktionär der Vereinten Nationen und seine Frau kamen ums Leben. Er hatte wohl gesehen, wie die Maschinen zum Angriff ansetzten und seine Frau mit in den Keller gezogen, doch die Israelis benutzten für den Beschuß der militärischen Gebäude Raketen mit Verzögerungszünder; die Rakete durchschlug das Dach und explodierte im Keller.

Israel behauptete später, einzig »strategische Ziele« getroffen zu haben. Während der kommenden Tage führte es immer gefährlichere Schläge gegen Syrien. Es wurden nicht nur eindeutig kriegswichtige Ziele angegriffen, wie zum Beispiel Flugplätze; damit war schon am zweiten Kriegstag begonnen worden. Jetzt wurde auch ein erheblicher Teil der syrischen Schwerindustrie zerstört. Bei Homs wurden zwei Ölraffinerien getroffen, bei Adra und Latakia Öltanks im Wert von 15 Millionen DM. Weitere Öltanks wurden im Hafen von Tartous zusammen mit den Ladeeinrichtungen vernichtet. In Damaskus und Homs wurden Kraftwerke bombardiert. Den größten Schaden erlitt Banjas, der Verladehafen für irakisches Rohöl am Mittelmeer. Der wurde dem Erdboden gleichgemacht. Syrien hatte aus diesem Hafen jährlich über 150 Millionen DM an Lizenzgebühren eingenommen, und in den Raffinerien von Banjas und Homs arbeiteten 3 400 Menschen – das ist viel für ein kleines, armes Land. Die wirtschaftliche Wachstumsrate betrug 1972 in Syrien 12 Prozent. Das Bombardement ließ die Aussichten für die Zukunft düster erscheinen.

Das war also gemeint, als Elasar dem Anschein nach damit prahlte, er wollte »dem Feind die Knochen brechen«. Er sprach damit nur aus, welche Strategie Israel verfolgte. Israelischen Quellen in Europa zufolge war schon an diesem Dienstag klar, daß Israel mindestens sechs Jahre brauchen würde, um sich von dem Krieg zu erholen, also den Schaden zu reparieren, der seiner Kriegsmaschinerie und seiner Wirtschaft zugefügt worden war. Also wollte man die Araber so schwer treffen, daß auch sie mindestens sechs Jahre brauchten, um sich zu erholen. Gelänge den Arabern dies schneller, würde Israel sich ständig in einem verwundbaren Zustand befinden. Daher wurde denn beschlossen, Syriens wirtschaftliche Infrastruktur zu zerstören. Und um die anderen Nachbarn zu warnen, bombardierte man am Dienstag die libanesische Radarstation auf dem Dschebel el Baroukh, von der aus angeblich sämtliche Luftbewegungen im nördlichen Israel überwacht werden konnten.

Während der Plan der Israelis, »die Syrer zu zerschmettern« – so hieß es in der *Jerusalem Post* –, im Golan allmählich Erfolge zeitigte, erwies sich die israelische Initiative vom 9. Oktober als katastrophaler Fehlschlag. In den Frühstunden dieses Dienstags startete Generalmajor Shmuel Gonen, der israelische Kommandeur des Südabschnittes, den ersten zusammengefaßten Gegenangriff seiner neu herangeführten Reserven mit dem Ziel, die ägyptischen Brückenköpfe einzudrücken. Der Angriff wurde zurückgeschlagen und eine ganze israelische Panzerbrigade vernichtet. Gonens Kritiker haben später gegenüber der *New York Times* bemerkt, der Angriff sei »nach ungenügender Vorbereitung mit unzulänglichen Kräften« geführt worden. Die eigentliche Ursache der Vernichtung der 190. Panzerbrigade zwischen Tasa und dem Kanal durch die Zweite Ägyptische Armee scheint hingegen gewesen zu sein, daß die Israelis noch immer nicht die tödliche Gefahr erkannt hatten, welche die Massierung von Panzerabwehrraketen bedeutet. Israel gab über diese Niederlage keinerlei Auskünfte, der Kommandeur der 190. Brigade, Oberst Assaf Jagouri, überlebte die Katastrophe jedoch und konnte im Kairoer Fernsehen Fragen beantworten. Es fiel ihm offensichtlich schwer, die genaue Abfolge der Ereignisse zu rekonstruieren – er schien nichts weiter zu wissen, als daß sein eigener und viele andere Panzer plötzlich getroffen worden waren, daß sein Panzer in Brand geriet und ihm nichts übrig blieb, als sich zu ergeben.

Der stellvertretende Kommandeur der Zweiten Ägyptischen Armee sprach später mit dem Redakteur David May von *Time Out* über seinen Sieg. »Die 190. israelische Panzerbrigade ist in die Falle gegangen und in vorbereitetes Abwehrfeuer geraten... vernichtet wurde sie von Infanteristen mit Saggers und Handgranaten. Auf unserer Seite griffen zwar auch schwere Panzer ein, der eigentliche Angriff wurde aber von Infanteristen abgewehrt... es ist übrigens auch in vielen Fällen zum Nahkampf gekommen.«

Daß es den israelischen Panzerbesatzungen schwerfiel, die Gefährlichkeit der neuartigen Infanteriewaffen zu begreifen, ist später anschaulich von dem Führer einer israelischen Panzerformation geschildert worden, die – wie der Verband von Oberst Jagouri – auf dem Sinai in ein Gefecht verwickelt wurde: »Wir waren im Vormarsch, da sah ich in der Ferne merkwürdige Flecke im Sand. Ich konnte nicht erkennen, was das war. Als wir näher kamen, dachte ich: das sieht ja aus wie Baumstümpfe. Die Dinger rührten sich nicht von der Stelle, sie waren wie verstreut im ganzen Gelände. Ich fragte über Sprechfunk bei unserer Vorhut an, was das wäre, und einer meiner Kommandanten meldete: ›Das sind keine Baumstümpfe, das sind Soldaten!‹ Ich konnte es zunächst gar nicht begreifen. Wieso standen da Soldaten völlig unbeweglich und ließen seelenruhig feindliche Panzer auf sich zukommen? Plötzlich war der Affe los, es fing ein wahres Sperrfeuer von Raketen gegen uns an. Viele unserer Panzer wurden getroffen. Etwas derartiges war uns bislang noch nicht vorgekommen...«

Nach dieser israelischen Niederlage im Mittelabschnitt des Sinai konnte die Zweite Ägyptische Armee Geländegewinn verzeichnen; besonders nützlich war ein Dünenkamm zwischen Tasa und dem Kanal, der die umliegenden Dünen beherrschte. Als Chaim Herzog, der während des Krieges als amtlicher Militärsprecher fungierte, am Dienstag die optimistischen Äußerungen Elasars dämpfte, wußte nur die israelische Militärführung, wie angebracht seine Mahnung war. »Ich habe keinen Zweifel daran, daß der Kampf, der uns bevorsteht, nicht leicht sein wird«, sagte Herzog im Fernsehen. »Ich habe auch nicht den Eindruck, daß wir bereits in größerem Umfang zur Offensive übergegangen sind.«

Herzog erwähnte selbstverständlich nichts von dem abgeschlagenen Gegenangriff, sagte aber auch nichts von einer »Offensive an allen Fronten«, wie Elasar es getan hatte. »Bislang haben wir unsere Stellungen befestigt, unsere Truppen umgruppiert und wo möglich die Initiative an uns gebracht«, sagte er und war aufrichtig genug, das Wesentliche nicht fortzulassen: »Man soll sich nicht einreden, daß wir einen schnellen und mühelosen Feldzug vor uns haben.« Diesmal könne von raschen und eleganten Siegen keine Rede sein.

Durch diese im Sinai stattfindenden Panzergefechte bahnten sich am Dienstag Meierke und seine Leute zu Fuß und ohne weitere Deckung ihren Weg. Nachdem abends zuvor ein weiterer Schützenpanzer bis zu ihrem Bunker vorgedrungen war und dort eine weitere Blinkmarkierung hinterlassen hatte, die vermutlich Panzern mit Flammenwerfern für den vorgesehenen Nachtangriff den Weg weisen sollte, war dieser Entschluß gefaßt worden. (Man hatte sich noch überlegt, ob man den Schützenpanzerwagen kapern und auf ihm davonfahren solle.)

Die Vorbereitungen der Räumung wurden wiederum auf Avis Tonbandgerät festgehalten, und die Beteiligten haben später Einzelheiten ihres Abenteuers auf Band gesprochen.

Meierke (nach der Debatte über den Schützenpanzerwagen): Wir hauen hier heute Abend zu Fuß ab, Leute. (Es folgt ein kurzer Wortwechsel, doch Meierke bleibt fest.) Wir hauen heute Abend ab... dafür brauchen wir aber Erlaubnis, schließlich ist das hier kein *bardak* (russisch für Bordell).

Stab (nachdem Meierke um Erlaubnis gebeten hat): Bleibt lieber dort, es wird schon alles gutgehen.

Meierke: Mit Versprechungen kann ich nichts anfangen... ich erwarte Antwort in zehn Minuten.

Arik Sharon, der Kommandeur, kommt persönlich ans Telefon, und Meierke erklärt ihm, was er vorhat.

Sharon: Viel Aussichten habt ihr nicht, entgegenkommen können wir euch auch nicht.

Meierke: Wir hauen auf alle Fälle ab.

Sharon: Wenn ihr glaubt, daß ihr es schafft, bitte sehr.

Meierke: Wir melden uns, sobald wir zurück sind.

Sharon: Hals- und Beinbruch.

Die Besatzung, seit 60 Stunden ohne Schlaf, macht sich fertig. Meierke drängt darauf, daß alle essen. Feldflaschen werden gefüllt, schwere Flak-Westen übergestreift, Waffen zusammengesetzt. Man verfügt über zwei Handgranaten pro Kopf, sechs Maschinengewehre samt Munition, Leuchtkugeln und Maschinenpistolen. Was noch an Ausrüstung und Dokumenten vorhanden ist, wird zerstört, ausgenommen das große Funkgerät, das bis zum letzten Augenblick im Betrieb bleibt, damit die Ägypter nicht auf dumme Gedanken kommen.

Meierke (gibt letzte Anweisungen): Unsere Absicht ist, möglichst ungeschoren nach Hause zu kommen. Das geht nur, wenn wir unentwegt auf den Füßen bleiben und uns durch nichts aufhalten lassen. Werden wir beschossen, müssen wir versuchen, uns so schnell wie möglich durchzuschlagen.

Avi packt die Tonbänder mit seinen Aufnahmen ein und tut neue Batterien in seine Geräte. Sie warten den Monduntergang ab und brechen in tiefster Dunkelheit gegen Morgen auf. Vor dem Bunker teilen sie sich in zwei Gruppen, die eine unter Meierke und Avi, die andere unter Shuki und Schlomo. Sie gehen getrennt, aber in der gleichen Richtung: Erst drei Kilometer südwärts parallel zum Kanal, dann riskieren sie den Übergang über die Straße nach Osten, und dann müssen sie 20 Kilometer durch welliges Wüstengelände in nordöstlicher Richtung marschieren. Sie stoßen auf Stacheldraht, die Dünen sind von Einschlägen gesprenkelt. Die größte Sorge machen ihnen die Verwundeten, Marciano und Baruch, doch beide lehnen Hilfe ab. Leuchtkugeln steigen in den Nachthimmel, man bleibt stocksteif stehen, bis sie verlöschen.

Um 5.30 Uhr wird es hell, und Meierke marschiert nun auf die aufgehende Sonne hin. Sie ziehen die schweren, ungefügen Flak-Westen aus und vergraben sie im Sand. Um 6 Uhr beginnt ein Gefecht zwischen Panzern, und sie geraten zwischen die Fronten. Zwischen den Dünen findet sich Deckung. Die Kuhle, in der sie hocken, ist aber so tief, daß Avi keine Funkverbindung bekommt. Er klettert also nach oben. Er sieht, wie zwei MIGs abgeschossen werden und die Piloten mit dem Fallschirm ganz in ihrer Nähe landen. Man erwägt, sie gefangen zu nehmen, läßt es dann aber sein, um die Lage nicht unnötig zu komplizieren. Die Sonne steht nun hoch, der Tag wird heiß, und sie entdecken – keinen Kilometer entfernt – Schukis

Gruppe. Jetzt sind alle wieder beisammen und tauschen ihre Erfahrungen aus.

Es stellt sich jetzt heraus, daß ein Soldat namens Meïr Orenstein einen batteriebetriebenen Kassettenrecorder im Gepäck hat. Avi ist wütend, weil er ausdrücklich verboten hat, unnötiges Gepäck mitzunehmen, doch macht er sich diesen Umstand jetzt zunutze und spricht einen Kommentar auf Band. Er läßt auch die anderen Männer ihre nächtlichen Erlebnisse auf das Band sprechen.

Marciano: Wir sind so dicht an den Ägyptern vorbeigekommen, daß wir sie reden hören konnten. Da wurde einem richtig schwach. Panzer konnten wir immerzu sehen. Dann kamen die Phantoms.

Arzt: Das war ein schöner Anblick.

Meierke: Als wir losgingen, hatte ich keine Angst, ich hatte auch keine Angst, als wir so dicht an ihnen vorbei mußten. Angst kriegte ich erst, als ich die Schützen dort in ihren Löchern sah. Ich dachte mir gleich, daß es Ägypter waren und griff mir den Kerl, der arabisch kann – den da, Roni heißt er. Ich sagte, jetzt rede mal irgend was Arabisches daher über die verdammten Juden…

Baruch: Weißt du, daß der erst nach dem Sechs-Tage-Krieg eingewandert ist?

Meierke (erstaunt): Ach nein, wirklich?

Auch andere beteiligen sich, und das Tonband endet vor den Hintergrundgeräuschen der Panzerschlacht passenderweise mit einer Unterhaltung zwischen Avi und Baruch, die sich um den Preis von Hi-Fi-Geräten dreht.

Man sieht in allen Himmelsrichtungen brennende Panzer, Meierke treibt seine Leute jedoch unbeirrt an. Sie geraten in Maschinengewehrfeuer, und Avi ruft über Funk den Stab. »Wir schicken euch einen Panzer«, sagt man ihm. Meierke kündigt an, daß er sich durch eine grüne Leuchtkugel zu erkennen geben will. Es folgt eine klassische Bergungsoperation. Auf den Dünen erscheinen plötzlich Schützenpanzerwagen, deren Besatzungen der ägyptischen Infanterie ein erbittertes Gefecht liefern, während zwei Panzer sich der Kuhle nähern, wobei der eine dem anderen Feuerschutz gibt. Marciano schießt die grüne Leuchtkugel, und fast im gleichen Augenblick wird auch bei den Ägyptern eine grüne Leuchtkugel abgeschossen. Hat man den Sprechverkehr abgehört? Avi warnt die Panzerkommandanten, während Marciano noch eine Leuchtkugel abschießt.

Der Panzer ist da, 33 Männer klettern hinauf und halten sich fest, wo sie können, sogar am Kanonenrohr. Dem Feuer ausgesetzt, kurvt der Tank so schnell er kann dorthin, wo die Schützenpanzer ihn erwarten. Die Straße, die sie gleich darauf erreichen, ist noch fest in israelischer Hand.

Am Mittwoch kam man einem »raschen und eleganten Sieg«, wie General Herzog wehmütig vor den Fernsehzuschauern gesagt hatte, am nächsten. Errungen wurde er von dem Truppenteil, der bei den Streitkräften meistens die Rolle der armen Verwandten spielt, von der Marine. Eine besondere Ironie lag in dem Umstand, daß ausgerechnet die Marine besser als die anderen Waffengattungen begriffen hatte, daß die Raketen eine Revolutionierung der Kriegführung bedeuteten.

Wenn man sich klarmacht, daß der israelische Zerstörer *Eilat* am 21. Oktober 1967 vor Port Said durch eine Rakete vom Typ Styx versenkt wurde, die ein in Rußland gebautes Raketenschnellboot der Komarklasse der ägyptischen Marine abfeuerte, wird verständlich, daß die Marine sich eingehend mit Raketen befaßte. Israel reagierte damals unmittelbar mit der Zerstörung der Ölraffinerien von Port Suez, doch langfristig bedurfte es einer anderen Reaktion. Israel baute also eine Flotte von einem Dutzend Raketenschnellbooten auf, von denen fünf am Weihnachtstag 1969 in Verletzung des von de Gaulle gegen Israel verhängten Waffenembargos aus dem Hafen von Cherbourgh entführt wurden. Diese »Saar«-Boote und ein hausgemachtes Modell namens *Reshef* sind mit einer in Israel entwickelten und hergestellten Rakete vom Typ Gabriel bestückt. Diese hat eine Reichweite von 18 Kilometern, reicht also nur halb so weit wie die Styx, die von den ägyptischen und syrischen Einheiten verwendet werden, die zusammen über 28 Boote verfügen. Dafür hat die Gabriel ein besonders raffiniertes Leitsystem.

Die israelische Marine besaß jedenfalls vom ersten Kriegstag an die Initiative – gleich zu Beginn wurden vier syrische Boote zumeist mit der Gabriel außer Gefecht gesetzt. Am ersten Mittwoch des Krieges, am 10. Oktober, wurden drei ägyptische Raketenschnellboote bei Port Said versenkt, und in einer sehr umstrittenen Aktion griffen israelische Schnellboote ihre syrischen Gegner direkt im Hafen von Tartous an und versenkten nicht nur vier davon, sondern beschädigten gleich auch noch griechische, russische und japanische Frachter, die dort lagen.

Von diesem Tag an beherrschte Israel die Küsten. Seine Schnellboote waren 24 Stunden am Tag im Einsatz und schossen auf alles, was sich bewegte. Ihre 7,6 cm-Kanonen spielten eine wesentliche Rolle bei der Vernichtung syrischer Erdölanlagen an der Küste, sie beschädigten auch Radareinrichtungen, militärische Anlagen und Nachschubdepots an den Küsten Syriens und Ägyptens. Es gibt sogar Leute, die behaupten, die Marine habe die am meisten im Norden installierten SAM-Rampen der Ägypter angegriffen.

An eigenen Verlusten gibt Israels Marine lediglich ein durch Granatsplitter verursachtes Leck zu. Die Amerikaner schätzen, daß Israel in Wahrheit zwei, vielleicht auch drei Schnellboote vom Typ Saar verlor. Immerhin munterten diese Erfolge die Israelis sehr auf. Dies besonders, weil die Boote sehr geschickt manövrieren mußten, wenn sie die doppelte Reichweite der Styx unterlaufen und mit ihrer Gabriel zum Schuß kommen wollten; das erinnerte doch immerhin noch an die beschwingten Tage des Jahres 1967.

Ismail kontra Shasli

Am Mittwoch, dem 10. Oktober, waren syrische Panzer im Golan noch im Besitz erheblicher Geländeteile bei Khusniye. Ägypten wiederum begnügte sich offenbar nicht mit den am Ostufer des Kanals stehenden 700 Panzern, sondern ließ immer noch weitere übersetzen. Sie alle wurden von einem unversehrten Raketenschirm geschützt. Die Frage lautete: was will Ägypten jetzt unternehmen?

General Ismail bemerkt hierzu: »Ich war schon immer der Ansicht, daß Prinzipienfestigkeit besser ist als Liederlichkeit, schon ganz und gar, wenn es sich um Krieg handelt.« Diese Äußerung richtete sich gegen die ägyptischen Frontberichte, die Kritik an ihm enthielten. Als Kriegsminister und Oberkommandierender war Ahmed Ismail nicht nur der Chef der ägyptischen Angriffsplanung, er leitete überhaupt den gesamten Feldzug. Und »Prinzipienfestigkeit« war geradezu seine Handelsmarke. Henry Tanner von der *New York Times*, damals Korrespondent in Kairo, schrieb darüber: »Die ägyptische Armee hat sich hartnäckig an die genau festgelegte und im einzelnen vorausberechnete Strategie gehalten. Militärische Sprecher behaupten, daß es von diesem Plan keine Abweichung gab, daß örtliche Befehlshaber nirgendwo improvisiert oder ohne Erlaubnis die Initiative ergriffen haben.« Das war auf Ismail zurückzuführen. »Der Krieg«, so äußerte er poetisch, »ist der Dialog zweier Aufmarschpläne...«

Dieser mystische Glaube an die Planung war zum Teil bedingt durch Ismails Charakter. Dieser jetzt 55 Jahre alte Offizier war, wie man einmal sagte, »ein brillanter Kathedersoldat«. 1950 verließ er als Bester seines Jahrganges die Kriegsakademie in Kairo; 1965 war er wieder der beste Absolvent von Nassers Führungsakademie für Stabsoffiziere. 1957 – Nasser hatte nach dem Debakel des Staudammes von Assuan und des Suezunternehmens mit dem Westen gebrochen – gehörte Ismail zu den ersten Offizieren, die für eine Ausbildung in der Sowjetunion ausgewählt wurden. Es fehlte ihm nicht an praktischer Erfahrung, denn er hatte an vier Kriegen teilgenommen: am Zweiten Weltkrieg als Nachrichtenoffizier, 1948, 1956 und 1967 als Infanterieoffizier an den Kriegen zwischen den Arabern und Israelis. So bestimmten denn auch Ismails Erinnerungen an 1967 zusammen mit seinem Vertrauen in die Planung im wesentlichen die Art, in der er den Oktoberkrieg führte.

Im Juli 1967, also knapp einen Monat nach Ägyptens fürchterlicher Niederlage, ernannte Präsident Nasser ihn zum Kommandeur der Suezfront. Ismail erinnerte sich Jahre später immer noch ergriffen an jenen Augenblick: »Ich sehe die Lage noch heute ganz deutlich vor mir. Es gab keine Front... es gab auch keine Armee... alles war in Stücke geschlagen und zerstört. Wir mußten uns, wie Gamal Abdel Nasser sagte, auf eine Phase der Standhaftigkeit vorbereiten.«

Ismail konnte von diesen Eindrücken ebensowenig loskommen wie britische Kommandeure sich im Zweiten Weltkrieg von der Erinnerung an die Verluste im Stellungskrieg des Ersten Weltkrieges freimachen konnten. In diesem Punkt empfand Ismail ganz leidenschaftlich: »Vom ersten bis zum letzten Moment des Krieges hat mir nichts so sehr am Herzen gelegen wie das Leben meiner Soldaten...« Er wußte, daß man ihn dafür tadeln würde: »Manche Leute meinen, wir hätten mehr riskieren sollen. Ich war bereit, Risiken und Opfer nicht zu scheuen, ein Ziel jedoch wollte ich auf keinen Fall aus den Augen lassen, denn das hätte mir mein Gewissen nicht erlaubt: Das Leben meiner Leute durfte nicht unnötig gefährdet werden.«

Ismail, der Präsident Sadat nahestand, wußte genau, welchen Belastungen der Zustand »kein Krieg, kein Frieden« die ägyptische Wirtschaft aussetzte. Er wußte ferner, daß Sadat diesen Krieg als Katalysator zu benutzen gedachte, mit dem er eine politische Regelung im Nahen Osten erzwingen wollte, als den letzten Versuch, Ägypten von seinen gigantischen Rüstungslasten zu befreien. »Ich wußte«, sagte Ismail, »was es Ägypten gekostet hat, seine Armee wieder aufzubauen. Das Ausmaß dieser Anstrengung – die so leicht nicht wiederholt werden kann – mußte mit der militärischen Zielsetzung in Einklang gebracht werden. Ich wußte, was es bedeuten würde, wenn wir diese Armee ein weiteres Mal einbüßen. Das hätte Ägyptens Kapitulation bedeutet, eine Niederlage für unsere eigene und für kommende Generationen.«

Das war die Denkweise eines humanen, gescheiten Mannes, und gerade diese Eigenschaften kamen Ismail bei den Vorbereitungen des Krieges außerordentlich zugute. 1967 zum Abschnittskommandeur ernannt, beaufsichtigte er den Aufbau der ägyptischen Stellungen entlang des Suezkanals. Man nannte ihn den ägyptischen Bar-Lev. Im März 1969 wurde er zum Chef des Stabes befördert (sein Vorgänger war zu Beginn des Abnützungskrieges 1969–70 bei einem Artillerieduell gefallen). Allerdings vertrug er sich nicht mit Nasser – er hat gelegentlich angedeutet, daß dessen Rhetorik ihm auf die Nerven ging. So verlor er seinen Posten und kam erst nach Sadats Amtsantritt im Oktober 1970 wieder zum Vorschein. Im Oktober 1972 wurde Ismail Kriegsminister.

Er hat später detailliert erläutert, wie er damals seine Aufgabe sah: »Die größte Schwierigkeit bot uns die eigene Truppe. Die Umstände hatten bewirkt, daß sie seit sechs oder sieben Jahren in Abwehrstellungen lag, meistens am gleichen Ort, und unter solchen Umständen wird jede Truppe von der sogenannten Grabenkrankheit befallen. Davon mußten wir sie erst einmal kurieren.

Ich beschränkte mich auf einige wesentliche Maßnahmen, ohne die überhaupt nichts zu machen war. Zum ersten mußte man die Leute davon überzeugen, daß der Krieg unvermeidlich kommen würde, daß es ohne Krieg nicht ging... ich besuchte unsere Soldaten in ihren Stellungen, erklärte ihnen die Verpältnisse, sagte, die bestehende Lage muß geändert werden – wenn wir die Lage nicht ändern, dann wird der Feind uns zwingen, sie gegen unsere Wünsche zu ändern, denn weder der Feind noch wir können uns auf die Dauer den Zustand des ›kein Krieg, kein Frieden‹ leisten.

Der zweite wesentliche Punkt war, den Soldaten das Vertrauen zu ihren Waffen beizubringen. Es ging mir darum, mit der Vorstellung aufzuräumen, daß die Waffen den Wert des Soldaten ausmachen. Es ist vielmehr der Mann, der die Waffe macht. Solange unsere Leute kein Vertrauen zu sich selber hatten, nützten ihre

Waffen ihnen nichts. Hatten sie aber einmal Selbstvertrauen gewonnen, dann würde jede Waffe sie schützen.«

Hier übertreibt Ismail ohne Zweifel. Die Infanteristen, die er am 6. Oktober über den Kanal schickte, waren mit einigen der wirkungsvollsten je entwickelten Waffen ausgerüstet. Immerhin hatte Ismail nicht unrecht, wenn er auf die Bedeutung des Einzelkämpfers hinwies. Die Panzerabwehrrakete kann nur von einem mutigen Schützen bedient werden. Mit der RPG-7 erzielt man die beste Wirkung auf Entfernungen um hundert Meter, und wer einen feindlichen Panzer so nahe an sich herankommen läßt, muß schon gute Nerven haben, denn selbst wenn er den Panzer außer Gefecht setzt, wird er meist von der überlebenden Besatzung mit Maschinengewehren getroffen. Das drahtgelenkte Geschoß vom Typ Sagger hat eine Reichweite von etwa anderthalb Kilometern, und auf diese Entfernung ist die Rakete im Fluge so gut sichtbar wie ein Modellflugzeug; man sieht sie etwa zehn Sekunden lang, und das ist für ihren Schützen im Gefecht, wo er von Maschinengewehren bedroht wird, eine ziemlich lange Zeit, während derer er sein Geschoß mit einem winzigen Steuerknüppel unerschüttert ins Ziel lenken muß. Für die Israelis jedenfalls war das Selbstvertrauen der ägyptischen Soldaten eine Überraschung.

Dies war zum Teil der dritten Maßnahme Ismails zu danken, der intensiven Ausbildung, und seiner vierten und letzten Forderung, diese Ausbildung müsse unter realistischen Bedingungen erfolgen. »Unsere Soldaten sollten genau wissen, was ihnen bevorstand, und sie sollten sich davor nicht ängstigen. Ich wählte deshalb Übungsplätze aus, auf denen möglichst die gleichen Umstände anzutreffen waren, denen sich unsere Streitkräfte im Ernstfall gegenübersehen würden.« Die Ausbildung erfolgte gewissenhaft. Der Pionierführer Generalmajor Ali Mohammed verriet später, seine Leute hätten an einem Modell der Bar-Lev-Linie nicht weniger als 300mal den Angriff geübt, und Ismail fügte hinzu: »Auf unserem Übungsgelände hatte das Wasser die gleiche Strömungsgeschwindigkeit wie im Suezkanal.«

Man übte sogar die Kanalüberquerung, nämlich bei El Ballah, nördlich von Ismailia, wo der Kanal einige Kilometer in zwei Arme geteilt fließt. Ägypten hatte beide Ufer des westlichen Arms in Besitz, und dort wurde der Übergang geprobt. Doch auch bei diesen Übungen lag die Betonung hauptsächlich auf genau geplanten Operationen nach russischem Muster. Das Übungsfeld der ägyptischen Kriegsschule ist übrigens betoniert – und das in einem

Lande, dessen Boden zu 90 Prozent von beweglichem Sand bedeckt ist.

Am fünften Kriegstag – Mittwoch, dem 10. Oktober – hatte Ismails Planung sich großartig bewährt. Die Operation Badr hatte die israelische Stellung eingedrückt und einen Strich durch die Strategie des Feindes gemacht. Der ägyptische Brückenkopf erstreckte sich praktisch auf der ganzen Länge des Kanals von Port Said bis Port Suez, und wo er noch nicht komplett war, drängten ägyptische Panzer in die wenigen noch vorhandenen Lücken. Als Ismail diese lange Front bildete, sagte er über die auf den Kanalübergang folgende neue Phase des Krieges: »Der Feind mußte nun seine Luftangriffe an vielen Stellen gegen unsere ausgedehnte Front führen, und dadurch konnte er jeweils nur mit schwachen Kräften angreifen.« Auch Israels Landstreitkräfte würden durch die enorme Ausdehnung der Front aus dem Gleichgewicht geraten: »Der Feind würde nicht vorhersagen können, wo unser Hauptstoß erfolgen sollte und sich daher nicht darauf konzentrieren können.«

Was aber plante Ismail für später? Erstaunlicherweise hatte er vor, stehen zu bleiben, seine Stellungen zu konsolidieren und den Israelis die so glänzend gewonnene Initiative zu überlassen. »Ursprünglich sah unser Plan eine ›Mobilisierungspause‹ nach Beendigung des Überganges und der Sicherung unserer Brückenköpfe vor«, sagte er. »Während dieser Pause wollte ich im Licht der Reaktion des Feindes eine Lagebeurteilung erarbeiten und vor einem neuen Angriff alle nötigen Vorsichtsmaßnahmen treffen.« Ismails Denken war also im wesentlichen darauf abgestellt, zu reagieren. Er wollte die Initiative nicht behalten. »Was dann kommen sollte?« fragte er. »Nun, da boten sich mehrere Möglichkeiten, die wir genau berechnet hatten. Letzten Endes hing aber alles davon ab, was der Feind unternahm. So betrachtet, war die Kanalüberquerung ein in sich abgeschlossener Plan. Was dann kam, war ebenfalls noch in unsere Planung einbezogen, doch was wir tun wollten, hing eben ganz davon ab, wie der Feind reagierte.«

Als dieser Punkt erreicht war, nämlich am fünften Kriegstag, kam es zu größeren Meinungsverschiedenheiten zwischen Ismail und seinem Stabschef Shasli. Am Vortag war der erste zusammengefaßte israelische Gegenangriff unter schweren Verlusten für den Feind abgeschlagen worden. Shasli wollte jetzt, daß Ägypten erneut die Initiative ergreifen und im Sinai vorrücken sollte. Es kam zu einem Streit zwischen zwei gegensätzlichen militärischen Auffassungen.

»Wenn Shasli sich nicht immer so zurückhielte, und wenn die ägyptische Armee einen Sinn für Werbewirkung hätte, wäre Shasli der ägyptische Dayan«, bemerkte ein westlicher Diplomat in Kairo mitten im Krieg. Shasli strebte zwar nicht nach diesem Status, doch galt er der ägyptischen Öffentlichkeit auch schon vor dem Oktoberkrieg als Held; er war das Modell des ›neuen ägyptischen Offiziers‹. Diesen Ruhm hatte er nicht über Nacht gewonnen, denn schon seit den Tagen des Zweiten Weltkrieges war Shasli als der wohl fähigste und aggressivste ägyptische Frontoffizier hervorgetreten.

Saad Shasli ist 1922 als elftes von dreizehn Kindern einer Grundbesitzerfamilie im Nildelta zur Welt gekommen. 1940 absolvierte er die ägyptische Kriegsakademie und erregte erstmals als zwanzigjähriger Leutnant Aufmerksamkeit, als seine Stellung bei Marsa Matruch von den Deutschen überrannt wurde. Nach dem Befehl, die Stellung zu räumen, blieb Shasli persönlich anwesend, bis auch das letzte Gerät abgebaut war. Damit war sein Ruf als tapferer Soldat begründet. 1948 führte er einen Zug Infanterie; 1950 galt er bereits als einer der gescheitesten jungen Offiziere und wurde zu einem Lehrgang für Stabsoffiziere kommandiert; 1953 ließ er sich zu der Waffengattung versetzen, für die er seither das größte Interesse gezeigt hat – zu den Fallschirmjägereinheiten mit Spezialistenausbildung.

Als man einen Freund Shaslis fragte, ob sein Leben eine Art Leitmotiv aufweist, antwortete er – nach einigem Überlegen: »Anders als die meisten seiner Kameraden hat Shasli stets an den ägyptischen Sieg geglaubt.« Dieser Freund erinnert sich auch daran, daß Shasli im Krieg von 1956 sagte: »Wir haben keinen Grund zur Verzweiflung, wir können den Feind schlagen.« Der schnelle Aufstieg Shaslis nach der Demütigung von 1956 läßt darauf schließen, daß man mit voller Absicht einen Mann zu fördern trachtete, von dessen Begabung man eines Tages abhängig sein würde. 1960 kommandierte er die ägyptischen Fallschirmjäger, die als Teil der UN-Friedensstreitmacht im Kongo operierte. 1961 war er Militärattaché in London. Nach Ägypten zurückgekehrt, gehörte er zu den wenigen Offizieren, deren Ruf nicht unter der Kampagne litt, die Nasser in den frühen 60er Jahren im Jemen unternahm. Shasli verwirklichte hier seine Theorien über tiefe Fronteinbrüche durch Kommandoeinheiten in Hubschraubern.

Er war einer der wenigen Offiziere, die aus der Niederlage im Jahre

1967 glänzend hervorgingen. Seine Division wurde im östlichen Sinai eingeschlossen, trotzdem brachte er seine Leute in geordneter Formation über den Kanal zurück. Dieser Vorgang ist unterdessen von Legenden umrankt: Einmal heißt es, er habe sich verkleidet; ein andermal, er sei von den Israelis umzingelt gewesen, hätte aber Gefangene gemacht und sich mit ihnen den Abzug erkauft. In Wirklichkeit war es wohl so, daß Arik Sharon, der Shasli den Rückzug abschneiden sollte, ihn in der Dunkelheit verfehlte. Doch wie dem auch gewesen sein mag, daß er mit ungebrochener Würde überlebte, befestigte Shaslis Ruf endgültig, auch wenn kritische israelische Taktiker unterdessen die Ansicht geäußert haben, ein verwegenerer Befehlshaber hätte 1967 aus Shaslis Stellungen nach Osten vordringen, Israels südlichen Hafen Eilat einnehmen und damit Israels Offensive ernsthaft gefährden können. Angesichts seines Rufes kam die Ernennung Shaslis 1971 zum Stabschef nicht überraschend, auch wenn Sadat ihn außer der Reihe beförderte. Unter den Generalmajoren rangierte er erst auf dem 13. Platz.

Diese Beförderung erwies sich als sehr weise. Denn Shasli brachte für seine Aufgabe nicht nur militärische Begabung mit und die eiserne Entschlossenheit, den Feind zu schlagen, er kümmerte sich auch in einer für diese Armee höchst ungewöhnlichen Weise um seine Leute. Die ägyptische Armee hat immer daran gekrankt, daß zwischen Offizieren und Mannschaften ein Abgrund klaffte; die Offiziere betrachteten sich als privilegierte Elite, ihre Männer aber als Bauern. Shasli jedoch hat engen Kontakt mit seinen Soldaten. Statt der Orden und der goldenen Tressen, auf die er Anspruch erheben kann, trägt er den Kampfanzug des Fallschirmjägers. Er ist zwar klein und nahezu kahlköpfig, sieht aber jünger aus als 53 und hält sich in bester Kondition. Im Mai 1972 eröffnete er eine Blutbank für die Streitkräfte mit einem Liter seines eigenen Blutes, eine schlichte Geste, die bei den Soldaten aber glänzende Wirkung tat. Er selbst ist ein strenger Vorgesetzter, läßt aber nichts auf seine Leute kommen. Seine legendäre Beliebtheit bei den Soldaten wurde endgültig befestigt, als er 1972 vor versammelter Mannschaft einen russischen Berater herunterputzte, der so unbesonnen gewesen war zu behaupten, man könne Ägypter nicht ausbilden.

Am Mittwoch, dem 10. Oktober, hätte das im Ernst auch niemand mehr behauptet. Eine gewisse Ironie liegt darin, daß man die glänzenden Erfolge der ägyptischen Armee in der Öffentlichkeit einem »Shasli-Plan« zuschrieb, während die Strategie im wesentlichen von Ismail stammte. An diesem Mittwoch versuchte Shasli jedenfalls nach Kräften, Ismail dazu zu bringen, von seiner methodischen, plangemäßen Kriegführung abzugehen und die ägyptischen Erfolge durch eine mobile Kampfweise auszunutzen. Das gelang ihm nicht.

Ismail und Shasli waren einander erstmals 1960 im Kongo begegnet, und Ismail war so etwas wie Shaslis Vorgesetzter. Die beiden vertrugen sich damals nicht und haben sich – wie es in Kairo heißt – auch später nie vertragen. Bedenkt man ihre unterschiedliche Entwicklung, so ist das einleuchtend. Es ist auch nicht schwer zu verstehen, warum die beiden an diesem Mittwoch so unterschiedlicher Meinung waren. Shasli, der mehr Fronterfahrung hatte, wollte auf die israelische Niederlage mit einer beweglicheren, abenteuerlichen Strategie reagieren. Angeblich hat er vorgeschlagen, mit Hubschraubern Kommandotrupps hinter den Gebirgspässen abzusetzen, die israelische Treibstofflager und Fernmeldeanlagen im Hinterland zerstören sollten. Eine weitere Quelle behauptet, Shasli habe auch vorgeschlagen, auf der nördlichen Küstenstraße mit Panzern vorzustoßen.

Ismail lehnte das ab. Er versuchte, sich später so zu rechtfertigen: »Haben wir hier eine Gelegenheit verpaßt? Für mich handelte es sich nicht um eine Frage der Gelegenheit, sondern um eine der Vorausberechnung. Die Gelegenheiten mochten sein, wie sie wollten, meine Pflicht war es, kein Risiko einzugehen...« Er konnte diese Entscheidung auch mit technischen Gründen untermauern: »Wir hatten die Operation unter dem Schutze unseres berühmten Raketenschirmes begonnen. Wenn wir wieder offensiv werden mußten, wollte ich damit warten, bis meine Truppen ausreichende Verstärkung erhielten. Ich brauchte genügend Zeit, meine Panzer und meine Luftabwehrraketen über den Kanal zu bringen. Daran änderte sich nichts – ob sich unterdessen eine ›Gelegenheit‹ bot, und ob ich sie erkannte oder ein anderer.«

Man darf daraus entnehmen, daß Ismail sogar daran zweifelte, daß diese von Shasli und anderen wahrgenommene ›Gelegenheit‹ überhaupt existierte. Seine Behauptung, er hätte nicht einmal am Mittwoch soviel Gerät auf dem Ostufer gehabt, wie er benötigte, bestätigt Berichte aus Kairo, die besagen, daß die Ägypter in der letzten Phase ihres Aufmarsches Schwierigkeiten logistischer Art hatten. Dazu gehörte Mangel an Munition. In den ersten Kriegstagen gab es offenbar keine richtige Feuerleitung, jeder ballerte wild in die Gegend, und die Munition wurde knapp. Ein weiterer verdeckter Hinweis von Ismail läßt auch vermuten, daß es an Treibstoff, Wasser und sogar an Lebensmitteln mangelte. »Die Kampfkraft unserer Soldaten war zu keiner Zeit beeinträchtigt, auch nicht, als manche zeitweise von halben Rationen leben mußten.« Gewisse Kreise in Kairo sind auch der Meinung, um die Mitte der ersten Kriegswoche wären die SAM-6-Raketen knapp geworden.

Es fehlte Ismail hauptsächlich aber darum an Ausrüstung auf dem Ostufer, weil er mit voller Absicht die Hälfte seiner Panzer auf dem Westufer zurückgelassen hatte. Bis zum Mittwochabend hatten die Ägypter mehr als 700 Panzer auf den Sinai übergesetzt, von denen allerdings bereits eine Menge zerstört worden waren. Weitere 500 standen noch westlich des Kanals. Ismail ließ sie dort stehen, weil sie im Falle eines israelischen Luftlandeangriffs das Kernland verteidigen sollten.
Ismail konnte mit Recht behaupten, daß er allein die wahren Absichten Sadats kannte. Sadat wollte mehr als nur einen militärischen Sieg. Seit dem Gipfeltreffen vom 10. September in Kairo hatte Sadats Strategie sich nicht geändert. Er wollte den Krieg nur als Mittel benutzen, eine internationale Krise zu entfesseln, die so ernst war, daß die Supermächte sich gezwungen sahen, im Nahen Osten eine Regelung durchzusetzen. Und deshalb fand Ismail es überhaupt nicht notwendig, die Israelis in den Sinai hinein zu verfolgen.
Letzten Endes jedoch gaben die Unterschiede im Temperament den Ausschlag dafür, daß Ismail die Pläne Shaslis ablehnte. »Wer mich jemals zu unseren Soldaten hat sprechen hören«, sagte Ismail später, »der weiß, daß ich es abgelehnt habe, den konventionellen Weg einzuschlagen. Ich bin nie fürs Konventionelle gewesen, doch ebenso wenig neige ich zum Abenteurertum.« Und er fügte mit Betonung hinzu: »Krieg ist viel bedeutender als ein bloßes Abenteuer.«
Shaslis kühne Vorstöße wären mit großen Risiken verbunden, Ismails Vorsicht jedoch war verhängnisvoll, denn die erste Phase seiner Offensive war bereits in einem wesentlichen Punkt mißlungen: die ägyptischen Panzer waren nicht so weit wie vorgesehen in den Sinai vorgedrungen.
Die Operation Badr sah einen Brückenkopf vor, der eine Tiefe von

etwa 30 Kilometern haben und beide von den Israelis parallel zum Kanal gebauten Straßen einschließen sollte. (Siehe Kartenteil) Innerhalb eines so tiefen Brückenkopfs würden die Gegebenheiten des Geländes – in der Mehrzahl Dünenkämme – eine zwar nicht durchgehende, aber natürliche Verteidigungslinie bieten. Der hinhaltende Widerstand der Israelis am Sonntag hatte die Ägypter daran gehindert, dieses Ziel zu erreichen. Und die ägyptischen Panzer verloren bei der Abwehr der zusammengefaßten israelischen Angriffe vom Dienstag weiteres Gelände. Daher zog sich der ägyptische Brückenkopf zwar recht eindrucksvoll fast ununterbrochen über die gesamte Länge des Kanals hin, er war aber nirgends tiefer als 16 Kilometer, also nur wenig mehr als halb so tief, wie er eigentlich geplant war.

Der Brückenkopf hatte also eine Schwäche, die ihm verhängnisvoll werden konnte: Er war nicht tief genug, um eine bewegliche Abwehr gegen entschlossene Vorstöße des Feindes zu ermöglichen. Und eben dieser Schönheitsfehler war es auch, der tags darauf, am Donnerstag, dem 11. Oktober, in der israelischen Führung Meinungsverschiedenheiten auslöste, die auf der gleichen Linie lagen wie die zwischen Ismail und Shasli.

Sharon kontra Gonen

Die 36 Stunden vom Mittwochmorgen bis Donnerstagabend (10. und 11. Oktober) waren für Israel ebenso bedeutsam wie der Beginn des Krieges. Als das Kabinett Mittwochfrüh zusammentrat – seit Kriegsbeginn zum achten Mal –, zweifelte man ernstlich daran, daß Israel weiter kämpfen konnte. Seine Schwäche im Sinai war durch das Mißlingen des Gegenangriffs vom Dienstag deutlich demonstriert worden – eine Schwäche, die Ägypten gewiß ausnützen würde – und die Golanfront verschlang Hilfsmittel in großem Umfang.

Israel wollte mit allen Mitteln zuschlagen. Nicht nur mußte Syrien schnellstens besiegt werden, dies mußte auch in so exemplarischer Weise geschehen, daß anderen Neugierigen die Lust verging, sich einzumischen. Damit waren wohl hauptsächlich der Irak und Jordanien gemeint. Man merkte in Israel nämlich nur allzu deutlich, daß der arabische Druck König Hussein zwingen würde, eine dritte Front zu eröffnen – einerlei, wie stark er militärisch war –, wenn dieser Krieg noch längere Zeit dauerte. Man wußte in Israel, daß die Amerikaner Hussein drängten, sich aus dem Krieg herauszuhalten, doch Hussein war schließlich Araber. Daß Präsident Gaddafi, der sich sorgfältig aus dem Krieg heraushielt, ihn höhnisch einen Feigling schimpfte, war geradezu lächerlich, aber solche Beschimpfungen kränkten den Monarchen vermutlich doch. Bedrohlicher noch war die Möglichkeit, der Irak könne in den Krieg eingreifen, denn anders als Jordanien verfügte dieses Land über beträchtliche militärische Hilfsmittel. (Tatsächlich erklärte der Irak im Laufe des Mittwoch, daß er sich am Krieg beteiligen wolle, doch blieben den Israelis immer noch ein paar Tage Zeit, bis irakische Verbände tatsächlich auf Seiten der Syrer eingreifen konnten. Hussein ordnete die Mobilmachung an, erklärte sich aber noch nicht zur Kriegspartei.)

Am bedrohlichsten aber war, daß die Russen offenbar im Begriffe waren, die arabischen Nachschublager aufzufüllen. Die Lieferung weiterer SAM-6 an Syrien würde der so schwer erkämpften Luftüberlegenheit der Israelis ein Ende bereiten, und damit auch ihrer Fähigkeit, nach Belieben die syrischen Panzerverbände zu bombardieren. Dies machte es noch dringender, im Golan einen Sieg zu erringen. Nun hatte Israel am Mittwoch zwar noch die Mittel, zugleich im Golan und im Sinai offensiv zu werden, doch jeder Rückschlag – etwa eine Niederlage von der Größenordnung der Katastrophe, die die 190. Panzerbrigade erlebt hatte – würde es sämtlicher Reserven berauben. Israel könnte dann den Krieg nur fortsetzen, wenn Amerika ausreichend Nachschub lieferte, und Golda Meïrs Minister wußten nur zu genau, was Kissinger als Gegenleistung für die Zusage von Waffenlieferungen verlangen würde: Israels Einverständnis zu einem Waffenstillstand. Und dieser war nicht anders denkbar als zu Bedingungen, die den Arabern ihren neuen Besitzstand garantierten.

Auf einen Streifen des Sinai konnte man verzichten. Israels Außenminister Abba Eban sagte bei den Vereinten Nationen bereits hinter der vorgehaltenen Hand, man sei zu »Konzessionen« bereit und würde den größten Teil des Sinai preisgeben. Syrische Gewinne im Golan jedoch konnten weder der Stolz der Israelis noch ihr vermeintliches Sicherheitsbedürfnis zugestehen. Es war daher unbedingt erforderlich, die Syrer aus den letzten von ihnen gehaltenen Stellungen bei Khusniye und Kuneitra zu vertreiben, bevor Israel soviel Material eingebüßt hatte, daß ihm nichts übrig blieb, als die Bedingungen der Amerikaner zu akzeptieren. Zu dieser Erkenntnis kamen die Minister Mittwochfrüh, und Mittwochabend hatten die Soldaten die ihnen übertragene Aufgabe bewältigt.

Von den beiden Gefechten war das um Khusniye das schwerere. Es begann am Mittwochmorgen und war erst am Abend vorüber. Hier – wie auch bei anderen Rückzugsgefechten im Golan – verwendeten die Syrer panzerbrechende Raketen in beinahe ebensolcher Fülle, wie sie im Sinai benutzt wurden; es scheint auch, als hätten die Syrer viel häufiger die russischen Lenkwaffen vom Typ »Schmell« von ihren Panzern gegen israelische Panzer verschossen als die Ägypter. In den Trümmern von Khusniye hinter solchen Waffen eingegraben, schienen sie unbesiegbar. Am Ende blieb den Israelis auch nichts anderes übrig, als sie mit schierem Gewicht zu zermalmen. Sie griffen die syrischen Stellungen frontal an, und die Kämpfe kosteten wieder viele Menschenleben und Panzer.

Dagegen begann der Angriff auf Kuneitra am späten Mittwochnachmittag und dauerte nur eine Stunde. Man eroberte diesen Trümmerhaufen in der gleichen Weise wie Khusniye. Nach kurzem Artilleriebeschuß preschten die israelischen Panzer einfach auf der Hauptstraße von Naffak bis in das ehemalige Ortszentrum vor und entsetzten die israelische Garnison, die dort seit dem ersten Abend des Krieges aushielt. Die Syrer zogen sich vor diesem israelischen Angriff zurück. Es wurde nur ein einziger Gefangener gemacht. Die Garnison war guten Mutes. »Wir haben uns keine Sorgen gemacht, als die Syrer hier durchkamen«, sagte ein 19jähriger Infanteriehauptmann, der erst vor kurzem aus Brooklyn eingewandert war. »Als sie das erste Mal kamen, haben wir auf sie geschossen, und als sie zurückkamen, haben wir wieder geschossen.«

Aber es war eine blutige Angelegenheit. Israelische Tiefflieger bekamen die Syrer auf dem Rückzug etwa drei Kilometer nordöstlich von Kuneitra zu fassen, und die Straße war übersät von Panzerwracks. Aus einem T-54 waren zwei Männer ausgestiegen, um wegzulaufen; die Leichen lagen, wie sie getroffen waren, hinter sich blickend auf dem Boden. Neben einem anderen Panzer lag der Fahrer mit dem Kopf auf einem Kissen unter einer Decke. Er war vielleicht erschöpft und hatte versucht, ein Viertelstündchen zu schlafen. Sein Gesicht war ganz entspannt – wahrscheinlich wurde er von den Bordkanonen im Schlaf getroffen.

Als es dunkel wurde, war der Golan im Besitz der Israelis. Infante-

risten testeten noch die syrischen Stellungen jenseits der Waffenstillstandslinie von 1967. Es war klar, daß Israel am nächsten Morgen, am Donnerstag, einen massiven Angriff gegen Syrien unternehmen würde. Die einzige Frage, die israelische Kommentatoren
noch beschäftigte, bestand darin, ob Israel nach Osten über die
Ebene vorstoßen und die Verbindungen zwischen Damaskus und
Jordanien abschneiden, oder ob die Panzer in nordöstlicher Richtung auf der Straße nach Damaskus angreifen würden. Damit die
Jordanier auch nicht darüber im Zweifel blieben, was gemeint war,
hieß es in der Donnerstagsausgabe der *Jerusalem Post*: »Israel
wird sich nicht zu blinder Respektierung der Waffenstillstandslinien nötigen lassen.«
Syrien wehrte sich immer noch. Im Morgengrauen des Donners-
tags fanden die Besatzungen von vier syrischen Transporthubschraubern den Tod, die hinter der israelischen Front Kommandotrupps abzusetzen versuchten. Die Israelis hatten den syrischen
Funkverkehr abgehört, und ein arabisch sprechender Offizier war
in den Besitz aller Informationen über das Unternehmen gekommen. Anderswo sickerte syrische Infanterie erfolgreich durch die
Front, und mehr als ein israelischer Panzer wurde von ihnen mit
Raketen abgeschossen.
Syrien setzte auch noch Panzer ein – am Donnerstagmorgen
griffen Panzerverbände im Nordabschnitt beiderseits der Straße
Kuneitra-Damaskus an. Dies war aber der letzte Versuch. Daß
überhaupt ein Angriff stattfand, kam für die angeschlagenen Isrea-
lis als unangenehme Überraschung, die meisten Beobachter fanden aber diesen Vorstoß weniger intensiv als frühere syrische Angriffe. Es hat den Anschein, als ob dieses Unternehmen das israelische Vordringen nach Syrien beschleunigt hätte. In einem nach
Süden einschwenkenden Bogen umgingen die Israelis die syrischen Panzerverbände, um sie von hinten anzugreifen. Am Donnerstagabend war die vorderste syrische Stellung zerstört, israelische Panzer standen zehn Kilometer tief in Syrien und drängten
gegen Damaskus vor.
Jenseits der ehemaligen Waffenstillstandslinien im Golan ließen
die Syrer mehr als 800 Panzer zurück – gesprengt, ausgebrannt
oder einfach verlassen. Das amerikanische Verteidigungsministerium schätzte später, daß die Syrer dort auch etwa 8000 Soldaten
verloren haben – verhältnismäßig wenige Gefangene, überwiegend Tote. Dayan, der vom Hubschrauber aus das Schlachtfeld inspizierte, erklärte, die Syrer müßten nun lernen: »daß die Straße,

die von Damaskus nach Tel Aviv führt, auch von Tel Aviv nach Damaskus führt«.

Doch wenn es Dayan auch jetzt noch – nach dem Debakel der ersten sechs Tage – schwerfiel, zwischen Selbstvertrauen und Übermut zu unterscheiden, waren andere Militärs doch bereit, die Wahrheit zu sagen, und die hieß, daß Israel mit Mühe das Ende der ersten Phase des Krieges erreicht hatte; daß ihm an der syrischen Front noch ein schwerer Weg bis Damaskus bevorstand; daß die schlimmsten Schlachten im Sinai noch nicht geschlagen waren, und daß die Ausrüstung seiner Armee in einem beklagenswerten Zustand war. Als Freitagmorgen die Syrer ziemlich geordnete Rückzugsgefechte führten, verstummten die munteren israelischen Parolen vom »Auf nach Damaskus«. General Herzog, der schon Elasars Ausspruch – »wir werden dem Feind die Knochen brechen« – ins rechte Licht gerückt hatte, dämpfte nun auch die oberflächlich optimistischen Äußerungen Dayans. »Abwehrstellungen wie die syrischen kann man nicht so ohne weiteres durchbrechen«, sagte er. »Es handelt sich da nicht um eine einzige Stellung, die wir gestern durchstoßen haben, sondern um ein ganzes System von Stellungen, das tief ins Land hinein reicht und schwer zugängliches Gelände umfaßt, das keineswegs ein ideales Operationsgebiet für Panzer ist.«

Immerhin konnte Donnerstagabend damit begonnen werden, israelische Panzer vom Golan in den Sinai zu verlegen. Auch konnte die überanstrengte und angeschlagene israelische Luftwaffe ihre Bemühungen jetzt mehr auf die Ägypter konzentrieren. Doch ebenso wie die Frage, was Ägypten als nächtes unternehmen sollte, am Montag das ägyptische Oberkommando in zwei Parteien gespalten hatte, so entstanden nun – angesichts der wachsenden Möglichkeiten im Sinai – unter den israelischen Generälen schwere Meinungsverschiedenheiten, die niemals wirklich beigelegt wurden, später den Ausgang des Krieges beeinflußten und die Autorität des israelischen Stabschefs Elasar Zweifeln aussetzte.

Die reguläre israelische Armee ist klein. Sie zählt (ohne Wehrpflichtige) nur 11500 Mann, und die meisten höheren Offiziere haben bereits gemeinsam an vier Kriegen teilgenommen: Als Heranwachsende an Guerilla-Aktionen in Palästina vor dem Abzug der Briten; dann sind sie im Laufe der Kriege von 1948–49, 1956 und 1967 im Rang aufgestiegen. So sind die Stärken und Schwächen, die Mängel und die Leistungen jedes einzelnen von ihnen den Kameraden im gleichen Dienstalter nur zu genau bekannt, und von übertriebener gegenseitiger Achtung innerhalb des Oberkommandos kann folglich nicht die Rede sein. Ebenso unvermeidlich ist der Hang, die Taten früherer Kommandeure zum Nachteil der jetzigen zu verherrlichen. Zu diesen Spannungen kommt noch, daß in einer so kleinen Armee die Laufbahn der einzelnen Offiziere häufig die der anderen kreuzt, daß sie mal diese Dienststellung einnehmen und mal jene, was unvermeidlich zu Fraktionsbildungen führt. Die enge Verbindung von Militär und Politik – Offiziere sollen mit etwa vierzig Jahren ausscheiden, und seit einigen Jahren gehen manche von ihnen in die Politik – ist eine weitere Quelle denkbarer Reibungen. Es ist daher nicht leicht, die israelische Armee zu führen. Das hatte Elasar am 6. Oktober bereits begriffen.

In David Elasars Laufbahn spiegelt sich die Geschichte der Armee seines Landes wider. Er wurde 1925 in Sarajewo geboren, wo sein Vater als ehemaliger Major in Titos Armee heute noch lebt. Mit 15 Jahren folgte er seinem Jugendfreund Chaim Bar-Lev nach Palästina, der schon im Jahr zuvor aus Jugoslawien dort eingetroffen war. Zunächst ging er in einen Kibbutz, wo er seine zukünftige Frau kennenlernte. Als er 1946 der Palmach beitrat, der Stoßtruppe der illegalen jüdischen Miliz Haganah, die sich damals offen gegen die britische Herrschaft auflehnte und nebenher einen wilden Terrorkrieg gegen die palästinensischen Araber führte, war sein weiteres Leben entschieden. In dem ausgewachsenen Krieg, der auf den Rückzug der Briten folgte, wurde die Palmach zur Kommandotruppe der jüdischen Streitkräfte umgebildet. Als zwei Züge der Palmach im Mai 1948 den Versuch machten, die zahlenmäßig unterlegenen Verteidiger des jüdischen Viertels von Jerusalem zu entsetzen, erregte Elasar zum ersten Mal die Aufmerksamkeit seiner Vorgesetzten. Der neu ernannte Zugführer Elasar befehligte nämlich einen dieser Züge. Die Palmach mußte zurückweichen, doch war es ein tapferer Versuch, und Elasar wurde im folgenden rasch befördert.

Der Unabhängigkeitskrieg, wie die Israelis ihn nannten, war im wesentlichen ein Krieg von Fußtruppen. Zwar hatten die Israelis einige wenige abgenutzte Panzer, doch ihr wichtigstes Fahrzeug war der Jeep. Bis zum Feldzug von 1956 konzentrierte man sich ganz auf die Infanterie und auf Fallschirmjäger als Eliteverbände. Elasar wurde 1956 Leiter der Infanterieschule und befehligte im kurzen Sinaifeldzug dieses Jahres im Gazastreifen eine Infanteriebrigade. Das damalige Versagen der israelischen Panzer und die

Einsicht des Generalstabs, daß schwere Verluste eingetreten wären, hätte man die ägyptischen Panzer nicht vom Rücken her angegriffen, während sie nach vorne gegen Engländer und Franzosen kämpften, erzwang ein Umdenken. Man fand nun, daß man dringend Panzer anschaffen mußte. Der Auftrag, ein Panzerkorps aufzubauen, ging an Chaim Bar-Lev, der 1957 dessen erster Kommandeur wurde. Auch Elasar ging nun zur Panzertruppe. Bei der Entwicklung der bald für Israel bezeichnenden Taktik des Panzerkrieges – nämlich hohe Beweglichkeit und tiefes Vordringen von Panzerkeilen als Abwehr gegen massive, aber unbewegliche arabische Panzeraufmärsche – war er vergleichsweise wenig beteiligt. Das war mehr die Sache von Jitzhak Rabin, im Sechs-Tage-Krieg Chef des Stabes, und die Weiterentwicklung der Technik der Bewegung großer Verbände geht auf zwei andere Offiziere zurück, Israel Tal und Bren Adan. Trotzdem war es der leise sprechende, ausgeglichene Elasar, der 1961 Nachfolger von Bar-Lev im Kommando des israelischen Panzerkorps wurde. (Er trägt immer noch das schwarze Barett der Panzerkommandeurs.) Es war auch Elasar, der unter den Panzersoldaten ein bewußtes Elitedenken förderte, wie er es früher unter den Fallschirmjägern getan hatte. Er erfand für die Verleihung der Offizierspatente an die jungen Panzerleutnants eine wagnerhafte Zeremonie: In einem Kreis brennender Fackeln auf dem Massada-Plateau am Roten Meer, wo die Juden ihre letzte blutige Schlacht gegen die Römer vor 1900 Jahren geschlagen haben, legen sie um Mitternacht den Treueschwur ab.

1967 kommandierte Brigadegeneral Elasar an der syrischen Front und leitete den erfolgreichen Angriff auf die Golanhöhen. Das war nicht unbedingt eine besonders einfallsreich geführte Schlacht; von zwei möglichen Angriffsplänen wählte Elasar den einfacheren, und manche Leute meinen, seine Verluste seien größer gewesen als nötig. Immerhin errang er den Sieg, und er errang ihn so dramatisch, daß die Öffentlichkeit ihm zujubelte.

Der Krieg von 1967 sah auch Moshe Dayan wieder im Verteidigungsministerium, nachdem er einige Jahre aus dem Blickfeld der Öffentlichkeit verschwunden war. Auch die Laufbahn von Chaim Bar-Lev, der seit 1961 ebenfalls im Schatten gestanden hatte und einer der von Dayan bevorzugten Offiziere war, nahm einen neuen Aufschwung. Im Krieg von 1967 war er stellvertretender Stabschef und wurde im Januar 1968 Chef des Stabes. Sein Stellvertreter hieß David Elasar.

Bar-Lev kommandierte während des Abnützungskrieges von

1969–70. Seine Aufmerksamkeit widmete er hauptsächlich der Anlage von Befestigungen entlang des Suezkanals, die seinen Namen tragen, während Elasar sich um Israels berühmte Panzer kümmerte, deren Erfolg im Jahre 1967 dafür sorgte, daß sie das Fundament aller taktischen Planung wurden. Als Bar-Lev in die Politik ging, war es daher fast unvermeidlich, daß Elasar sein Nachfolger als Stabschef wurde, was dann am 1. Januar 1972 auch geschah. Zu seinem Stellvertreter berief er Israel Tal, den Mitschöpfer der israelischen Panzerstrategie.

Die Wahl Elasars war begründet, obwohl seine Grenzen als Taktiker bekannt waren. »Elasars Taktik ist die einer Bulldogge; er beißt sich fest und läßt nicht mehr los«, hat ein israelischer Journalist gesagt. Außerdem war er sehr beliebt. Der jetzt 48jährige ist ein kraftvoller, dunkler, gut aussehender Mann, den die Leserinnen der israelischen Frauenzeitschrift *At* kurz vor dem Krieg als den idealen Ehemann bezeichneten.

In den Monaten nach Elasars Ernennung stand jeder einzelne hohe israelische Kommandeur zur Ablösung an. Nie zuvor hatte es in den Streitkräften eine so durchgehende Neubesetzung der Kommandoposten gegeben. Die meisten von Elasars neuen Kommandeuren – darunter auch der Chef des militärischen Nachrichtendienstes, Generalmajor Elijahu Zeira – übernahmen ihre Posten erst im Frühjahr 1973. Der Kommandeur des Mittelabschnitts – also der jordanischen Front – war bei Kriegsausbruch erst sechs Tage auf seinem Posten. Elasar, der selbst knapp achtzehn Monate Zeit gehabt hatte, sich in seinem Kommando zurechtzufinden, ging also mit einer unerprobten Mannschaft in den Krieg.

Am Mittwoch, dem 10. Oktober, aktivierte die israelische Regierung sechs im Ruhestand lebende Generäle, von denen die meisten den neuen Kommandeuren als »Sonderberater« zugeteilt wurden. Diese sechs trugen berühmte Namen. Unter ihnen waren Bar-Lev, ehemals Chef des Stabes; Jariv, neun Jahre lang Chef des militärischen Nachrichtendienstes und sehr wahrscheinlich Minister in einem neuen Kabinett Meïr; und Mordechai Hod, Befehlshaber der Luftwaffe in deren glänzendster Stunde im Jahre 1967. (Hods Name war seither etwas umstritten. Daß Dayan ihm den einträglichen Posten des Direktors der israelischen Luftfahrtindustrie gegeben hatte, war in den Monaten vor dem Krieg einer der politischen Skandale in Israel.) Die Aktivierung der »alten Schlachtrösser«, wie Elasar sich ausdrückte, vermittelte den Reservisten zwar ein angenehmes Gefühl, und die Generäle nahmen ihren Nachfolgern auch wirklich einen erheblichen Teil der Arbeitslast ab, doch die politischen Probleme wurden dadurch nicht gerade einfacher.

Ausführlich, wenn auch behutsam, berichtete darüber die Zeitschrift *Haolam Hazeh*, die von Uri Avneri herausgegeben wird, dem Millionär und Parlamentsabgeordneten, der am unverblümtesten tadelt, was in seinen Augen Israels wachsender Hang zum Militarismus ist: »Politiker, die im Wahlkampf Schlüsselrollen spielten, sollten plötzlich auf dem Schlachtfeld zusammenarbeiten. Unmöglich konnte man von einer Stunde auf die nächste die persönlichen und ideologischen Rivalitäten zwischen ihnen ausräumen – ebensowenig wie die Unterschiede in ihrer politischen Auffassung. Die bei Ausbruch des Krieges weit verbreitete Überzeugung, dieser Krieg werde rasch vorübergehen, und man könne sich dann gleich wieder dem Wahlkampf widmen, trug noch dazu bei, eine ganz unerträgliche Lage zu schaffen. Der Umstand, daß der Krieg sogleich eine ideologische Debatte über den Wert oder Unwert unterschiedlicher politischer Vorstellungen von Frieden und Sicherheit auslöste – sichere Grenzen, strategische Pufferzonen und die Abschreckungskraft unserer Streitkräfte – konnte die bestehenden Differenzen nur noch vergrößern.«

Mittelpunkt dieser »Differenzen« war Arik Sharon, der überzeugt war, daß er wegen seiner rechtsgerichteten politischen Einstellung nicht zum Chef des Stabes ernannt worden war. Und jetzt mußte er auch noch in seinem alten Abschnitt am Sinai unter einem Mann dienen, dessen Vorgesetzter er noch vor drei Monaten gewesen war, unter Generalmajor Shmuel Gonen. Dieser war ein tapferer und tüchtiger Offizier, aber nicht so bravourös wie Sharon, und die erlittenen Niederlagen hatten ihn einigermaßen unsicher gemacht. Es scheint, daß Sharon ihn vom ersten Augenblick an mit Verachtung behandelt hat. Er soll gesagt haben: »Wenn ich hier das Kommando führte, hättest du in diesem Krieg nichts zu bestellen.« So waren also die persönlichen Beziehungen der Offiziere beschaffen, unter denen sich nun Meinungsverschiedenheiten über die richtige Art der Kriegführung ergaben.

Montag, also am dritten Kriegstag, hätten israelische Verbände wieder bis zum Kanal vorstoßen können. Der ägyptische Brückenkopf war stellenweise nicht komplett, an anderen Stellen nur sehr dünn besetzt. Aber welchen Sinn hätte das gehabt? Israel mußte sich auf die Schlacht im Golan konzentrieren, und es schien, als ob die Ägypter mehr darauf aus waren, ihre Eroberungen zu halten, als ihren Vorteil zu nützen. Sharon, der jetzt die Schlüsselstellung bei der Verteidigung der Pässe einnahm, trat stürmisch für eine blitzschnelle israelische Reaktion ein. Nach dem Krieg sagte er seine Meinung recht offen: »Offiziell hieß es, wir warten im Sinai und nehmen uns zunächst die Syrer vor. Ich hielt das für einen Fehler und habe das auch mehrmals gesagt. Es war doch klar, daß wir nicht beliebig viel Zeit zur Verfügung hatten; es war klar, daß die Ägypter nicht mehr offensiv werden wollten, sondern sich eingruben, und daß sie bei einem Waffenstillstand feste Stellungen auf unserer Seite besitzen würden.«

Sharon hat immer auf zwei Punkte hingewiesen: der erste ist, daß er von Anfang an überstimmt wurde; der zweite, daß die Lage im Sinai während der restlichen Tage der ersten Kriegswoche auf einem toten Punkt geblieben ist. Mit beiden Behauptungen hat er nicht recht. Am Dienstag ließ Gonen in Sharons Frontabschnitt einen Gegenangriff zu. Das Resultat war ein Mißerfolg und der Verlust der 190. Panzerbrigade wegen der massierten ägyptischen Panzerabwehrraketen. Ägyptischen Quellen zufolge fand sodann in der Mitte dieser Woche im Sinai eine größere Schlacht statt, in deren Verlauf Sharon seinen vorgeschobenen Gefechtsstand räumen mußte. Am 10. November veröffentlichte die Kairoer Zeitung *Al Gumhouria* einen ausführlichen Bericht über die vier Tage während der Schlacht um das »Dreieck 100« (offenbar handelt es sich um eine etwa 200 Meter hohe Erhebung westlich von Tasa, die den Namen Katib-el-Kheil trägt). Es heißt, auf dieser beherrschenden Höhe hätte Israels »Befehlszentrale des Mittelabschnittes« gestanden, womit vermutlich Sharons mit Fernmeldegeräten beladene Schützenpanzer gemeint sind. Die Ägypter eroberten nach der israelischen Niederlage vom Dienstag das Dreieck 100 in der Nacht, und israelische Gegenangriffe wurden im Laufe des Mittwoch anscheinend unter erheblichen Verlusten für Israel zurückgeworfen.

Sharons Lage dürfte also am Mittwochabend weniger gut ausgesehen haben als er seither behauptet hat, doch am Donnerstag fand bei den Ägyptern eine bedeutsame Umgruppierung statt. Ismail begann jetzt damit, die 500 Panzer, die er am Westufer zurückgehalten hatte, wo sie die rückwärtigen Verbindungen seiner Angriffsarmee sichern sollten, über den Kanal zu führen. Man hat Ismail seither in Ägypten schwere Vorwürfe gemacht, weil er damit die mobile Reserve Ägyptens festlegte. Sadat war aber informiert und hätte widersprechen können. Auch tat Ismail das nicht gerne. Ägypten wurde aber von Syrien immer wieder gedrängt, der Front im Golan durch verstärkten Druck auf den Sinai Luft zu verschaffen. Politisch blieb Ismail nichts anderes übrig, als einen neuen Angriff im Sinai vorzubereiten. Die Meinungsverschiedenheiten, die am 11. Oktober zwischen den israelischen Generälen im Verteidigungsministerium von Tel Aviv und in Gonens Hauptquartier im Sinai zum Ausbruch kamen, drehten sich darum, wie man Ismails überraschendem Zug am besten begegnen sollte.

Sharon behauptete nun, er könnte nicht mehr einfach zum Kanal vorstoßen, er müßte ihn sogar überqueren. In den vier Jahren seines Kommandos an der Südfront hatte Sharon reichlich Zeit gehabt, geeignete Stellen für eine Kanalüberquerung nicht nur zu erkunden, sondern nachgerade zu präparieren. Und was er da vorschlug, war einleuchtend: Israel sollte dem ägyptischen Angriff zuvorkommen, denn das Westufer des Kanals bietet vom Gelände her bessere Möglichkeiten für die Anwendung der bewährten israelischen Taktik. »Auf dem Westufer sind wir in unserem Element«, sagte er. »Dort haben wir offenes Gelände, in dem wir unsere Panzer bewegen können.« Nun war Sharon überhaupt kein Panzeroffizier. Immerhin unterstützte ihn vom Verteidigungsministerium der Brigadegeneral Avraham Tamir, der mit seinen 49 Jahren als einer der am wenigsten bekannten, aber gescheitesten höheren Offiziere galt. Im Verein mit einigen anderen Offizieren – angeblich sogar einigen Generalmajoren – empfahl er ebenfalls dringend einen raschen Übergang über den Kanal; die Masse der Dritten Ägyptischen Armee werde soeben vom Westufer auf das Ostufer verlegt, die Panzer seien auf einen Angriff nicht vorbereitet, und der Feind werde derzeit nicht mehr von dem Raketenschirm im Sinai geschützt.

Tamir genoß hohe Achtung. (Er ist seither zum Generalmajor befördert und mit einer Planungsabteilung beauftragt worden, die unmittelbar dem stellvertretenden Chef des Stabes untersteht.) Es fehlte ihm jedoch die Fronterfahrung, mithin wurde der Tamir-Sharon-Plan auf höchster Abene abgelehnt, nämlich von dem Triumvirat Dayan, Elasar und Bar-Lev. Man beschloß zu warten. Mit jedem Tag kamen mehr israelische Panzer und Flugzeuge in den Sinai, was die Aussichten für einen späteren Angriff nur verbessern konnte. Falls die Ägypter noch mehr Material ans Ostufer schafften, bedeutete dies, daß ihre Panzerkräfte auf dem Westufer immer geringer wurden, was wiederum die Aussichten für die Operationen israelischer Verbände im Fall einer Kanalüberquerung verbesserte. Was nun den erwarteten ägyptischen Angriff

angeht, so hat Gonen, der Kommandeur im Sinai, anscheinend erkannt, daß sich hier den israelischen Panzern die Gelegenheit bieten könnte, die ägyptischen Panzer zu vernichten. Wenn diese
nämlich vorrückten, würden sie den Schutz des Raketenschirms
ihrer Infanterie einbüßen. Bar-Lev stimmte zu, und damit war der
Plan einer raschen Kanalüberquerung endgültig abgelehnt, wie
Sharon ganz richtig erkannte: »Bar-Lev meinte, wir sollten warten
und die ägyptischen Panzerangriffe zurückschlagen. Ich war dagegen der Meinung, wir sollten sofort über den Kanal gehen, und ich
glaube, daß wir so mehrere Tage vergeudet haben... Als Soldat tut
man, was befohlen wird.«
Entscheidend für die Ablehnung von Sharons Plan waren jedoch
strategische Überlegungen, die Umstände berücksichtigten, auf
die Israel keinen Einfluß hatte. Am Donnerstag war eine russische
Luftbrücke in Betrieb genommen worden, die Syrien und in gerin-
gerem Umfang auch Ägypten mit Nachschub versorgte, während
Amerika keinerlei ähnliche Anstrengungen machte, Israel mit
Material zu beliefern. Dayan, Elasar und Bar-Lev begriffen daher
nur allzu gut, daß ihre Armee es sich nicht leisten konnte, die Verluste zu riskieren, die sie bei einem Scheitern des Übergangs erlei-
den würde. Ob Israel sich mit der im Sinai geschaffenen Lage wi-
derspruchslos abfinden mußte oder nicht, hing jetzt davon ab, welche Bedingungen Kissinger stellte.

Der abgelehnte Sieg

Oberflächlich betrachtet, spielte sich in der ersten Kriegswoche
eine unerhörte diplomatische und politische Geschäftigkeit ab:
Bei den Vereinten Nationen versuchte man, den Sicherheitsrat
einzuberufen und eine Resolution zu fassen, die einen sofortigen
Waffenstillstand verlangte; in Washington erhitzte man sich über
die Frage, ob Israel Waffen erhalten sollte oder nicht; die drama-
tischste Entwicklung war die Versorgung der arabischen Kriegsparteien mit Nachschub über die russische Luftbrücke. In Wirklichkeit ging es weniger aufgeregt zu, aber wesentlich erschrecken-
der.
Sonntagmittag, am 7. Oktober – der Krieg war eben erst 22 Stunden alt –, ließ sich der englische Botschafter in Ägypten, Sir Philip
Adams, in seinem Rolls Royce in den Kairoer Vorort Heliopolis

fahren, um Präsident Sadat in dessen Kriegsresidenz im Tahra-Palast seine Aufwartung zu machen. Er traf den Präsidenten, wie er lässig gekleidet, die Pfeife im Mund, aus dem großen Fenster in die Palastgärten schaute. Er machte eine kurze Bemerkung über die Aussicht, wonach eine längere Pause eintrat, die Sadat schließlich mit der heiter gestellten Frage beendete: »Nun, was gibt es Neues?« Adams hatte ihn kaum jemals so gelockert gesehen.

Der Botschafter war durch endlose Fernschreiben darüber unterrichtet worden, daß alle Welt sich um eine Feuereinstellung bemühte. Der britische Botschafter bei den Vereinten Nationen, Sir Donald Maitland, drängte jeden, der ihm zuhören wollte, und viele, die das nicht wollten, die Einberufung des Sicherheitsrates zu verlangen. Auch Nixon und Kissinger wollten diesen Schritt. Da Großbritannien der eigentliche Erfinder der Resolution 242 war, glaubte man, Maitlands Aussichten, die arabischen Staaten zur Annahme eines Waffenstillstands zu bewegen, wären größer als die anderer Diplomaten. Der britische Außenminister, Sir Alec Douglas-Home, hielt sich bereit, nach New York zu fliegen. Alles war vorbereitet. Als er nun dem Mann gegenübersaß, auf den sich all diese Aktivität bezog, formulierte Adams behutsam die entscheidende Frage: Ob Sadat ein Interesse daran hatte, daß der Sicherheitsrat eine Resolution mit dem Ziel der Verhängung einer sofortigen Feuereinstellung verabschiedete. Sadat erwiderte kurz und fast barsch, das wäre ausgeschlossen. Mit wenigen Sätzen umriß der Staatspräsident seinen Standpunkt: Ägypten wird einer Feuereinstellung nur zustimmen, wenn damit eine Regelung auf lange Sicht zwingend verbunden ist. Die einzige akzeptable Grundlage einer solchen Regelung ist die Annahme der Resolution 242 durch Israel, und zwar in der Fassung, die für die arabischen Länder Gültigkeit hat. Weiter wollte Sadat über dieses Thema nicht sprechen.

Der Rest der Woche verging bei den Vereinten Nationen damit, daß die Diplomaten das Problem wieder einmal von allen Seiten beleuchteten. Was war von der »konstruktiven Mehrdeutigkeit« zu halten, wie die britische Delegation bei den UN einigermaßen selbstzufrieden den Teil der Resolution kennzeichnete, der sich mit den besetzten Gebieten befaßte? Konnten Indien und Jugoslawien gemeinsam eine akzeptable Friedenstruppe der UNO auf die Beine stellen? Welche internationalen Garantien seiner Sicherheit könnten für Israel akzeptabel sein: eine gemeinsame Garantie der Supermächte, ein Bündnis mit Amerika? Unausgesprochen stand im Mittelpunkt aller Erörterungen die Frage: wie kann man Israel dazu zwingen, jetzt sofort die Resolution 242 anzunehmen? Und das wiederum hing von der Beantwortung einer anderen Frage ab: Wird Amerika den Israelis Nachschub liefern?

Kissingers spätere Darstellungen seines diplomatischen Eingreifens in den Krieg beginnen sämtlich mit einem Telefongespräch, das ihn um sechs Uhr früh in New York – in Israel war es 12 Uhr mittags – an jenem Samstag erreichte, als der Krieg ausbrach. Wir haben allerdings schon gesehen, daß Kissinger in Wahrheit schon einige Tage früher sehr intensiv mit dieser Angelegenheit befaßt gewesen war – als der amerikanische Botschafter in Israel Frau Meïr davon abhielt, einen Präventivschlag zu führen, sah er sich genötigt, amerikanische Nachschublieferungen mindestens in Aussicht zu stellen.

Kissinger war davon jedoch nicht beeindruckt. Am 26. Oktober erläuterte er taktvoll: »Während der Krise war der Präsident davon überzeugt, daß wir es im wesentlichen mit zwei Aufgaben zu tun hatten. Zum einen galt es, die Feindseligkeiten so rasch wie möglich zu beenden. Dies mußte aber – und das war der zweite Punkt – in einer Weise geschehen, die es uns ermöglichen würde, dazu beizutragen, jene Umstände zu beseitigen, die bereits viermal in den vergangenen 25 Jahren zwischen Arabern und Israelis zum Krieg geführt haben.« Weniger verblümt ausgedrückt heißt das, Kissinger wollte eine begrenzte israelische Niederlage. Dabei kam es darauf an, den optimalen Umfang dieser Niederlage festzulegen; sie mußte groß genug sein, um die Araber zufriedenzustellen; gering genug, um den Russen keinen Vorwand für Siegespropaganda zu geben; ernüchternd genug, um die Israelis an den Verhandlungstisch zu treiben; bescheiden genug, um zu verhindern, daß die israelische Regierung unter Golda Meïr von unnachgiebigen Rechten hinweggefegt wurde.

In Verfolgung dieser Strategie verweigerte Kissinger den Nachschub an Waffen. Am 7. Oktober um 14.20 Uhr erhielt die israelische Mission in New York ein verschlüsseltes Telegramm von der israelischen Botschaft in Washington, das besagte, die amerikanische Antwort auf das erste israelische Ersuchen um Waffenhilfe sei negativ. Darin waren sich die amerikanischen Regierungsmitglieder fast alle einig, wenn auch aus unterschiedlichen Gründen. Kissinger wünschte eine Niederlage der Israelis. Die amerikanischen Nachrichtendienste prophezeiten in dieser ersten Kriegswoche jedoch einen schnellen israelischen Sieg; daher war in beiden Fällen die Lieferung von Waffen nicht angebracht. Kissinger sagte später zu Mohammed Heikal, dem Herausgeber von *Al Ahram*: »Alle unsere Experten waren der Meinung, die Israelis würden Sie zusammenschlagen, falls Sie einen Krieg anfingen. Als der Krieg dann ausbrach, stellte sich heraus, daß unsere Experten sich geirrt hatten. Trotzdem glaubten wir weiter daran, daß unsere Berechnung hinsichtlich des Kriegsausganges richtig war.«

Am Montag, dem 8. Oktober, befürwortete Kissinger immer noch einen Waffenstillstand auf der Grundlage des Rückzugs auf die Stellungen von vor dem 6. Oktober. Dieser Vorschlag, der einzig von den Arabern den Rückzug verlangt hätte, war so lächerlich, daß man nur vermuten kann, er habe auf einem völligen Mißverständnis dessen beruht, was in diesem Krieg vorging. Kissinger hat das später Heikal gegenüber bestätigt: »Ich war der Meinung, dies läge weniger im Interesse Israels als in Ihrem Interesse.« Am späten Montag hat Kissinger wohl nicht mehr an den schnellen Sieg der Israelis geglaubt. Der israelische Botschafter in Washington, Dimitz, telegrafierte jedenfalls nach einer Zusammenkunft mit Kissinger an seine Mission in New York, das Ersuchen um Waffenlieferung sei zwar negativ beantwortet worden, doch habe Kissinger auch gesagt: »Es gibt da noch eine Möglichkeit.«

Am Nachmittag sah es so aus, als wollten die Russen sich höchstpersönlich zugunsten ihrer arabischen Schützlinge in die Kampfhandlungen einmischen. Daß die russischen Berater rechtzeitig evakuiert worden waren, deutete bereits darauf hin, daß die Russen über den Angriff informiert gewesen waren. Der Start eines zweiten Aufklärungssatelliten vom Typ COSMOS am 6. Oktober wies in die gleiche Richtung. Am Montag ermunterte Parteichef Breschnew überdies weitere arabische Staaten wie den Irak zur Teilnahme am Krieg. Am meisten beunruhigte, daß eine Analyse des russischen Frachtschiffverkehrs vom Schwarzen Meer durch die Dardanellen den Schluß nahelegte, es handelte sich um russische Nachschubtransporte.

Kissinger vertraute nach wie vor auf seine »Struktur des Friedens«, die er mit Mühe und Not zusammengebastelt hatte. Damit meinte er hauptsächlich die Entspannung im amerikanischen Verhältnis zu Rußland und zu China. Mit dem russischen Botschafter in Washington, Dobrynin, verstand er sich gut. Dem malte er nun aus, welchen Schaden die gegenseitigen Beziehungen nehmen müßten, wenn die Supermächte in diesen Krieg hineingezogen würden. Später drückte er das so aus: »Wir haben auch alle anderen Parteien gedrängt…, bei ihren diplomatischen Bemühungen zu beachten, daß es nicht so sehr darauf ankommt, vor diesem oder jenem Forum Augenblickserfolge zu erzielen, sondern mehr darauf, dauerhafte Beziehungen zu unterhalten…« Kissinger nutzte dann die Gelegenheit einer seit längerem geplanten Ansprache vor einer Friedensorganisation, um an diesem Montag öffentlich zu mahnen: »Die Entspannung kann unmöglich verantwortungsloses Handeln auf irgendeinem Gebiet überleben, und dazu zählt auch der Nahe Osten…« Sadats Plan lief aber gerade darauf hinaus, die Supermächte hineinzuziehen – man weiß allerdings nicht, wie weit die Sowjetunion diese seine Absicht durchschaute.

Alle Veröffentlichungen sind sich bislang darin einig, daß Nixon als Antwort auf den am 9. Oktober begonnenen umfangreichen Transport von Nachschubgütern über die russische Luftbrücke vier Tage später widerstrebend einem vergleichbaren amerikanischen Luftnachschub zustimmte. In Wahrheit liegen die Verhältnisse weniger klar. Am 9. Oktober übte die jüdische Lobby bereits enormen Druck auf Nixon aus, allen voran jene Gruppe von Senatoren, die von Jacob Javits (New York) geführt wurde. Dieser Druck hatte Erfolg. Am Dienstag um 19.10 Uhr traf bei der israelischen Mission noch ein verschlüsseltes Telegramm der Botschaft in Washington ein, in dem es hieß, Botschafter Dimitz hätte von Präsident Nixon selbst die Zusage für Waffenlieferungen erhalten.

Am wahrscheinlichsten ist, daß Nixon und Kissinger uneins waren, daß Nixon dem innenpolitischen Druck nachgab, während Kissinger noch versuchte, die Nachschublieferungen als einen Hebel anzusetzen, mit dem er Israel Zugeständnisse abnötigen wollte. Denn die amerikanische Regierung schlug nun zwei gegenläufige Kurse ein: Zum einen versuchte man, den Israelis einen Waffenstillstand aufzuzwingen, zum anderen setzte man gleichzeitig haarsträubende Gerüchte über das Ausmaß der russischen Luftbrücke in Umlauf, die unvermeidlich den Druck vergrößern mußten, den die jüdische Lobby ausübte.

Die russische Luftbrücke nach Syrien nahm am Mittwoch an Umfang zu. Riesige Luftfrachter vom Typ Anatow 12 landeten auf dem Militärflughafen nordöstlich von Damaskus nahe den römischen Ruinen von Palmyra. Maschinen vom Typ Anatow 22 mit größerer Reichweite flogen bis nach Kairo. Israelischen Quellen zufolge brachten sie hauptsächlich Raketen vom Typ SAM-6. Die amerikanische Regierung gab in Washington eine geradezu grotesk übertriebene Schilderung dieser Luftbrücke; man behauptete, es handele sich um täglich 70 Transportflugzeuge, aus denen am Freitag bereits hundert geworden waren. Tatsächlich wurden von der Luftkontrolle in Zypern, dessen Luftraum die nach Ägypten bestimmten russischen Maschinen durchfliegen mußten, bis zum 12. Oktober um 15 Uhr keine anormalen russischen Flugzeugbewegungen festgestellt; dann allerdings bat ein wahrer Schwarm russischer Piloten um Erlaubnis, Zypern in 9000 Meter Höhe zu überfliegen. Sämtliche Piloten behaupteten, zur *Aeroflot* zu gehören, sie benutzten aber militärische Kehlkopfmikrofone. Freitagabend erreichte der Luftverkehr seinen Höhepunkt mit 18 Maschinen pro Stunde; in den ersten 24 Stunden waren es insgesamt 60 Flüge über Zypern. Als die *Sunday Times* das Pentagon auf den Widerspruch zwischen diesem Beweismaterial und den amerikanischen Behauptungen hinwies, machte ein Sprecher des Verteidigungsministeriums fehlerhafte nachrichtendienstliche Erkenntnisse dafür verantwortlich und gab zu, »daß die russische Luftbrücke nicht ganz so umfangreich war, wie wir anfangs glaubten«. Die berichtigten Schätzungen sprechen jetzt von 25–30 Maschinen pro Tag, doch als psychologische Vorbereitung auf die Errichtung einer amerikanischen Luftbrücke nach Israel bewährten sich die Übertreibungen vorzüglich. Am 10. Oktober startete eine Boeing der EL AL mit übermalten Markierungen vom Marineflughafen Oceana in Virginia, beladen mit Bomben und Luftraketen für Israel.

Während die Supermächte so einem Konflikt immer näherrückten, hätte Kissinger beinahe erreicht, was er wollte. Er brachte Israel dazu, sich mit Bedingungen für einen Waffenstillstand einverstanden zu erklären, die Ägypten den Sieg bescheinigt hätten. Sadat lehnte dieses Angebot jedoch ab.

Kissinger hat Heikal später die erste Hälfte seines Unternehmens geschildert: »Mein Vorschlag lief darauf hinaus, daß die Parteien bei Eintreten der Waffenruhe in ihren damaligen Stellungen verbleiben sollten... ich glaube, es war am 10. Oktober... es war gar nicht einfach, den Israelis eine Waffenruhe entlang der Stellungen vom 10. oder 11. Oktober schmackhaft zu machen. Sie sträubten sich sehr, denn sie meinten, sie hätten nun mobilisiert und könnten dem Kriegsverlauf eine andere Richtung geben. Am Ende gaben sie dann aber nach.« Am Freitag, dem 12. Oktober, war Israel wirklich bereit, um Waffenstillstand zu ersuchen; der Golan war wiederum in seinem Besitz, doch die Ägypter standen beiderseits

des Kanals. Der russische Botschafter Dobrynin sagte nach Rück-
fragen in Moskau zu Kissinger, die Russen erwarteten mit Gewißheit, daß auch Sadat mit diesen Bedingungen einverstanden wäre.
Diese Fehleinschätzung führte im folgenden zu einem fürchterlichen Krach zwischen den USA und Großbritannien.

Am späten Nachmittag jenes Freitag erläuterte Kissinger dem britischen Botschafter in Washington das Übereinkommen, das er
mit Israel getroffen hatte. Er war sich mit Dobrynin darin einig,
daß England nunmehr im UN-Sicherheitsrat einen Waffenstillstand vorschlagen sollte, der zunächst einmal von der Lage ausging, wie sie in der Nacht vom 10. auf den 11. Oktober im Kriegsgebiet tatsächlich war, und der für die Zukunft die Annahme der
Resolution 242 durch alle Kriegsparteien in Aussicht stellte. Amerikaner und Russen würden diesen Vorschlag sofort unterstützen.
Israel würde sich einverstanden erklären und im Golan auf die
Waffenstillstandslinien von 1967 zurückziehen, die in der Nacht
vom 10. auf den 11. Oktober schon zurückerobert waren. Nach
Auskunft der Russen würde Sadat sich dann bereit erklären, seine
Streitkräfte im Sinai anzuhalten. Die Engländer sollten sich nun
bitte in diesem Sinne beeilen.

In London war es unterdessen fast Mitternacht, und im Außenministerium las man voller Staunen diesen Vorschlag. Die Engländer
hatten sich bemüht, die neugeknüpften Beziehungen zu Ägypten
dadurch haltbarer zu machen, daß sie Israel keine Waffen lieferten.
Man hatte also keine große Lust, Sadat mit einem Waffenstill-
standsvorschlag zu ärgern, auf den er sich, wie man wußte, nicht
einlassen wollte. Schließlich hatte Adams wiederholt aus Kairo berichtet, daß Sadat, den er während des Krieges häufig traf, einem
Waffenstillstand nur dann zustimmen wollte, wenn dieser Teil einer langfristigen Regelung war. Nun behauptete Kissinger das Gegenteil. Es galt also vor allem, in Kairo nachzufragen, was denn
nun zutraf.

Adams mußte also um vier Uhr früh am Samstag neuerdings zum
Tahra-Palast aufbrechen. Sadat war im Schlafanzug, aber hell-
wach. Er hatte soeben den russischen Botschafter Winogradow
verabschiedet, der sich anfangs geradezu euphorisch über den
Krieg geäußert hatte: »Ich habe in Kairo gute und schlechte Zeiten
erlebt, dies aber ist der größte Augenblick von allen.« Einigermaßen ernüchtert versuchte er jedoch, Sadat zu überreden, die Bedingungen anzunehmen, die Rußland soeben mit Kissinger ausge-
knobelt hatte. Ebenso wie Kissinger argumentierten die Russen:

Ägypten hätte nun seine politischen Ansprüche unmißverständlich angemeldet, und die Supermächte würden eine langfristige Regelung erzwingen. Sadat wies diesen Vorschlag ärgerlich zurück, weil er keinerlei Garantien enthielt. Als Adams eintraf, schimpfte Sadat immer noch auf Winogradow. Adams eigene Einschätzung von Sadats Standpunkt wurde nach knapp einer Minute bestätigt.

Einige Stunden später überreichte die britische Botschaft in Washington ihre Antwort an Kissinger: Es sei sinnlos, auf seinen Vorschlag einzugehen, denn Sadat wolle die Bedingungen nicht annehmen. Kissinger explodierte – »Er benahm sich wie der typische deutsche Westentaschendiktator«, bemerkte man herablassend in England. Wie konnten die Engländer sich unterstehen, dem zu widersprechen, was Kissinger von den Russen erfahren hatte?

Das Foreign Office schickte Adams also wiederum zu Sadat, diesmal um 16 Uhr. Sadat fand das augenscheinlich sehr lustig, er ließ sich aber nicht erweichen. Am Abend versammelte Premierminister Heath seinen Außenminister Douglas-Home und einige außenpolitische Berater zu einer Besprechung auf seinem Landsitz Chequers. Es ging nicht nur darum, dem Krieg im Nahen Osten ein Ende zu machen, sondern auch darum, die Differenzen zwischen England und Amerika beizulegen.

Man kam zu dem Resultat, daß England keine andere Wahl hatte, als Kissingers Plan auch weiterhin als unrealisierbar abzuweisen. Die USA würden dann zweifellos mit der Nachschublieferung an Israel beginnen, und da auf dem amerikanischen Luftstützpunkt Mildenhall in Suffolk, also auf englischem Boden, ein Geschwader von Transportflugzeugen stationiert war, war die Wahrscheinlichkeit groß, daß die Amerikaner die Maschinen ihrer Luftbrücke nach Israel auf diesem Platz zwischenlanden lassen wollten. Ferner war nicht auszuschließen, daß die Amerikaner um die Erlaubnis ersuchen würden, den großen britischen Luftstützpunkt Akrotiri auf Zypern zu benutzen. In beiden Fällen würde das die Beziehungen Großbritanniens zu den Arabern ruinieren. Bei dem Treffen in Chequers wurde wohl beschlossen, daß England den Maschinen der amerikanischen Luftbrücke nach Israel kategorisch verbieten würde, auf einem dieser Plätze zu landen.

Die Engländer behaupten nun, die Amerikaner hätten tatsächlich niemals um die entsprechende Erlaubnis ersucht. Die Amerikaner ihrerseits rechnen diese Behauptung nur zu den zahllosen weiteren »Mißverständnissen« des Krieges. Nach dem Fiasko mit seinem Vorschlag für eine Feuereinstellung mag Kissinger tatsächlich so wütend gewesen sein, daß er auf englische Hilfe überhaupt verzichtete.

Diese vorsichtige Haltung der Engländer fand überall in Europa ihr Echo. Keine europäische Regierung konnte sich der Tatsache verschließen, daß am dritten Kriegstag ein Ministerrat in Kuweit verlautbart hatte, man wollte eine Zusammenkunft arabischer Ölproduzenten einberufen, um die Rolle zu erörtern, die das Öl im gegenwärtigen Konflikt spielen konnte. Tags darauf berieten Ölexperten aus Ägypten und Saudi-Arabien bereits darüber, wie man »die Ölwaffe« anwenden könnte. Europa bezog immerhin mehr als 70 Prozent seines Öls aus arabischen Ländern. Die Amerikaner mußten schließlich ihre Luftbrücke nach Israel über den Stützpunkt abwickeln, den sie bei den Azoren von Portugal gepachtet hatten. Für dessen Benutzung verlangte auch Portugal einen Preis: Die USA sollten helfen, den Druck zu mindern, mit dem die UNO versuchte, eine Änderung der portugiesischen Kolonialpolitik in Afrika zu erzwingen. Es blieb Washington nichts anderes übrig, als darauf einzugehen. Wirklich zum Lachen war, daß man in Washington nur Tage zuvor erwogen hatte, diesen Luftstützpunkt bei den Azoren endgültig aufzugeben.

Am Samstag, dem 13. Oktober, begann die amerikanische Luftbrücke zu funktionieren, eine wahre Erleichterung für das Personal auf den amerikanischen Luftstützpunkten, das man einer parlamentarischen Quelle zufolge seit Dienstag schier zum Wahnsinn getrieben hatte mit Anweisungen folgender Art: »Bereiten Sie die Verladung dieser und jener Gegenstände vor, Genaues wissen wir aber noch nicht. Wir wissen auch nicht, ob unsere Maschinen diese Fracht fliegen.« Man erwog nämlich noch, ob man nicht ein getarntes Nachschubunternehmen starten könnte. Nachschub in dem Umfang, wie Israel ihn benötigte, ließ sich jedoch einfach nicht unkenntlich machen, und der amerikanische Verteidigungsminister Schlesinger überzeugte seine Kollegen schließlich davon, daß die offene Versorgung mit Nachschub die einzig vernünftige Politik war.

Als Kissinger das Trümmerfeld seiner wochenlangen Bemühungen überblickte, bot sich ihm doch ein Trost, wenn auch ein geringer. Diese ganze Woche hindurch hatte König Hussein von Jordanien sich zu nichts entschließen können, bis er »sich in seine Gefühle rettete, in den arabischen Nationalismus, der immer zum Vorschein kommt, wenn Hussein sich überfordert fühlt«, wie ein

Beobachter bemerkte. Er beschloß also am Sonnabend Jordaniens Beteiligung am Krieg, doch konnte Kissinger für sich in Anspruch nehmen, daß er den König immerhin dazu gebracht hatte, diesen Entschluß drei Tage zu verschieben. Und als Hussein bekanntgab, seine Truppen wären an die Golan-Front abgerückt, unterschied er noch gewissenhaft zwischen »der Verteidigung eines jeden Meters heiligen Heimatbodens« und einem Angriff auf Israel. Die Truppen, die er schickte, waren jedoch seine besten: die 40. Panzerbrigade, die trotz dieser Nummer eine von nur zweien ist, die Jordanien besitzt, die aber mit Centurion-Panzern ausgerüstet und vorzüglich ausgebildet ist. Die Israelis empfanden eine gesunde Hochachtung vor ihr. Hussein riskierte dabei, daß die Israelis in Versuchung kamen, Jordanien zu bombardieren, wenn die Brigade in der Schlacht zu große Erfolge erzielte.

Am Samstagabend erwähnte Golda Meïr im Fernsehen nichts davon, daß Israel demütigenden Waffenstillstandsbedingungen zugestimmt hatte, die dann auch noch von Sadat zurückgewiesen wurden. Rückblickend darf man vermuten, daß sie von Kissingers Mißerfolg doch so beeindruckt war, daß sie sich alle Mühe gab, deutlich zu machen, daß Israel zu Verhandlungen bereit war. Wenn die Araber einen Waffenstillstand vorschlagen, »werden wir uns schon Minuten später im Kabinett zusammensetzen und einen Entschluß fassen«, sagte sie. Sie deutete sogar an, daß Israel eine gewichtige Konzession gemacht hatte, als sie einen verschleierten Hinweis darauf fallen ließ, daß man auch dann einem Waffenstillstand zustimmen würde, wenn Ägypten beiderseits des Kanals bliebe. Die letzten Illusionen dürften ihr allerdings vergangen sein, als sie in der neuesten Ausgabe von *Al Ahram*, dessen Herausgeber Heikal sehr wahrscheinlich über Kissingers neueste Vorschläge informiert war, lesen mußte: »Das nächste Ziel der ägyptischen Truppen ist es, Israel möglichst große Verluste beizubringen.«

Damit endete die erste Woche des Krieges – und damit verspielte Sadat einen großen militärischen Sieg. Kissinger erinnerte sich später: »Der erste Versuch, einen Waffenstillstand herbeizuführen, mißlang am Sonnabend, dem 13. Oktober, aus mehreren Gründen; nicht zuletzt darum, weil einige der kriegführenden Parteien die militärische Lage nicht richtig einschätzten.«

Die zweite Woche

Israel setzt auf Angriff

Die große Panzerschlacht

Am 14. Oktober trat das israelische Kabinett zusammen, um die militärische Lage und die Finanzen zu beraten. In einer Sitzungspause schickte man Glückwünsche an David Ben-Gurion zu seinem 87. Geburtstag, an den Mann, der Israel durch den Unabhängigkeitskrieg von 1948–49 geführt hatte (und der dann am 9. Dezember 1973 starb). Mehr als einem der anwesenden Minister kam der Gedanke, daß der gegenwärtige Krieg mehr Ähnlichkeit mit jener ersten großen Krise des Staates Israel hatte als mit den schnellen und siegreichen Feldzügen der Jahre 1956 und 1967. Auch damals hatte man am Tage des Versöhnungsfestes kämpfen müssen.

Allerdings darf man diesen Vergleich nicht zu weit treiben. Das heutige Israel ist ein sehr viel mächtigeres Gebilde als das Israel jener 650000 Juden, die sich 1948 sechs arabischen Armeen gegenüber sahen und zu ihrer Verteidigung kaum mehr aufzubieten hatten als einen Beschluß der Vereinten Nationen. »Dies wird ein Ausrottungskrieg«, prophezeite damals Azzam Pascha von der Arabischen Liga. Man werde davon sprechen »wie von den Massakern der Mongolen oder von den Kreuzzügen«. 1973 waren solche Töne zu Beginn des Krieges nicht einmal von den palästinensischen Guerillas zu hören, geschweige denn von den Präsidenten Sadat oder Assad.

Die Ähnlichkeit lag vielmehr darin, daß Israel diesmal keine spektakulären Siege bei minimalen eigenen Verlusten gegen einen desorganisierten Gegner errang, sondern einen gut koordinierten Angriff der Araber erlebte und schwere Verluste beim Zurückwerfen dieser Angriffe in Kauf nehmen mußte. An diesem zweiten Sonntag des Krieges gab das Verteidigungsministerium bekannt, daß bislang 656 israelische Soldaten gefallen wären. (Später erwies sich diese Angabe als zu niedrig, denn mindestens hundert als vermißt gemeldete Soldaten waren tot.) Diese Zahl ist im Vergleich zu den 8000 Gefallenen im Unabhängigkeitskrieg immer noch klein, doch jener Krieg dauerte über ein Jahr, während die eingestandenen 656 Toten Opfer von acht Tagen eines im wesentlichen defensiv geführten Krieges waren.

Man darf wohl sagen, daß an David Ben-Gurions Geburtstag der Staat, den er ins Leben gerufen hatte, eine der schwersten Krisen in seiner kurzen und stürmischen Geschichte durchmachte. Immerhin war dies auch der Tag, an dem sich das Kräfteverhältnis – zumindest auf militärischem Gebiet – zuungunsten der Araber zu verschieben begann. Die Kampfkraft der Syrer an der Golanfront war unwiderruflich gebrochen, und der heftigste Vorstoß der Ägypter in Sinai wurde soeben zurückgeschlagen.

»Im Namen Allahs, des Gnädigen und Barmherzigen«, begann Radio Kairo am Sonntagmorgen seinen Frontbericht. »Um sechs Uhr heute früh haben unsere Streitkräfte planmäßig mit der Offensive in Richtung Osten begonnen... Unsere Panzer und motorisierten Einheiten dringen auf der ganzen Front erfolgreich vor.« Der ägyptische Angriff, der beim Morgengrauen nach anderthalbstündigem Artilleriebeschuß begann, sollte die entscheidende Kraftprobe der Panzerkräfte auf der Sinaihalbinsel einleiten. Wie die israelische Führung vermutet hatte, stießen die Ägypter aus ihrem Brückenkopf heraus vor und boten, wie von Gonen und Bar-Lev vorausgesagt, den israelischen Panzerkanonieren die ersehnten Ziele.

Der Angriff erfolgte nicht nach einer Kampfpause, denn seit dem ersten Tag war mehr oder weniger ununterbrochen gekämpft worden, aber er bedeutete eine dramatische Steigerung der ägyptischen Offensive. Seit drei Tagen drängten Panzer und Infanterie über die Pontonbrücken ans Ostufer des Kanals, um die entscheidende Konfrontation vorzubereiten. Verläßliche Schätzungen besagen, daß am Donnerstag, Freitag und Samstag weitere 500 Panzer auf die Sinaihalbinsel übersetzten, so daß dort schließlich mehr als tausend ägyptische Panzer standen. Gleichzeitig verlegten die Israelis ihre Panzer über die Sinaipässe nach Westen, und zwar um so mehr, je schwächer die Bedrohung durch Syrien wurde.

Am Nachmittag des 13. Oktober, einem Sonnabend, konnten die westlich vom Gidi-Paß und Mitla-Paß in Stellung gegangenen Israelis eine riesige Staubwolke beobachten, die von Suez in Richtung Norden den Kanal entlang wanderte. Die Achse des ägyptischen Angriffes vermuteten sie in der Gegend der Seen.

Verläßlich sind die Angaben beider Seiten über die Zahl der bei den Kämpfen vom Sonntag beteiligten – und zerstörten – Panzer nicht.

Die Israelis behaupten einigermaßen überzeugend, es seien mehr als jene 1600 britischen, deutschen und italienischen Panzer gewesen, die im gleichen Monat des Jahres 1942 an der Schlacht von El Alamein, 200 Meilen jenseits von Kairo, teilnahmen.

Ein Veteran von El Alamein hätte viele vertraute Bilder auf dem Schlachtfeld im Sinai wiedergefunden, ganz abgesehen einmal von der Ähnlichkeit des sandigen, leicht welligen Terrains. Die ballistischen Computer, die in manchen israelischen Panzern installiert waren, hätten ihn vielleicht erstaunt, doch insgesamt hätte er wohl gefunden, daß die Spielregeln sich im Lauf von 31 Jahren kaum geändert hatten. Gelegentlich hätte er sogar einen ›Super-Sherman‹ zu Gesicht bekommen, im wesentlichen das gleiche Modell, das Montgomery bei El Alamein benutzt hat, nur neu bestückt und neu motorisiert. Bei den Ägyptern hätte er einige T-34 entdeckt, wie sie im Zweiten Weltkrieg verwendet wurden, und die T-55 und T-62 mühelos als deren Nachfahren erkannt. Daß die israelischen Verbände im Kampf so deutlich überlegen waren, verdankten sie nicht einem prinzipiellen waffentechnischen Vorsprung, sondern vielmehr den Verbesserungen, die sie im Lauf der Jahre an den westlichen Panzern vorgenommen hatten, und der Geschicklichkeit, mit der sie diese Vorteile zum Einsatz brachten.

Man betrachtet die Panzerwaffe gern als Nachfolger der Kavallerie und stellt sich daher eine Panzerschlacht als brausende Kavallerieattacke vor, vermischt mit einer etwas altmodischen Seeschlacht – etwa so: Panzerflotten jagen quer durch die Wüste und feuern dabei Breitseiten aufeinander ab. In Wahrheit geht es dabei viel weniger pittoresk zu. Im Gefecht kriechen die Panzer mühsam durchs Gelände, und fast nie feuern sie im Fahren. Panzergefechte ähneln mehr einem brutalen Schachspiel, bei dem die Gegner sich bemühen, vorübergehend eine vorteilhafte Position zu besetzen, von wo sie dann aus dem Stand überraschende und möglichst nicht zu erwidernde Schläge austeilen.

Panzer sind eine bizarre Mischung von brutaler Kraft und mechanischer Anfälligkeit, weil in ihnen die Möglichkeiten der Technik auf die Spitze getrieben werden müssen. Allein einen schnellen Raupenschlepper zu bauen, der Panzenplatten tonnenweise tragen kann und doch manövrierfähig bleibt, ist ein Kunststück. Darüber hinaus muß er aber noch eine Kanone transportieren, deren Rückstoß dem Fahrzeug jedesmal einen Schlag mit einer Wucht von 50 Tonnen, also in der Größenordnung seines eigenen Gewichts, versetzt. Fügt man dann noch Funkgerät, Bordverständigung, Lenk-hilfen, Entlüftungsanlage und ähnliches hinzu, wird die Pannen-anfälligkeit erheblich. Die US-Armee hat errechnet, daß ihr M-48, der Patton-Panzer, eines der in der israelischen Armee häufigsten Modelle, nach jeweils 36 Meilen Marschleistung in die Werkstatt muß. Man sieht: Mit Panzern kann eigentlich nur eine Armee von spezialisierten Technikern umgehen, und dieser Umstand war für die Israelis von großem Vorteil.

Die Taktik des Panzerkampfes wird unter anderem von folgender Faustregel bestimmt: Die Panzerung kann nie so stark sein, daß der Panzer jederzeit geschützt ist. Gewöhnliche panzerbrechende Munition durchschlägt – auf kurze Entfernung abgefeuert – eine Panzerplatte, die doppelt so stark ist wie das Kaliber des Geschos-ses. Da die Kanone eines T-55 eine Granate mit einem Kaliber von etwa 10cm verschießt, kann sie auf kurze Entfernung eine 20cm starke Panzerung durchschlagen. Die stärkste Panzerplatte am Centurion, einem ungewöhnlich soliden Tank, ist etwas mehr als 15 cm dick; wesentlich dicker kann sie nicht sein, denn ein Panzer, der mehr als die 50 Tonnen des Centurion wiegt, wäre zu lang-sam.

Das bedeutet also: Jeder Panzer, der in der richtigen Position steht, kann jeden anderen Panzer vernichten, auch einen, der ihm theo-retisch überlegen ist. Die Durchschlagskraft nimmt selbstver-ständlich bei zunehmender Entfernung ab, und auf etwa 1500m dürfte so gut wie jede von einem T-55 verschossene Granate von den Schrägen der Panzerung des Centurion abgelenkt werden. Der beste Schutz ist aber nicht Entfernung, sondern Unsichtbarkeit. Eine Bodenwelle von, sagen wir, 3m Höhe, die dem flüchtigen Be-obachter weiter nicht auffällt, verbirgt einen Panzer von den Rau-pen bis zur Turmluke.

Der geschickte Panzerführer läßt seine Fahrzeuge die toten Winkel des Schlachtfeldes, also alle Unebenheiten des Terrains, so gut aus-nützen, daß sie ihre Angriffspositionen erreichen, ohne vom Geg-ner bemerkt zu werden. Im Idealfall stehen sie dann plötzlich vor dem Horizont wie Indianer im Western, feuern schnell eine ver-nichtende Salve und verschwinden wieder in der Deckung. Weil auch das beste Periskop nur ein sehr beschränktes Blickfeld bietet, müssen die Kommandanten möglichst lange in der offenen Luke stehend fahren. Dadurch sind sie erheblich mehr gefährdet als ihre Fahrer, ihre Kanoniere und Ladeschützen innerhalb der Panze-rung. Die israelischen Kommandanten schließen die Luke trotzdem nur unter schwerem Artilleriebeschuß, wenn die Gefahr, von Splittern getroffen zu werden, tödlich geworden ist.

Zuhilfe kommt ihnen der Umstand, daß Centurion- und Patton-Panzer für die verdeckte Annäherung besser geeignet sind als die sowjetischen Panzer. Sie können ihre Kanone nämlich um 10 Grad unter die Horizontale senken, der T-55 und der T-62 aber nur um 4 Grad. Die Bedeutung dieses Vorteils wird klar, wenn man weiß, daß ein hinter einer Bodenwelle lauernder Panzer nach unten feuern muß, will er nicht auf ebenes Terrain herausfahren und sich damit in ganzer Größe dem gegnerischen Feuer aussetzen. Die arabischen Kommandanten der T-54 und T-55 mußten ferner ihre Kanonen nach Augenmaß richten, während die Richtschützen der Patton- und M-60-Tanks präzise, wenn auch empfindliche optische Zielgeräte hatten, mit deren Hilfe sie innerhalb von Sekunden auch ein entferntes Ziel genau anvisieren konnten. Die Kanoniere der Centurion-Panzer andererseits visierten ihr Ziel mit Leuchtspurmunition verschießenden Maschinengewehren an, was ihnen das zeitraubende Einschießen mit der Kanone ersparte. Zu diesem Vorteil der Israelis – der Zielgenauigkeit auf große Entfernung – kam noch die Überlegenheit der Munition. Während die Araber in ihren T-54 und T-55 gewöhnliche panzerbrechende Munition verschossen, die auf größere Entfernung nur mäßige Durchschlagskraft besitzt, waren fast alle israelischen Panzer mit den raffinierten APDS- und HEAT-Granaten versehen, die auch auf beträchtliche Distanz vernichtende Wirkung erzielen. Einzig die russischen T-62 waren den israelischen Panzern gewachsen, doch davon kamen trotz der russischen Lieferungen vor Kriegsbeginn nur wenige zum Einsatz.

Kurzum: die sowjetischen Panzer bewähren sich am besten im Gewühl und beim massierten Angriff, und eine solche Attacke unternahmen die Ägypter dann auch am frühen Sonntagmorgen. Ihre Erfolgsaussichten waren dabei keineswegs groß, doch blieb ihnen keine Wahl; sie mußten unbedingt aus dem beengten Aufmarschraum am Kanalufer heraus. Der Hauptstoß erfolgte in Richtung Gidi-Paß, und bevor die erste Angriffswelle losrollte, wurden die israelischen Stellungen mit Granaten und Bomben belegt.

Der Pilot eines israelischen Aufklärers sagte hinterher: »Unter uns flogen sehr niedrig vier MIG und feuerten ihre Raketen ab. Dann kamen vier Mirages, und wir freuten uns schon, sahen dann aber, daß es wieder Ägypter waren und daß sie unsere Panzer beschossen. Schließlich kamen israelische Phantomjäger und verjagten die

Mirages.« (Ägypten hatte selber keine Mirages; diese waren von Libyen ausgeliehen worden.)

Die Ägypter griffen am frühen Morgen aus dem noch dunklen Westen an, während die hinter den israelischen Panzern aufgehende Sonne deren Umrisse deutlich erkennen ließ. Man kann sich das grausige Bild leicht ausmalen: Eine gewaltige Staubwolke über Hunderten von Panzern, die sich schwankend durch den Sand wühlen, manchmal mit fast dreißig Stundenkilometern, dann wieder im weichen Boden fast zum Stillstand kommen; das Rasseln der Panzerketten, das Heulen der 600-PS-Motoren, das an- und abschwillt, wenn die schwitzenden Fahrer an den Hebeln hantieren; gelegentlich das dunkle Bellen einer Kanone, die von einem der vordersten Kampfwagen versuchsweise auf den flüchtig erscheinenden Umriß eines israelischen Panzers schießt. (Doch der kluge Panzerkommandant hebt seine 30 bis 40 vorrätigen Granaten für lohnende Ziele auf.) Und immer wieder über das Getöse der Ketten und Motore hinweg der scharfe Knall, mit dem Tungstenkerne die Panzerung durchschlagen, oder das bösartige Krachen, mit dem die HEAT-Granaten abgeschossen werden. Hier und dort sieht man Besatzungen aus getroffenen Panzern taumeln, doch ebensooft folgt auf den Einschlag einer Granate die orangefarbene Stichflamme explodierender Bordmunition, und der Qualm von brennendem Öl vermischt sich mit dem wirbelnden Staub. »Nach 10 Minuten hatten wir bereits 20 Scheiterhaufen angezündet«, sagte ein israelischer Panzerkommandeur später. »Die erste Welle durchquerte ein Wadi und kam dann südlich von uns auf ein Plateau.« (Vermutlich der Dschebel Schaifa, etwa auf halbem Wege zwischen dem Gidi-Paß und dem Kleinen Bittersee.) »Auf diesem Plateau stießen sie mit unseren Verbänden zusammen, und es kam zu einem schweren Gefecht. Nach einer Stunde etwa waren die meisten Feindpanzer vernichtet.

Danach herrschte zunächst einmal Ruhe. Es folgte ein Feuerüberfall der ägyptischen Artillerie, danach kam wieder eine Pause – und dann rollte die zweite Welle an. Es waren 145 Panzer, und als sie auf Schußweite herangekommen waren, setzte ich meinen ganzen Verband ein, und wir feuerten mit allem, was wir hatten.« Die Ägypter brachten dann Sturmgeschütze zur Unterstützung ihrer Panzer nach vorn. »Nachdem wir mit den Panzern fertig waren, nahmen wir uns ihre Artillerie vor.«

Die Schlacht wurde »auf beiden Seiten sehr erbittert geführt«. Der ägyptische Angriff erreichte mehrfach einen solchen Schwung, daß die Distanz sich erheblich verringerte, und dann wurden auch aus vielen israelischen Panzern »Scheiterhaufen«.

Die Israelis behaupten, sie hätten an diesem Tag 250 Panzer abgeschossen, viele davon in den ersten beiden Stunden. Schon um 7 Uhr Ortszeit meldete ein israelischer Militärsprecher, der Angriff sei »abgeschlagen«.

Die israelischen Kommuniqués waren in diesem Krieg viel weniger zuverlässig als im Sechstagekrieg. (In der »*Jerusalem Post*« konnte man folgenden Witz lesen: »Der Gegner hat von uns gelernt, wie man kämpft, und wir haben von ihm gelernt, wie man mit Informationen umgeht.«) Im allgemeinen waren die Kommuniqués gleichwohl mehr als bloße Schlachtfeldrhetorik. Kurz nach 6 Uhr Ortszeit meldete die ›Stimme der Araber‹ aus Kairo bemerkenswert aufrichtig, es seien in der Schlacht »mehr als hundert unserer Panzer getroffen worden«. Diese Passage, angeblich Teil des Kommuniqués Nr. 38 des ägyptischen Oberkommandos, wurde weggelassen, als die Sendung eine Stunde später wiederholt wurde. Daß sie überhaupt verlesen worden war, dürfte ein Beweis dafür sein, daß die Ägypter furchtbare Verluste gehabt hatten.

Einigt man sich auf halbem Wege zwischen der israelischen Behauptung und dem arabischen Eingeständnis, dann dürften nicht weniger als 175 ägyptische Panzer zerstört worden sein. Eine Panzerbesatzung besteht aus vier Männern. Geht man davon aus, daß in jedem zweiten getroffenen Panzer die gesamte Besatzung verloren ist, so bedeutet dies, daß an diesem Tag etwa 350 ägyptische Soldaten in oder unmittelbar neben ihren Panzern ums Leben kamen. Man darf wohl annehmen, daß die Ägypter ein Viertel aller eingesetzten Panzer verloren; ein niederschmetternder Verlust.

Die Kommandeure Ismail und Shasli wußten selbstverständlich, daß für den Panzerkampf wie für jede andere Form des Kampfes die Regel gilt, daß der taktische Vorteil bei den Verteidigern liegt, wenn das Überraschungsmoment fehlt. Um diesen Vorteil auszugleichen, bedarf es großer zahlenmäßiger Überlegenheit. Für gewöhnlich gilt, daß die Überlegenheit des Angreifers mindestens drei zu eins betragen soll, und nicht genug damit: Wo entscheidende Durchbrüche erzielt werden sollen, gilt es, durch geschicktes Manövrieren eine Überlegenheit von fünf zu eins herzustellen. Die Ägypter besaßen zum Zeitpunkt ihres Angriffs höchstens eine Überlegenheit von zwei zu eins, und wenn man die technische Unterlegenheit ihrer Panzer in Rechnung stellt, hatten sie vermutlich überhaupt keine. Und doch mußte der Angriff vorgetragen werden, weil die ägyptischen Brückenköpfe nicht wie geplant 30 km sondern nur gegen 14 km tief und damit zu klein waren, um verteidigt werden zu können. Auch in der Verteidigung brauchen Panzer Bewegungsraum, wenn sie wirksam sein sollen, die Panzerung allein ist nicht genug. »Wer stehen bleibt, ist erledigt«, sagt der englische Militärhistoriker Kenneth Macksey. Und während die Ägypter sich nicht von der Stelle rühren konnten, hatten die Israelis, die fast den gesamten Raum zwischen dem Gebirgsrand und dem Suezkanal beherrschten, genügend Manövrierraum, um nach Belieben auszuweichen oder Gegenangriffe zu führen.

Für die Ägypter stellte sich die Lage so dar: Das Abflauen der Kampftätigkeit an der syrischen Front würde es den Israelis ermöglichen, mehr und mehr Panzer nach Sinai zu bringen. Wenn die Ägypter davon ausgingen, daß die syrische Armee demnächst bewegungsunfähig sein würde und wenn sie dazu die legendäre Tüchtigkeit der israelischen Panzerwerkstätten einkalkulierten, mußten sie damit rechnen, innerhalb weniger Tage 1 200 feindlichen Panzern gegenüber zu stehen.

Ismail wollte nicht angreifen. »Wir wurden zu einer großen Offensive gezwungen, ehe die Zeit dafür gekommen war«, sagte er später. »Wir taten es, um die syrische Front zu entlasten.« Er hätte vorgezogen, sich »auf die Brückenköpfe zu beschränken und diese so zu befestigen, daß sie wie Felsen dagestanden hätten, an denen die Gegenangriffe des Feindes zerschellt wären«. Doch das Gegenargument von Shasli lautete: »Unser Brückenkopf war so eng, daß die Israelis an jedem für einen Vorstoß gewählten Punkt die entscheidende Fünf-zu-eins-Überlegenheit hätten versammeln können.«

Das Resultat der ägyptischen Initiative – die Überschreitung des Kanals durch die Israelis – wäre vermutlich auch eingetreten, wenn die Israelis als erste angegriffen hätten, wie Sharon wollte. Doch der ägyptische Vorstoß ins Innere der Halbinsel hatte zur Folge, daß der Übergang mit weniger Verlusten und geringerer Gefährdung der israelischen Truppen ausgeführt werden konnte.

Gonen brachte es fertig, die arabischen Panzer aus dem Schutz der Infanterieraketen und dem Schirm der SAM-Batterien zu lösen. Israelische Panzeroffiziere berichten, daß die Ägypter am Sonntag versuchten, zusammen mit den Panzern Infanterie nach vorne zu bringen. Schützenpanzerwagen und Lastwagen folgten dicht hinter den Panzern. Doch der Versuch scheint völlig fehlgeschlagen zu sein.

Gut eingegrabene Infanteristen können aus sorgsam gewählten Stellungen Panzern Widerstand leisten, doch in einer Bewegungsschlacht mit gut geführten Panzern ist das eine andere Sache. Von den »Scheiterhaufen«, die überall in der Wüste brannten, waren viele Schützenpanzer oder Lastwagen mit Raketenwerfern, keineswegs nur Panzer. Israelische Panzerbesatzungen, die mit scharfer Munition geübt haben, sind Experten in der Auswahl der anzuwendenden Mittel: Panzerbrechende Granaten gegen Panzer, Granaten mit Aufschlagzünder gegen Schützenpanzer, Feuerstöße aus Maschinengewehren gegen ausschwärmende Infanterie. Falls die ägyptischen Infanteristen ebenso große Verluste hinnehmen mußten wie die Panzer – und das ist wahrscheinlich – dürften die Ägypter mehr als 600 Gefallene gehabt haben.

Eine lange Folge spektakulärer Siege und das absolute Vertrauen in die eigenen Fähigkeiten erzeugten in den Jahren vor diesem Krieg bei vielen Israelis eine Art Verachtung für umsichtige Kriegführung. Ein Vertreter dieser Haltung war General Sharon, der einmal behauptet hatte, Israel sei eine »militärische Großmacht« und fähig, innerhalb von einer Woche »das Gebiet von Khartum bis Bagdad und dazu Algerien« zu erobern. Für den Offizier einer Armee, die nur dann vollständig mobilisiert werden kann, wenn das Wirtschaftsleben praktisch zum Stillstand kommt, war das eine absurde Äußerung. Immerhin ist sie bezeichnend für die Verwegenheit, die sogar erfahrene Offiziere dazu verführte, auf Flankenschutz zu verzichten und Verbindungen abreißen zu lassen. Wer sich um solche Banalitäten scherte, geriet fast in den Geruch der Feigheit; ähnlich war es in der englischen Royal Navy gewesen, als diese sich der französischen Marine so überlegen fühlte, »daß ein englischer Kapitän seinen Ruf gefährdete, wenn er im Gefecht seine Position nach den Regeln der Kriegskunst einzunehmen trachtete...«

Diese Haltung fand ihre verdiente Antwort, als die Briten im Krieg von 1812 auf einen Gegner trafen, der keineswegs zu verachten war. Hätte sich das israelische Oberkommando nach Sharon gerichtet, wäre den israelischen Streitkräften im Jom-Kippur-Krieg leicht ein gleiches widerfahren. So jedoch hatten die schwer angeschlagenen Ägypter am Nachmittag des 14. Oktober Mühe, den Weg zurück zu ihrem Brückenkopf zu finden, und am Abend wurde ein israelischer Panzerverband losgeschickt, der sich die Verwirrung zunutze machen und den Rückzug des Feindes aus der Gegend des Gidi-Passes abschneiden sollte.

Jetzt konnten die Israelis ihr Geschick in der Orientierung und in der verdeckten Annäherung unter Beweis stellen – beides unter Zuhilfenahme gewissenhaft angelegter Landkarten des Sinai. »Wir konnten unsere Position nur auf einem sehr langen und schwer zu befahrenden Weg erreichen«, sagte der Kommandeur des Verbandes später. »Sobald wir angekommen waren, schwärmten wir aus und zündeten die Scheiterhaufen an. Der Kampf dauerte bis gegen 3 Uhr früh, und wir schossen etwa 55 Fahrzeuge in Brand, die Hälfte Panzer, der Rest Sturmgeschütze und Schützenpanzerwagen. Wir selber hatten keine Verluste. Es war eine schöne Schlacht, so läßt es sich wohl zusammenfassen – wirklich eine schöne Schlacht.«

Moshe Dayan war an jenem Sonntagnachmittag im Sinai und sah folglich als einer der ersten, daß die Krise überstanden war. Er sprach an diesem Tag zweimal öffentlich: Einmal an Bord eines Hubschraubers an der Front, das zweite Mal in einer aktuellen Nachrichtensendung. Dayan neigt zu Extremen – mal ist er entscheidungsfreudig, mal zaudert er, mal äußert er sich sehr freimütig, dann wieder nebulös –, und daher werfen seine Äußerungen häufig mehr Licht auf das Dilemma der israelischen Politik als die Äußerungen anderer Leute. Über den Lärm des Hubschraubers hinweg sagte Dayan, es gehe jetzt nicht darum, noch mehr Land zu erobern, sondern die arabischen Armeen zu schlagen. »Wenn die Araber heute eine Feuereinstellung erreichen, bleiben ihre Streitkräfte intakt, und sie werden den Waffenstillstand wiederum verletzen, wie sie das auch früher schon getan haben... Wir müssen ihnen jetzt unbedingt Schläge versetzen – ›vernichten‹ ist kein schönes Wort –, und wir müssen sie völlig besiegen. Danach erst kann man einen Plan ausführen, doch ehe das nicht erreicht ist, bleibt alles andere ein Traum.«

Aber was für ein Plan sollte das sein? Dayan glaubte nicht, daß ein durchschlagender israelischer Sieg zum Frieden führen könne. »... dafür gibt es keine Garantie, und daß wir jetzt bereits den dritten Krieg führen, ist der beste Beweis dafür.« (Manche Leute zählen schon vier Kriege. Viele Israelis betrachten den von 1956 allerdings nicht als ›ihren Krieg‹; andere, darunter Golda Meïr, zählen bereits fünf, denn sie rechnen auch den ›Abnützungskrieg‹ von 1969–70 mit.) »Das ist eben die Lage des Staates Israel, den die Araber nicht akzeptieren wollen. Sie greifen diesen Staat immer wieder an, und dann muß man sie umbringen. Offenbar ist diese Sache niemals zu Ende...«

Diese Aussicht war aber auch für Dayan anscheinend niederschmetternd, denn er drängte später: »Wir dürfen nicht nur Negatives tun, wir müssen etwas Positives unternehmen... Wir müssen einen Staat errichten und diesen Staat mit einer starken Militärmacht und guten Grenzen sichern, bis es eines Tages keiner Garantie mehr bedarf, weil wir dann gutnachbarliche Beziehungen unterhalten und akzeptiert werden... Es gibt keine Wunderlösung, jedenfalls kenne ich keine... Ich höre und lese gelegentlich, daß wir das südliche Syrien und das östliche Ägypten und auch irgendwo im Norden noch alles mögliche erobern sollen, doch wären wir besser daran, und wären unsere Schwierigkeiten behoben, wenn wir das täten?« In der Sendung wurde er sehr eindringlich über den Beginn des Krieges befragt. War Israel überrascht worden? Hätte man früher mobilisieren sollen? Hätte Israel einen Präventivschlag führen müssen?

Dayan erwiderte, man habe seit 1971 jederzeit mit einem Angriff der Araber rechnen müssen. Um ganz sicher zu gehen, »müßten wir alle Reservisten mobilisieren, wie es jetzt der Fall ist, und wir hätten seit 1971 in diesem Zustand verharren müssen, um jeden Nachteil für uns auszuschließen. Oder wir hätten selber den Krieg beginnen müssen. Beides ist für uns außerordentlich schwierig, denn schließlich wollen auch wir ein normales Leben führen. ...

Wir könnten das jüdische Sprichwort befolgen, das da lautet: ›Wenn es jemand auf dich abgesehen hat, so komme ihm zuvor.‹ Die Araber haben es auf uns abgesehen, also müßten wir ihnen zuvorkommen und sie töten, ehe sie uns töten, ganz besonders, wenn sie ihre Truppen mobilisieren und daraus gar keinen Hehl machen.

Ich halte es nicht für einen Fehler, daß wir zwischen 1971 und 1973 nicht mobilisiert haben, und ich finde, wir sollten in dieser bedeutungsvollen Stunde nicht den Schluß ziehen, daß wir unbedingt einen Krieg beginnen müssen, sobald die Araber ihrerseits einen Krieg wünschen und sich darauf vorbereiten. Auf diese Weise wird nie etwas erreicht werden.«

Dayan gab zu, daß die Verluste geringer gewesen wären, hätte Israel selber den Krieg begonnen. Jedoch: »Wir wollen schließlich mit den Arabern zu einer Einigung kommen, und ich glaube nicht, daß wir einer Einigung näher wären, wenn wir vor einem halben, einem ganzen oder auch vor zwei Jahren losgeschlagen hätten.«

Dayans Worte, gelegentlich tastend und beinahe widersprüchlich, geben einen anschaulichen Eindruck von den Schwierigkeiten, denen die israelische Führung sich auch angesichts des bevorstehenden Sieges noch ausgesetzt sah. Konnte Israel wirklich immer nur militärische Lösungen suchen – und jedesmal mit höheren Kosten? Und konnte das zu etwas anderem führen als zu einem permanenten Kriegszustand und dem wirtschaftlichen Ruin? Dayan gilt außerhalb Israels als Falke und als Befürworter militärischer Lösungen, und zweifellos lassen gewisse Teile seiner politischen Linie, etwa der Aufbau jüdischer Siedlungen in den besetzten Gebieten, auf eine harte Haltung schließen.

Man muß aber auch sagen, daß nur wenige Israelis besser als Dayan begreifen, wie hoch die Aufwendungen für eine nicht nachlassende militärische Anstrengung sind, sowohl in finanzieller Hinsicht, als was den Einsatz von Menschen angeht. Vor dem Interview an diesem Tag äußerte sich Dayan kurz, aber sehr ernst über die Verlustziffern der ersten Kriegswoche: »Noch stehen wir mitten in der Schlacht, und es ist nicht die Zeit, unsere tiefe Trauer um die Gefallenen öffentlich kundzutun... Wir können heute nur den Angehörigen unser tiefes Mitgefühl aussprechen... Unser Weg als Nation wird von unseren Gefallenen bestimmt und von denen, die weiter kämpfen...«

Krieg kostet Geld

Die amtlichen Verlautbarungen der Israelis waren sehr darum bemüht, Montag, den 15. Oktober, sowohl im Sinai als auf den Golanhöhen als einen ruhigen Tag hinzustellen. Tatsächlich gelang den Israelis an diesem Montag der weiteste Vorstoß nach Syrien. Abends rollten die Panzer Rafael Etans nach Saasa hinein (allerdings mußten sie es am nächsten Tag wieder räumen, weil die Syrer einen Gegenangriff unternahmen und es an Nachschub fehlte). Das größte Aufsehen erregte an diesem Tag eine Schießerei in Damaskus, wo es abends an allen Ecken und Enden knallte. Die hier ansässigen westlichen Diplomaten vermuteten bereits die Landung israelischer Fallschirmjäger, doch gab die Polizei schließlich bekannt, daß es sich nur um eine Beifallsäußerung der örtlichen Garnison für die Rede von Präsident Assad handelte. (Das Personal der britischen Botschaft war so erleichtert, daß es dem Portier, der sich mit seinem Gewehr munter an dieser Knallerei beteiligt hatte, ein Bier schickte.)

Eine Lektüre dieser Rede macht nicht ohne weiteres ersichtlich, warum Assads Worte einen solchen Jubel nach texanischem Muster auslösten. Es war da viel von den »ruhmreichen Tagen erbitterter Kämpfe« die Rede. »Mit reinem Blut habt ihr auf der Landkarte des arabischen Kampfes eine Straße eingezeichnet«, sagte Assad zu den syrischen Truppen, »die fortan unverändert bleiben wird…« Ausführlich befaßte er sich damit, einen neuen Grad der arabischen Einheit zu feiern, den er als »Panarabismus des Schlachtfeldes« bezeichnete.

Bei aller Rhetorik jedoch waren die Ziele, die er diesem neuen Panarabismus setzte, eher begrenzt. Er rühmte sich der »Befreiung« des Berges Hermon, von Kuneitra, Rafid und anderer Orte im Golan, die aber sämtlich in jenen syrischen Gebieten lagen, die 1967 verloren gegangen waren. (Im übrigen waren alle diese Orte, ausgenommen der Berg Hermon, zum Zeitpunkt seiner Rede schon wieder von der Gegenseite erobert worden.) Die Araber hätten die Absicht, so sagte er, »die Besatzungsmächte zum Rückzug zu zwingen«, und was die Vernichtung Israels anging, so lautete seine stärkste Äußerung, man habe dem Feind »Verluste beigebracht, die den Zionismus in seiner Gesamtheit zutiefst erschüttert haben«.

Assad erwähnte auch die Entschlossenheit, »das ganze Land zu befreien«, und in Israel wurde das als Beweis dafür zitiert, daß die Araber immer noch die Absicht hätten, ganz Israel zu besetzen; in dem erwähnten Zusammenhang jedoch ist diese Deutung nicht zulässig. Assad benutzte diese Phrase, als er umständlich eingestand, daß die syrische Armee erhebliche Rückschläge hatte hinnehmen müssen: »Dank seiner schnellen Versorgung, die besonders den Reserveverbänden zugute kam, hat der Feind an einem Frontabschnitt eine starke Truppenkonzentration aufgebaut und damit großen Druck ausgeübt… und er war so imstande, begrenzte Einbrüche in unsere Front zu erzielen.«

Assad wollte damit andeuten, daß die syrischen Verluste in den besetzten Gebieten auf einige wenige Stellungen beschränkt waren.

»Unsere Streitkräfte verfolgen den Feind, sie versetzen ihm Schläge und werden ihm weiterhin Schläge versetzen, bis wir unsere Stellungen in dem besetzten Gebiet zurückerobert haben, und wir werden nicht ruhen, bis das ganze Gebiet befreit ist.« In diesem

Zusammenhang bedeutet »das ganze Gebiet« nicht etwa ganz Palästina, sondern eben nur das gesamte besetzte Gebiet.

Daß eine Ansprache, die einem so begrenzten Ehrgeiz und so mehrdeutigen Siegesmeldungen Ausdruck gab, soviel Jubel auslöste, ist nur durch die psychologischen Folgen des Sechstagekrieges zu erklären. (Die Menge schien auch zu glauben, die syrischen Truppen hätten die Israelis aus Kuneitra vertrieben.) Tatsache ist, daß die syrische Armee die Masse ihrer Verbände darauf angesetzt hatte, viel bescheidenere Ziele zu erreichen, als die meisten Syrer seit Jahren erwartet hatten. Der ganze Aufwand brachte aber nur geringe Resultate und brach dann unter schweren Verlusten zusammen. Bei normaler Betrachtung konnte man das nur eine eindeutige Niederlage nennen.

Im Vergleich zu der Katastrophe von 1967 wirkte sie in Damaskus aber wie ein Sieg. Die Kämpfe hatten mit Assads Worten »das Selbstvertrauen des Arabers wiederhergestellt und ihm seine verletzte Würde zurückgegeben.« Um diesen Zweck zu erreichen, war es nicht notwendig, die Vernichtung Israels anzukündigen. Die Welt im allgemeinen und die Israelis im besonderen neigen dazu, die Führer der arabischen Welt als fanatisierte Derwische zu betrachten. Aber dieses Bild von den wirrköpfigen Demagogen, die sich an ihrer eigenen Rhetorik berauschen, verträgt sich nicht mit den Handlungen eines Sadat und eines Assad im Oktober 1973. Selbstverständlich machten sie Fehler, doch gerade weil sie sich innerhalb des Erreichbaren hielten, beeinflußten sie das Gleichgewicht der Macht im Nahen Osten mehr, als dies durch jahrelang wiederholte, verallgemeinernde Prophezeiungen geschehen war.

Auf die Rede von Assad folgte tags darauf eine merklich gemäßigtere und erheblich bedeutendere seines Seniorpartners im arabischen Bündnis, Anouar El Sadat. Aus der Aufzählung der Kriegsziele des ägyptischen Präsidenten wurde sehr deutlich, daß diese Ziele begrenzt sind. Er ließ außerdem erkennen, daß sie das Ergebnis vernünftiger Berechnung waren. Und wer eine vernünftige Berechnung anstellen kann, ist auch imstande einzuschätzen, welch wahnwitziger Opfer es bedürfen würde, die vollständige Zerstörung des Staates Israel herbeizuführen. Umgekehrt läßt sich daraus schließen, daß Männer, die zum Angriff schreiten, ohne zuvor die Risiken abzuwägen, keine große Aussicht haben, »dem Zionismus in seiner Gesamtheit« gefährlich zu werden.

Die Militärhaushalte der Länder des Nahen Ostens sind heute die höchsten aller Länder, abgesehen von Vietnam. Die Hauptbeteiligten – und das sind Länder, die keinen Pfennig übrig haben – gaben schon vor dem Jom-Kippur-Krieg etwa ein Viertel des Volkseinkommens für die Rüstung aus. Die Notwendigkeit, die Verluste durch noch kostspieligere Waffen zu ersetzen, vergrößert diese Bürde noch.

Besonders schwer belastet ist Ägypten, der militärische Mittelpunkt der arabischen Welt. Die Streitkräfte Ägyptens (298 000) sind ebenso groß wie die von Syrien, Jordanien und dem Irak zusammen (306 650). Und so antizionistisch der Irak sich auch gebärden mag, er kann sich einem Krieg gegen Israel nicht mit allen Kräften widmen, weil er durch den schwerbewaffneten und machthungrigen Nachbarn Iran bedroht wird. Man kann sehr wohl sagen, es gebe 100 Millionen Araber, deren nationale Gefühle sich gegen Israel richten – die meisten von ihnen sind aber soweit entfernt, daß sie ihren Gefühlen kaum Ausdruck verleihen können.

Syrien und Jordanien, deren Grenzen mit Israel am meisten umstritten sind, sind recht kleine Länder. Syrien hat etwas mehr als sechs Millionen, Jordanien etwas mehr als zwei Millionen Bewohner. Daher kann ein fundierter arabischer Angriff gegen Israel, ganz gleich, welches Ziel er hat, ohne die Unterstützung Ägyptens und seiner 34 Millionen Bewohner nicht ausgelöst werden.

Ägypten ist kein reiches Land, doch im Kreis der unterentwickelten Länder zählt es zu den wohlhabenderen. Neben großer Armut auf dem Land und in der Stadt gibt es eine zahlenmäßig bedeutende Schicht von Gebildeten, die mit den technischen Erfordernissen der modernen Kriegführung durchaus zurecht kommen. Die Last, die mit der fortgesetzten Konfrontation mit Israel verbunden ist, wird aber immer drückender.

1969 betrug der ägyptische Militärhaushalt 13 Prozent vom Bruttosozialprodukt, das ein ziemlich grober, doch brauchbarer Maßstab für den jährlich produzierten Vermögenswert ist. 1973 war diese Zahl bereits auf 25 Prozent gestiegen und damit die höchste der Welt. Südvietnam setzte 1972 rund 17 Prozent des Bruttosozialproduktes für Rüstungsausgaben ein, und die von Nordvietnam nicht veröffentlichte Zahl dürfte vergleichbar gewesen sein. Am nächsten kommt Ägypten – wie nicht anders zu erwarten – sein Rivale Israel, dessen Militärhaushalt im gleichen Jahr den Gegenwert von 20 Prozent des Bruttosozialproduktes ausmachte. (Zum Vergleich: Die Prozentzahlen für die Sowjetunion und die

USA betragen 7–8 und sind in den letzten Jahren rückläufig; die meisten anderen Länder setzen zwischen 2 und 5 Prozent an.)

In einer entwickelten Wirtschaft kann ein großer Teil des für die Rüstung bestimmten Geldes im eigenen Land ausgegeben werden. Bis zu einem gewissen Grade gilt dies sogar für Israel; die Israelis betreiben einen Export in Maschinengewehren und einfachen Raketen. Im Fall Ägyptens dagegen muß die gesamte Grundausstattung eingeführt werden, und ganz im Gegensatz zu einem weit verbreiteten Irrglauben liefert die Sowjetunion den Arabern die Waffen nicht umsonst. Sie verlangt im Gegenteil Zahlung in harter Währung, gewährt allerdings auch langfristige Kredite. Dies führt dazu, daß die Hauptexportgüter Ägyptens, z. B. Baumwolle, auf Jahre hinaus verpfändet sind.

Ein anderer weit verbreiteter Irrtum besagt, die Ölstaaten bezahlten den Ägyptern die Rechnung. Auch dies stimmt nicht. Kuweit, Saudi-Arabien und Libyen geben jährlich etwa 560 Millionen DM und decken damit noch nicht einmal ein Achtel der Ausgaben Ägyptens. Gerade die reichsten arabischen Länder sind zutiefst konservativ und nicht geneigt, über ein gewisses Maß hinaus die Einfuhr sowjetischer Waffen – und damit auch sowjetischen Einflusses – in die arabische Welt zu subventionieren.

Die Ägypter ziehen einen gewissen Nebengewinn aus ihrer Rüstungslast. Die Truppe ist eine Art Erwachsenenbildungsanstalt, und die Dienstpflicht schafft eine gewisse Menge ländlicher Arbeitsloser von der Straße. In den technischen Abteilungen der Armee braucht man aber jene gelernten Arbeitskräfte, die auch anderswo benötigt werden, und die ständig steigenden Kosten der Bewaffnung machen es einfach unmöglich, dringend erforderliche soziale Reformen zu finanzieren. So wachen im Nildelta die neuesten und raffiniertesten Raketen über Städte, in denen mehr als die Hälfte der Häuser weder Elektrizität noch fließendes Wasser besitzen.

Wenn Ägypten ungeheure soziale und wirtschaftliche Opfer bringt, kann es sich einen militärischen Apparat leisten, der mit Aussicht auf Erfolg begrenzte Unternehmen gegen Israel ausführen kann. Was es kosten würde, einen Krieg bis zum totalen Sieg, also bis zur Vernichtung des jüdischen Staates, zu führen, kann man überhaupt nicht ausrechnen. Jede weitere Steigerung der Rüstungsausgaben würde mit Sicherheit einen normalen Lebensstil auf Jahre hinaus unmöglich machen, von sozialem Fortschritt ganz zu schweigen. Man könnte eine solche Steigerung wahrscheinlich nur unter gleichzeitiger Abschaffung des Regimes Sadat und dessen Ersetzung durch eine monolithische Militärregierung bewerkstelligen.

Es ist möglich, daß manche Israelis darauf zählen, die Ägypter wirtschaftlich niederzuzwingen, ganz wie die Amerikaner einmal hofften, die sowjetische Gesellschaft werde sich unter dem Druck des Rüstungswettlaufes auflösen. Man muß aber fürchten, daß die Haltung des Gegners sich nur versteift, und abgesehen davon wäre die Last auch für Israel schier untragbar.

Hauptsächlich infolge der Notwendigkeit Waffen einzuführen, betragen die israelischen Auslandsschulden etwa 10 Milliarden DM; das ist die größte Pro-Kopf-Verschuldung der Welt. Die Zinslast für diese Schuld beläuft sich auf mehr als 700 Millionen DM pro Jahr. Besonders tragisch für Israel ist, daß das Zahlungsbilanzdefizit sich vor dem Oktoberkrieg endlich nicht mehr vergrößerte, ja, daß es Zeichen für eine Besserung gab. Grund hierfür war das Abnehmen der Waffenkäufe; die Notwendigkeit, die Materialverluste zu ersetzen, verdirbt nun wieder alles. Zu diesem Zweck wird man dem Lande, dessen Bewohner auch jetzt schon die höchsten Steuern zahlen, noch weitere Steuern aufbürden müssen.

Von den andern direkt beteiligten Ländern gibt nur Jordanien pro Kopf der Bevölkerung etwa soviel für die Rüstung aus wie Ägypten und Israel. Das Bruttosozialprodukt Jordaniens ist aber mit rund zwei Milliarden DM kaum größer als der Umsatz eines großen Konzerns, etwa Colgate-Palmolive, und darum zu klein, als daß es in einer Zeit ins Gewicht fallen könnte, wo ein neues Kampfflugzeug schon mehr als 10 Millionen DM kostet.

Syrien gibt viel weniger Geld für die Rüstung aus als Ägypten – und das nicht nur, weil es ein kleineres Land ist. Die Bevölkerung hat zwar ein merklich höheres Prokopfeinkommen als die Ägyptens, gibt aber weniger für Rüstungszwecke aus.

Bis vor kurzem hat Syrien sich viel anti-israelischer gebärdet als Ägypten, und man kann sich des Gedankens schwer erwehren, daß dies so war, weil Ägypten, was Geld und was Menschen angeht, einen größeren Teil der Rechnung bezahlte. Im Oktober 1973 dürfte dieser Unterschied ziemlich ausgeglichen worden sein, insbesondere was die Verluste an Menschen betrifft. Und Assads Ansprache war zu entnehmen, daß sich in der syrischen Haltung eine ungewohnte Mäßigung bemerkbar machte.

Im Falle des Irak zeigt sich das gleiche Phänomen noch deutlicher. Der Irak gebärdet sich noch angriffslustiger als Syrien, und so manches Kriegskommuniqué aus Bagdad im Oktober 1973 schmeckte sehr nach 1967. Das Bruttosozialprodukt des Irak ist höher als das Syriens oder Ägyptens, doch die Prokopfausgaben für die Rüstung sind im Irak noch geringer.

Daß die Rhetorik im umgekehrten Verhältnis zur militärischen Ausgabefreudigkeit steht, zeigt sich am deutlichsten bei den reichsten arabischen Ländern, und beispielhaft hierfür ist Libyen unter Oberst Gaddafi. Dank der Ölvorkommen beträgt das Bruttosozialprodukt auf den Bewohner umgerechnet 5 000 DM und liegt damit nur wenig hinter dem israelischen. Für die Rüstung jedoch gibt der Oberst mäßige 2,6 Prozent aus. Nach der Beendigung des Oktoberkrieges bemerkte Gaddafi in einem Interview zornig: »Der Krieg hätte weitergehen müssen, notfalls über Jahre, bis entweder die Araber oder die Israelis total vernichtet worden wären.« Oberst Gaddafi hat leicht einen langen Krieg wünschen. Er bezahlt nicht dafür.

Die Kämpfe vom Dienstag, dem 16. Oktober im Golan zeigten ferner, daß selbst bei einer Begrenzung der politischen Ziele die militärische Koordination zwischen den Arabern keineswegs leicht herzustellen war. Unterdessen waren die Hilfstruppen aus dem Irak und aus Jordanien eingetroffen. Die Panzerdivision des Irak bezog Stellung bei Kafr Nasij, an der Südflanke der Israelis, die jordanische Brigade weiter südlich bei Jasim (siehe Kartenteil). Die Israelis überraschten die Iraker im Morgengrauen, als diese noch nicht ihre Stellungen befestigt hatten, mit Artillerie und Flugzeugen vernichteten sie 70 Panzer und 30 weitere bei Kafr Shambs, weiter südwestlich. Den Jordaniern hätte es eigentlich besser ergehen müssen. Ihre Centurion-Panzer stießen nach Norden vor, in der Absicht, die dünne israelische Angriffslinie zu durchbrechen und Kuneitra zurückzuerobern. Doch hielten weder die Iraker noch die Syrer sich an die Abmachung, den Jordaniern während ihres Angriffes die Flanken zu sichern. Die Israelis konnten also Husseins Elitepanzer außerhalb von El Harrar umfassen und 22 der 80 jordanischen Panzer zerstören. Einer der israelischen Kommandeure an der Nordfront sagte dazu mit grimmigem Humor: »Jetzt lassen sie uns einen nach dem anderen abschießen.«

Wäre es bei diesem Krieg um nichts weiter als solche taktischen Siege gegangen, hätte Israel beruhigt sein können. Es war aber eine sehr viel ernstere Auseinandersetzung, wie die arabischen Führer schon bald deutlich machten. Am Dienstagmittag fuhr der Mann, der die Verantwortung für die ägyptische Kriegführung trug, durch Kairo – Anouar El Sadat. Für diesen Mann, der sich der Öffentlichkeit nur selten zeigt, war die Fahrt im offenen Wagen eine ungewöhnliche Demonstration. Sadat dürfte aber gewußt haben, daß am 11. Kriegstag eine Geste nötig war, um die Emotionen der Menge in Kairo zu beschwichtigen.

Sadat war auf dem Weg ins Parlament, wo er eine Rede halten wollte, die sehr wohl die schwierigste seines Lebens werden konnte, und doch war er wie üblich kühl bis zur Gefühllosigkeit und reagierte, abgesehen von einem gelegentlichen steifen Winken, auf die kochende Begeisterung der Menge so gut wie nicht.

Der heute 54 Jahre alte Sadat war zeitlebens mit Gamal Abdel Nasser befreundet und wurde 1970 dessen Nachfolger. Man kann sich nur schwer zwei verschiedenere Persönlichkeiten vorstellen. Während Nasser ein zu Theatralik neigender Hüne war, ist Sadat schmächtig und in sich gekehrt. Auf seiner Stirn sieht man das Sabiba-Zeichen, Beweis für die regelmäßig wiederholte Berührung des Gebetsteppichs, das ihn als frommen Moslem ausweist. Aber trotz seiner Frömmigkeit und seiner Jugend als verwegener Agitator gegen die britische Herrschaft über Ägypten wirkt Sadat in seinem Auftreten heute bemerkenswert angelsächsisch. Er trägt die bequeme Khakiuniform des dienstfreien Offiziers und zwischen den Zähnen hält er meist eine alte Pfeife. Westliche Botschafter, die ihn während des Krieges aufsuchten, fanden ihn auch dann unerschüttert, wenn die Nachrichten von der Front besonders schlecht klangen. »Wenn die Israelis einen Panzer verlieren, können wir drei verlieren«, sagte er zu einem Besucher. »Und die sind eher am Ende als wir.«

Ganz gewiß wußte niemand besser als Sadat selbst, wie wichtig die Rede war, die er halten mußte, und daß die Kriegsziele, die er bekanntgeben würde, auf Generationen hinaus über die Zukunft des Nahen Ostens entscheiden könnten. »Sie erwarten gewiß nicht von mir«, sagte er den Zuhörern in seiner tonlosen, etwas pedantischen Art, »daß ich mit Ihnen zusammen einen Lobgesang anstimme auf das, was wir in den vergangenen elf Tagen erreicht haben...« Immerhin behauptete er, die ägyptischen Streitkräfte hätten mit der Überquerung des Kanals »eine militärische Großtat« vollbracht. Das war vielleicht etwas übertrieben, doch hatte er allen Grund zu der Behauptung, die ägyptische Armee habe sich regeneriert.

»Ich möchte nur sagen, daß unser Volk sich jetzt, nach einer Periode der Angst, sicher und geborgen fühlen darf. Wir besitzen jetzt Schild und Schwert...« Und: »Wir kämpfen für die Sache des Friedens – des einzigen Friedens, der diese Bezeichnung verdient, eines Friedens, der auf Gerechtigkeit beruht... David Ben-Gurion selbst hat Israel aufgefordert, den Frieden zu erzwingen... Ich weiß nicht, was er denken würde, wenn er heute in Israel das Kommando führte. Würde er die Geschichte verstehen, oder hätte er sich gegen sie gestellt, so wie es die heutige israelische Führung tut?

Der Frieden kann nicht erzwungen werden, und der erzwungene Friede kann nicht dauern... Wir fragen heute die Führer Israels, wo denn jene Theorie der Sicherheit ist, die sie in den letzten 25 Jahren immer wieder mit Gewalt anzuwenden suchten?«

Sadat las einen vorbereiteten Text ab und näherte sich dem Hauptkapitel: der Verkündung der Kriegsziele. Zuvor tadelte er die USA noch eindringlich dafür, daß sie »eine Luftbrücke eingerichtet haben, über die sie Israel mit neuen Panzern, Flugzeugen, Geschützen, Raketen und elektronischer Ausrüstung versorgen...« Er habe erwogen, an Präsident Nixon einen Brief zu schreiben, »doch fürchte ich, daß er den mißverstehen könnte, und darum will ich an ihn von hier aus diese Botschaft richten:

Erstens: Für die Befreiung des Landes, das die Israelis 1967 besetzt haben, und für die Wiederherstellung und Achtung der legitimen Rechte des palästinensischen Volkes haben wir gekämpft und werden wir weiter kämpfen. In diesem Zusammenhang wiederholen wir, daß wir mit der Entscheidung der Vereinten Nationen, der Vollversammlung und des Sicherheitsrates übereinstimmen.

Zweitens: Wir sind bereit, einer Feuereinstellung zuzustimmen – unter der Bedingung, daß die israelischen Streitkräfte sich unter internationaler Kontrolle unverzüglich aus allen besetzten Gebieten auf die Grenzen zurückziehen, die vor dem 5. Juni 1967 bestanden haben.

Drittens: Sobald der Rückzug aus all diesen Gebieten beendet ist, sind wir bereit, an einer internationalen Friedenskonferenz bei den Vereinten Nationen teilzunehmen. Ich will mich bemühen, meine Kollegen, die Führer der arabischen Länder, die unmittelbar am Konflikt mit dem Feind beteiligt sind, zu der gleichen Haltung zu bewegen. Auch will ich mich bemühen, die Vertreter des palästinensischen Volkes dafür zu gewinnen, daß sie mit uns und allen übrigen Ländern zusammenwirken bei der Festlegung von Maßnahmen und Regeln für einen Frieden, der die legitimen Rechte aller in diesem Gebiet lebenden Personen achtet.

Viertens: Wir sind bereit, unverzüglich den Suezkanal schiffbar zu machen und der internationalen Schiffahrt zu öffnen, womit wir einmal mehr zur Wohlfahrt und zum Nutzen der Menschheit beitragen. Ich habe die Kanalbehörde angewiesen, die Arbeiten aufnehmen zu lassen, sobald das Ostufer befreit ist...

Fünftens: Wir sind nicht bereit, uns mit vieldeutigen Versprechungen abspeisen zu lassen, die so oder auch anders ausgelegt werden können, die uns die Zeit stehlen und schließlich bewirken, daß wieder alles beim alten bleibt...«

Sadats Hinweis auf die israelische ›Theorie der Sicherheit‹ unterschied sich gar nicht so sehr von dem, was Dayan geäußert hatte. Sadat sprach nur davon, die »legitimen Rechte« der Palästinenser zu beachten, eine Phrase, hinter der sich eine Menge Antworten auf die Palästinafrage verstecken konnten; jedenfalls war sie sehr weit entfernt von der ständig wiederholten Forderung der Guerillas, an die Stelle des Staates Israel müsse ein säkularer Staat Palästina treten. Tatsächlich hatte Sadat seine Worte so gewählt, daß er einer palästinensischen Gruppe, die unvernünftige Forderungen stellte, ohne weiteres seine Unterstützung entziehen konnte.

Diese Rede ist die Rede eines Mannes, der bereit ist, sich mit der Existenz des Staates Israel abzufinden. Golda Meïr jedoch sagte wenige Stunden später vor der Knesset, Sadat benutze diese Mäßigkeit nur als Tarnung.

»Wir zweifeln nicht im mindesten daran«, sagte sie, »daß der Krieg sich wieder einmal gegen die bloße Existenz des jüdischen Staates richtet. Es ist eine Frage des Überlebens. Die Armeen Ägyptens und Syriens haben – unterstützt von anderen arabischen Ländern – diesen Krieg in der Absicht begonnen, die Grenzen vom 4. Juni 1967 zurückzugewinnen, um von hier aus ihren Hauptzweck zu verfolgen – die totale Eroberung und Vernichtung Israels... Die arabischen Führer beteuern, ihr Ziel seien die Grenzen vom 4. Juni 1967, *wir aber wissen: ihr Ziel ist die Unterwerfung ganz Israels.*« (Hervorhebung der Verfasser)

»Es bedarf keiner besonderen Vorstellungskraft, um zu erkennen, welch grauenhafte Lage für Israel entstanden wäre, hätten wir jetzt die Grenzen vom 4. Juni 1967 gehabt.«

Damit gab Golda Meïr einer typischen Reaktion ganz Israels auf den Krieg Ausdruck: Es ist nun bewiesen, daß wir recht daran getan haben, die 1967 eroberten Gebiete nicht herauszugeben. Hätten wir sie uns abhandeln lassen, wären wir den Arabern auf Gnade und Ungnade ausgeliefert gewesen. Diese Argumentation ist innerhalb Israels emotional so stark besetzt, daß kaum jemand dagegen ankommt. Auch wenn man sie außerhalb von Israel kritisiert, zieht man sich den Vorwurf zu, gefühllos die berechtigten Ängste eines belagerten Volkes abzutun und auf anderer Leute Kosten tapfer zu sein. Gleichwohl erweist man Israel keinen Dienst, wenn man es unterläßt, darauf hinzuweisen, daß das oben angeführte Argument zwar sehr eingängig, aber durchaus nicht logisch ist. Man hätte sich das besetzte Gebiet ja nur in der eindeutigen Absicht abhandeln lassen, den Ausbruch eines Krieges zu verhindern. Darauf werden viele Israelis entgegnen, der Krieg wäre auch dann ausgebrochen. Das stimmt vielleicht, doch falls die israelische »Theorie der Sicherheit« besagt, der Krieg mit den Arabern sei in jedem Fall unvermeidlich, so führt uns das direkt zurück zu dem Dayanschen Alptraum.

Dayan selbst äußerte sich hart und genau über die Kriegsziele Israels: »Die Zeit für einen Waffenstillstand ist erst gekommen, wenn die Macht des Feindes gebrochen ist. Wenn der Feind vor dem Zusammenbruch steht, werden die Vertreter vieler Staaten sich eilfertig darum bemühen, diejenigen zu retten, die uns überfallen haben... Doch wie schon in früheren Kriegen hängt der Zeitpunkt des Waffenstillstandes in erster Linie von der Stärke unserer Truppen ab.«

Politisch betrachtet war auch Golda Meïrs Rede nicht ohne Widersprüche. »Wir waren nie der Auffassung, daß Krieg ein Mittel ist, die besonderen Schwierigkeiten in unserer Region zu beheben...« Aber auch: »Unsere Zukunft kann nur gesichert werden, wenn wir den Feind zurückschlagen und seine Stärke brechen.«

Der wichtigste Teil ihrer Ansprache – der Teil, der bei ihren Zuhörern in der Knesset die stärksten Emotionen auslöste – bestand in der knappen Ankündigung, die israelische Armee sei im Begriff, den Kampf mit Ägypten einer militärischen Lösung zuzuführen. »Ein Kampfverband unserer Truppen«, sagte die Regierungschefin, »operiert bereits auf dem Westufer des Suezkanals.« So erfuhr die Welt zum ersten Mal von Arik Sharons Brückenkopf.

Kampf um die Chinesenfarm

Als General Sharon vor dem Krieg das Kommando im Sinai führte, hatte er bereits die Stelle ausgewählt, die für eine Überquerung des Kanals in Frage kam. Zwischen dem Timsa-See und dem Großen Bittersee verläuft die Nord-Süd-Straße etwa zwei Kilometer östlich vom Kanalufer. Kurz vor der Einmündung des Kanals in den Großen Bittersee zweigen im Abstand von einem Kilometer zwei Seitenstraßen ab, die unmittelbar zum Kanal führen. An dieser Stelle, die etwa zwanzig Kilometer südlich von Ismailia liegt, ließ Sharon die massive Uferbefestigung des Kanals aushöhlen und den so geschwächten Abschnitt durch rote Backsteine bezeichnen. In der Nähe ließ er einen Parkplatz von hundert mal vierhundert Metern anlegen, der ringsum von hohen Erdwällen umgeben war.

Als General Gonen schließlich fand, er hätte unter den ägyptischen Panzern genügend Schaden angerichtet und als die Genehmigung für eine Überquerung des Kanals eintraf, wurde Sharon mit dem Kommando über den mittleren Frontabschnitt bei Tasa (siehe Kartenteil), etwa 25 Kilometer nordöstlich von der vorgesehenen Übergangsstelle betraut. Er hatte drei gepanzerte Brigaden unter seinem Kommando – ursprünglich zu je 90 bis 100 Panzer, doch waren bei den Kämpfen der vergangenen Woche etliche Tanks ausgefallen – ferner eine Infanteriebrigade, zu der auch Fallschirmjäger gehörten, sowie eine Pioniereinheit mit Feldumschlaggeräten, angetriebenen Stahlflößen und Brückengerät. Sein Gegner war Ägyptens 21. Panzerdivision, die etwa ebenso viele Panzer besaß wie Sharon und im übrigen den Kern der Zweiten Armee unter Generalmajor Saad Maamun bildete, der in Ismailia kommandierte. Die Ägypter hatten sich beiderseits der von Tasa zum Kanal führenden Straße eingegraben, und ihre Infanteristen waren mit Raketen ausgerüstet. »Die Schwierigkeit bestand darin«, sagte Sharon, »in einer einzigen Nacht nicht nur ans Wasser vorzustoßen, sondern auch noch den Brückenkopf einzurichten. Das mußte vor Morgengrauen geschehen, andernfalls wäre der Überraschungseffekt verlorengegangen und am anderen Ufer hätte uns eine hübsche Menge Panzer erwartet.« Sharon selber meint, er hätte eine etwas komplizierte Lösung für diese Aufgabe gefunden. »Aber sie hat sich bewährt«, sagte er.

Schon am frühen Montagmorgen begann er mit der Einweisung seiner Offiziere, weil er davon ausging, daß er schon in den nächsten Stunden den Befehl zum Überqueren des Kanals erhalten würde. Sein Pionierführer sagte ihm, er könnte mit den ihm zur Verfügung stehenden zehn Planierraupen unmöglich die Uferbefestigung so rechtzeitig niederreißen, daß der Brückenkopf bei Tagesbeginn eingerichtet sein könnte. »Ich sagte ihm, suchen Sie nach den roten Backsteinen«, erinnerte sich Sharon, »und zur gegebenen Zeit fand er sie denn auch trotz der Dunkelheit.« Der Angriffsbefehl traf am Montagnachmittag ein, als feststand, daß die Ägypter keinen Versuch mehr machen würden, aus ihren beengten Brückenköpfen auszubrechen.

Sharons Plan sah im wesentlichen vor, daß eine seiner Panzerbrigaden die Aufmerksamkeit der Ägypter ablenken sollte, während die zweite Brigade die Straße eroberte, die von Tasa in südwestlicher Richtung zum Großen Bittersee führt. Diese Straße trifft nur wenige Kilometer unterhalb der südlichen der beiden Abzweigungen, die zu der vorgesehenen Übergangsstelle führten, auf die eigentliche Kanalstraße. Die Gegend um diese beiden Abzweigungen war unter der Bezeichnung Chinesenfarm bekannt, weil vor dem Sechs-Tage-Krieg chinesische Landwirtschaftsexperten dort Bewässerungsversuche gemacht hatten. Sobald Sharon im Besitz der Straßen und Straßenkreuzungen war, wollte er seine Pioniere mit Flößen und Fallschirmjägern an den Kanal schicken und die Übergangsstelle sichern lassen, um danach mit einer frischen Panzerbrigade überzusetzen und sich auf der anderen Seite festzusetzen. Anschließend sollten die Pioniere eine zusammensetzbare Brücke über den Kanal schlagen.

Das Unternehmen sollte in der Abenddämmerung am Montag beginnen und muß zumindest kühn genannt werden. Die ersten Fallschirmjäger sollten um 23 Uhr in Schlauchbooten den Kanal überqueren. Das bedeutete, daß die am dringendsten benötigten Panzer nur fünf Stunden zur Verfügung hatten, um etwa vierzig Kilometer hinter den Linien des Feindes entlang zu fahren, ein Nachtgefecht zu bestehen, sich mit den Pionieren zu treffen und sie dann zusammen mit den Fallschirmjägern an die Übergangsstelle zu führen. Ein großer Teil des Weges führte durch Dünengelände, und Panzer können bei Nacht abseits der Straßen kaum mehr als acht Kilometer in der Stunde schaffen.

Um 17 Uhr begann eine seiner Panzerbrigaden, die nördlich der Straße von Tasa zum Großen Bittersee stand, einen Angriff in westlicher Richtung gegen Ismailia. Es handelte sich um den Ablenkungsangriff, der auf erbitterten Widerstand stieß und nach und nach die Masse der 21. Division der Ägypter nach Norden abzog, an die Straße von Tasa nach Ismailia. »Wir kämpften uns die ganze Nacht gegen erbitterten Widerstand Schritt um Schritt voran«, sagte ein überlebender Israeli nach diesem Gefecht.

Eine Stunde später – es wurde jetzt rasch dunkel – setzte sich eine zweite Panzerbrigade nach Süden in Marsch. Als es ganz dunkel geworden war, schwenkte sie nach Westen ab und rollte von den Ägyptern unbehindert durch sandiges Dünengelände bis zum Großen Bittersee. Sie hatte es auf die Lücke zwischen Maamuns Zweiter Armee und der schwer angeschlagenen Dritten Armee weiter südlich abgesehen. Die wie üblich äußerst rege israelische Feindaufklärung hatte den traditionell schwachen Punkt erspäht, der immer dort entsteht, wo sich Kommandobereiche überschneiden. Hieraus und aus der taktischen Geschicklichkeit der israelischen Panzerführer erklärt sich, daß man nirgendwo auf den Gegner stieß. Auf der Seeuferstraße angelangt, schwenkte die Panzerkolonne rechts ein und fuhr so schnell sie konnte nach Norden, wobei das Wasser ihre linke Flanke schützte.

Vor ihrem Abmarsch war die Panzerbrigade in drei Kampfgruppen unterteilt worden. Eine davon schwenkte nach Nordosten ab, um die ägyptische Riegelstellung von hinten aufzubrechen. Die zweite Kampfgruppe bog an der südlichsten Abzweigung, der Y-Gabelung, in die Seitenstraße zur Übergangsstelle ein, während die zahlenmäßig stärkste dritte Kampfgruppe schnurstracks nach Norden weiterfuhr, an beiden Abzweigungen vorbei, weil sie die Aufgabe hatte, soweit nördlich wie möglich eine eigene Riegelstellung aufzubauen, um die Übergangsstelle zu sichern. Diese dritte Kampfgruppe geriet jedoch nur wenige Kilometer nördlich der zweiten Straßengabel, der T-Gabelung, in schweres ägyptisches Abwehrfeuer. Die Panzer rollten eilig von der Straße und jetzt begann ein Gefecht, das – von gelegentlichen Unterbrechungen abgesehen – fast zwei Tage dauerte.

Dieser entschlossene ägyptische Widerstand bedeutete, daß die Gegend um die Straßenkreuzungen nicht zureichend gesichert werden konnte. Außerdem war das Unternehmen bereits in Verzug geraten: Die Männer, die eigentlich schon auf dem Kanal paddeln sollten, befanden sich immer noch in Tasa.

Die nach Nordosten abmarschierte Kampfgruppe, welche die Ägypter bei Tasa von hinten angreifen sollte, hatte immerhin Erfolg. Um Mitternacht traf sie sich richtig mit den Fallschirmjägern und ihren Schützenpanzerwagen. Die Panzer machten kehrt und führten die Fallschirmjäger, denen die Pioniere mit ihrer Ausrüstung folgten, zum Kanal. Auf der Kanalstraße nach Norden einschwenkend, fuhren sie bis zur Y-Gabelung und von dort an den Kanal. Gegen ein Uhr früh paddelte Sharon mit etwa 200 Männern über den hier hundert Meter breiten Kanal und kletterte das Westufer hinauf.

Dort war zunächst vom Gegner nichts zu bemerken. Die Israelis waren allein in der vom Mond beschienenen, spärlich bewaldeten Landschaft. Wild ging es hingegen auf dem Ostufer zu: drei Kilometer landeinwärts, bei der Chinesenfarm, erhellten das Mündungsfeuer der Kanonen, Leuchtspurgeschosse und die Feuerschweife der Raketen die Nacht. Fallschirmjäger sollten die Y-Gabelung für die Durchfahrt des schweren Gerätes sichern, doch war ägyptische Infanterie tausend Meter nördlich bei der T-Gabelung vorgeprescht. Diese Infanteristen führten Raketenwerfer und Lenkwaffen mit sich, mit deren Hilfe sie die T-Gabelung blockieren konnten, außerdem unternahmen sie sporadische Angriffe gegen die Y-Gabelung. Unterdessen hatte einige Kilometer nördlich ein schweres Panzergefecht begonnen, und etwa fünfzehn Kilometer nordöstlich war ebenfalls ein erbitterter Kampf im Gange (der eigentliche Ablenkungsangriff). Darüber hinaus kam es zwischen dem Kanalufer und Tasa immer wieder zu vereinzelten Zusammenstößen von Panzern.

In diesem fürchterlichen Durcheinander mußten nun Planierraupen, Erdbagger und Stahlflöße herangeschafft werden. Sharon meinte ganz richtig, der Schlüssel zum Erfolg sei eine wirkungsvolle Verkehrsregelung in der Dunkelheit gewesen. »Falls Teile dieses Gerätes die Y-Gabelung verfehlt hätten und bis zur T-Gabelung weitergefahren wären, wäre der Ofen gleich aus gewesen«, sagte er später. Das geschah zwar nicht, doch die Verspätung war erheblich. Um 23 Uhr hätten die Fallschirmjäger bereits auf dem Westufer sein sollen, sie kamen aber erst um 3 Uhr an. Bei Tagesanbruch waren die Stahlflöße noch nicht an der Übergangsstelle. Also war nicht nur keine Brücke geschlagen, sondern das Übersetzen mit Fähren hatte ebenfalls noch nicht begonnen. Ein Offizier von Sharons Stab steckte den Kopf aus seinem Bunker und schaute auf die leere Wasserfläche. »Wo ist die Brücke?« fragte er. »Brücke gibt's hier keine«, sagte der Mann neben ihm.

Arik Sharon reagierte mit bezeichnender Unbekümmertheit auf den Umstand, daß er sich mit einigen wenigen Infanteristen mutterseelenallein auf dem falschen Kanalufer befand. »Nur keine

Sorge, Freunde, der Parteisekretär der Likud ist bei euch.«

Bei Morgengrauen schoß die ägyptische Artillerie sich auf die Weggabelungen ein, und jetzt wurde es unangenehm für die Israelis, die die Stahlflöße heranschafften, unhandliche rechteckige Gebilde, die auf Tiefladern transportiert wurden. Ein Sergeant aus Natania, der eines dieser Flöße lenkte, gab folgende Schilderung:

»Beiderseits der Straßen waren Panzerkämpfe in Gange, und wir immer mitten dazwischen. Die Kerls prügelten sich um die Straßenkreuzungen, und die Artillerie hatte sich darauf eingeschossen. Wer da um die Ecke wollte, bekam was ab. Unser Transport war ausgesprochen langsam und bot ein schönes Ziel... Es gab schon ein paar Treffer... ein paar Löcher. An der Übergangsstelle sind wir frühmorgens angekommen.«

Während die Flöße klatschend zu Wasser gelassen wurden, gingen beiderseits der Bresche in der Uferbefestigung Fla-Geschütze in Stellung. Der Sergeant berichtete, eines der Flöße sei völlig durchlöchert gewesen, doch an der Übergangsstelle selbst schlugen überhaupt keine Granaten ein, und dort war auch sonst nichts vom Feind zu bemerken. »Die erste Partie Infanterie und Panzer wurden übergesetzt.« Die Pioniere hatten Schwimmwesten angelegt und arbeiteten überwiegend im Wasser; es wurde jeweils ein Panzer auf einem Floß festgemacht, das dann langsam herübertukkerte. Unweit des Landeplatzes am Westufer standen die Überreste von vier ägyptischen Panzern. Die waren dort irgendwann in der Dunkelheit erschienen, vielleicht mit einem besonderen Auftrag, vielleicht aber auch nur auf einer Routinestreife, und die Fallschirmjäger hatten sie mit Raketen außer Gefecht gesetzt. Das war aber auch die einzige Störung von Seiten des Gegners. Um 9 Uhr früh waren dreißig Panzer und etwa 2000 Mann auf dem anderen Kanalufer. Der Sergeant aus Natania »fand die Atmosphäre ausgesprochen angenehm. Der Himmel war blau, es herrschte Ruhe wie im Manöver. Die Artillerie hatte sich noch nicht auf uns eingeschossen, die Stimmung war friedlich.«

Nur wenige Kilometer entfernt, auf dem Ostufer, war die Stimmung alles andere als friedlich. Die beiden israelischen Panzerbrigaden, die am Montagabend die Operation begonnen hatten, waren entlang der nördlichen Peripherie eines nach Tasa führenden Korridors in heftige Kämpfe verwickelt. Aharon Bar, ein Panzerfahrer, der die ganze Nacht im Gefecht gewesen war, beschreibt, wie der Krieg für ihn endete:

»Am nächsten Morgen war es neblig. Als der Nebel sich verzog, merkten wir, daß wir Unmassen von mit Raketen ausgerüsteten Infanteristen vor uns hatten... Wir verschwanden hinter einer Bodenwelle. Von Zeit zu Zeit versuchten wir da herauszukommen, das Raketenfeuer war aber zu massiert. Dann bekamen wir den Angriffsbefehl.«

Die Panzerbesatzung war sich darüber einig, daß es selbstmörderisch war, anzugreifen, befolgte den Befehl aber doch. Gleich darauf spürte Bar »etwas, was ich noch nie im Leben gespürt hatte. Ich begriff gar nicht, was mit mir vorging, ahnte aber, daß es ernst war... Es stank fürchterlich nach Benzin...« Eine Rakete hatte die Unterseite des Panzers getroffen, und die Detonation hatte ihm den Unterschenkel abgerissen. »Ich kroch durch die Fahrerluke heraus, und dabei merkte ich erst, daß unter meinem linken Knie nichts mehr war. Ich stand auf einem Bein und hielt mich an unserem Panzer fest.« Auch seine Kameraden stiegen aus und schleppten ihn unter Feuer weg.

Diese unaufhörliche erbitterte Kampftätigkeit wirkte sich sonderbarerweise auf den schwach besetzten israelischen Frontvorsprung am Westufer so gut wie überhaupt nicht aus. Nach orthodoxer Auffassung mußte Sharons Versuch, einen Brückenkopf zu bilden, als totaler Reinfall angesehen werden. Angefangen hatte er mit einer Division, und nach sechzehn Stunden hektischer Aktivität waren nicht einmal ein Bataillon und nur ganz wenige Panzer auf die andere Seite gebracht. Eine Brücke war nicht vorhanden, und da Brückenteile auf dem Transport beschädigt worden waren, bestand auch keine Aussicht, in den nächsten zwölf Stunden eine zu schlagen. Bedenkt man ferner, daß seit dem vergangenen Abend in dem Dreieck Tasa – Bittersee – Ismailia ein wahres Schützenfest im Gange war, dann hatten die Israelis fürwahr kein Recht, daran zu glauben, daß sie noch den Vorteil der Überraschung hatten.

Sharon hatte ja selbst gesagt, falls das Überraschungsmoment verlorenginge, müßte man damit rechnen, von »einer beachtlichen Menge Panzer« empfangen zu werden. Wäre ein auch noch so schwacher ägyptischer Panzerverband am Dienstag wirklich dort erschienen, dann hätte nichts mehr die Israelis gerettet. Eine Division über den Kanal zu setzen, hätte etwa tausend Überquerungen mit Hilfe der Flöße erfordert.

Als das israelische Oberkommando den Kanalübergang beschloß, war es sich klar darüber, daß sich mehrere Möglichkeiten boten, aber nur begrenzte Mittel zur Verfügung standen. Andererseits galt es, vor der drohenden Verhängung einer Waffenruhe, die gewiß in den nächsten Tagen erfolgen würde, noch einen großen Gewinn zu verbuchen. Sie riskierten, durch Unvorsichtigkeit mehrere vorzügliche Panzerbrigaden einzubüßen, ein Verlust, den man keinesfalls hinzunehmen gewillt war.

Ein verlockender Schritt hätte darin bestanden, nach Westen und Süden vorzustoßen, bis man mit den eigenen Geschützen Kairo bedrohen konnte. Das hätte vielen israelischen Bürgern große Befriedigung verschafft, die sich gerne von den Ängsten erholt hätten, die die arabischen Anfangserfolge ihnen beschert hatten. Militärisch gesehen wäre das aber ein unerlaubtes Glücksspiel gewesen, weil man fünfundsiebzig Kilometer vorstoßen und dabei beide Flanken dem Zugriff starker ägyptischer Verbände aussetzen mußte, die zwar angeschlagen, aber durchaus nicht kampfunfähig waren.

Einem Vorstoß nach Norden stellte sich ein greifbares Hindernis entgegen. Denn westlich von Ismailia erstreckt sich ein von Bewässerungsgräben durchzogener bewirtschafteter Landstrich. Sich hier einen Weg zu bahnen und die Zweite Armee von ihrer Basis in Ägypten abzuschneiden, würde lange dauern und kostspielig sein. Man hätte etwa siebzig Kilometer nach Norden vorstoßen und dann eine Schwenkung vollführen müssen, um eine Riegelstellung aufzubauen, die stark genug sein mußte, einen Ausbruchversuch der Zweiten Armee zu verhindern. Allerdings hätte man bei dieser Gelegenheit Raketenabschußrampen vernichten können, doch die Kriegsmarine hatte ohnehin schon einige dieser Rampen im Nordabschnitt außer Gefecht gesetzt.

Das beste war, nach Süden vorzudringen und die Dritte Armee abzuschneiden. Hier führte der Weg über festen Sandboden durch offenes Gelände, wo die israelischen Panzerkolonnen mit hoher Geschwindigkeit vorrücken konnten; noch dazu wurde ihre linke Flanke über dreißig Kilometer durch die Bitterseen gedeckt, die hier eine Schranke bildeten, die von beiden Kriegsparteien in nennenswerter Stärke nicht überwunden werden konnte. Hatten die Israelis erst einmal weit genug südlich Stellungen bezogen, brauchten sie nur einen Frontabschnitt von etwa fünfundzwanzig Kilometern zwischen Shallufa und Suez zu halten, und damit war die Dritte Armee eingeschlossen.

Bedenkt man, wie gering die Hilfsmittel der Israelis an der Übergangsstelle waren, so erscheint nur der Vorstoß nach Süden vertretbar. Die generelle Entscheidung, diesen Vorstoß zu wagen, ließ aber Hunderte von Fragen nach Taktik, Versorgung und Organisation unbeantwortet, kurzum, die Operationen auf dem Westufer boten Schwierigkeiten, denen nur ein glänzender Kommandeur beweglicher Streitkräfte gewachsen sein konnte. Erforderlich waren Geschwindigkeit und Konzentration, vor allem aber eine gut gesicherte Brücke, auf der mindestens dreihundert Panzer mitsamt ihren Versorgungsgütern ungehindert und kontinuierlich den Kanal passieren konnten. Das Oberkommando hatte beabsichtigt, Sharon und seine Division den Brückenkopf einrichten zu lassen, aus dem Generalmajor Avraham ›Bren‹ Adan, der führende israelische Panzerexperte, hervorbrechen und den langen Vorstoß nach Süden beginnen sollte.

Am Dienstagvormittag war von diesen Plänen nichts mehr übrig. Die folgenden Ereignisse erklären sich nur durch eine bemerkenswerte Unfähigkeit auf Seiten der Ägypter und durch ein Verhalten auf Seiten Sharons, das seine Freunde als Beweis seines Genies bezeichnen würden, seine Feinde aber als ein Abrutschen in militärischen Größenwahn. Hinzu kommt, daß zwischen Sharon einerseits, Gonen und Bar-Lev andererseits beträchtliche Unterschiede in der persönlichen Haltung bestehen.

Heutzutage kommen nur noch wenige israelische Generäle auf den Gedanken, einen Professor für Althebräisch in ihren Stab aufzunehmen. Sharon, der sein Diplom in orientalischer Geschichte gemacht hat, tat genau dies. Er ist eine unglaubliche Mischung von brillantem Intellekt und Männlichkeitswahn. Auf jeden Fall ist er kein Experte der motorisierten Kriegführung. Seinen Ruf als Soldat erwarb er sich als tapferer und brutaler Grenzkämpfer; eine gründliche Ausbildung in Israel und auf der englischen Stabsakademie in Camberley machten aus ihm einen unerschütterlichen, aber nicht gerade feinsinnigen Infanteristen. Zudem gilt er als geschickter Politiker, was viele seiner militärischen Kollegen sonderbar und verwirrend finden. Als Führer beweglicher Verbände hatte er jedoch keinerlei Berühmtheit erlangt.

Trotz des legendären Panzergenerals Patton hängt der Erfolg bei dieser Waffengattung nicht unbedingt von Protzerei, Tollkühnheit und persönlicher Grausamkeit ab. Zu den erfolgreichsten Praktikern dieser Kunst gehörten so gelehrte Techniker wie von Thoma oder kühle Bürokraten wie Richard O'Connor. Der Erfolg im Bewegungskrieg hängt hauptsächlich von der Fähigkeit ab, unter starkem Druck gelassen Berechnungen anzustellen, in denen die

Marschgeschwindigkeit von Panzern in verschiedenartigem Gelände, der Nachschub an Treibstoff oder die Wahrscheinlichkeit, daß ein in Aussicht genommenes Zusammentreffen mehrerer Verbände pünktlich stattfindet, eine zentrale Rolle spielen.

Sharon ist bekannt für eine gewisse Kriegslüsternheit. Man hörte von ihm zuerst als dem Gründer und Kommandeur der ›Einheit 101‹, die arabische Anschläge durch israelische Überfälle auf jordanisches Gebiet konterte. 1953 geriet die Einheit 101 in Verruf, als sie nach einem arabischen Überfall, bei dem eine Israeli und ihr Kind getötet wurden, ein ganzes jordanisches Dorf in die Luft jagte. Dabei kamen 69 Jordanier ums Leben, zur Hälfte Frauen und Kinder. Sharon behauptete, seine Leute hätten nicht gewußt, daß sich noch jemand in den Häusern befand, als sie sprengten.

Sharon wurde von Dayan geschätzt, weil Dayan in den fünfziger Jahren versucht hatte, seinem Offizierkorps eine Philosophie beizubringen, nach der es richtig war, »jedes Ziel frontal anzugreifen... und keine Verluste zu scheuen«.

Während des Suez-Feldzuges im Jahre 1956 sprang Sharon mit einer Fallschirmjägerbrigade nahe dem Mitla-Paß ab, um ägyptische Truppenbewegungen zu stören. Er hatte Befehl, auf keinen Fall den gut befestigten Paß anzugreifen, denn das war nach dem von Dayan ausgedachten Plan völlig überflüssig. Sharon ließ sich die Erlaubnis für einen ›Stoßtrupp‹ geben, schickte einen starken Verband den Berg herauf und direkt in einen ägyptischen Hinterhalt. Nun mußte er selbstverständlich den Rest seiner Brigade einsetzen, um seine Leute herauszuhauen, und mit Verlusten von 38 Toten und 120 Verwundeten – keine andere ›Durchbruchsschlacht‹ dieses Feldzuges kostete auch nur annähernd so viele Opfer – eroberte Sharon den Paß und tötete 200 Ägypter. Das war eine prachtvolle Leistung, aber gescheit war sie nicht. Und wenn der dreißigjährige Oberst Sharon nicht so eng mit David Ben-Gurion befreundet gewesen wäre, hätte man ihn wohl vors Kriegsgericht gestellt.

1967 befehligte Sharon eine *ugda* (Kampfgruppe), die auf der mittleren Route in den Sinai vorstoßen sollte. Zu diesem Zweck mußte zunächst das Straßenkreuz von Abu Ageila genommen werden, das aber viel stärker befestigt war als Sharon nach seiner Feindaufklärung annahm. Ein rascher Angriff »ohne Rücksicht auf Verluste« führte nicht zum Ziel, und Sharon mußte die Befestigungen in einer planmäßigen Operation niederringen. Edgar O'Ballance berichtet in seinem Buch über den Sechs-Tage-Krieg, die Operation sei geschickt und entschlossen ausgeführt worden, doch mußte Sharons Kampfgruppe viele Federn lassen und verlor ihre Mobilität. Man beauftragte ihn dann, eine von General Shasli kommandierte Panzereinheit einzuschließen, die bei Kuntilla stationiert und schon abgeschnitten war. Es gelang Shaslis Panzern jedoch, Sharons Kampfgruppe in der Dunkelheit des dritten Tages zu entwischen, was Major O'Ballance vermuten läßt, Sharon sei »geschickter im Stellungskrieg als im beweglichen Wüstenkrieg«.

Sharon selbst sieht sich trotzdem als Hüter der großen Tradition der israelischen Armee. Planung und Logistik langweilen ihn, folglich gibt er seiner Verachtung für Leute wie Bar-Lev, Gonen und Adan deutlich Ausdruck, die sich auf solche Sachen glänzend verstehen. Seine Verachtung findet ihren ganz persönlichen Ausdruck: Sharon, dessen Lebensstil an einen texanischen Viehzüchter (oder das Oberhaupt eines schottischen Clans) erinnert, hält es für unpassend, daß die israelische Armee von ehrbaren Vorstadtbewohnern geführt wird, die noch dazu Wirtschaftswissenschaften studiert haben.

In Anbetracht seiner Eignung für erbitterte Stellungskämpfe war die Beauftragung Sharons mit der Einrichtung und Sicherung eines Brückenkopfes jenseits des Kanals verständlich. Als es soweit war, brachten seine komplizierten Manöver ihn hoffnungslos in Verzug, und sogleich hörte Sharon auf, der gutausgebildete Infanterist zu sein, vielmehr kehrte er seine wahre Natur heraus. »Ein ganz raffinierter Bursche«, meinte einer seiner Offiziere. »Zu uns sagte er: ›Soll doch den Brückenkopf halten, wer will, jetzt kommt es drauf an, hinter der ägyptischen Front auf die Jagd zu gehen.‹« Als General Gonen davon hörte, daß Sharon beabsichtigte, seinen Brückenkopf auf dem westlichen Kanalufer schlicht und einfach im Stich zu lassen, um sich in der ägyptischen Etappe zu tummeln, fand er diese Absicht nicht besonders »raffiniert«. Er befahl Sharon, sich an seinem Brückenkopf einzugraben und ihn solange zu halten, bis eine Brücke geschlagen wäre. Nach jedem Lehrbuch war dieser Befehl richtig, alles andere hätte die Pioniere jeglichen Schutzes beraubt. Sharon entgegnete jedoch, seine Leute würden nur auffallen, wenn sie sich eingrüben. Dann müßten schließlich sogar die Ägypter erkennen, daß ihnen ein gutes Ziel geboten wurde. Diese beiden Ansichten waren unvereinbar, folglich endete das Gespräch mit einem scharfen Wortwechsel, wobei Sharon sich völlig ohne Reue zeigte.

»Wenn du überhaupt noch Eier hast, Gonen«, brüllte Sharon in

sein Sprechgerät, »dann schneidest du sie dir ab und frißt sie auf.«
Und schon teilte er seine wenigen Soldaten in winzige Überfall-
kommandos ein, die er auf die Suche nach Raketenrampen, Treib-
stofflagern und überhaupt allem schickte, was einen Angriff
lohnte. Einer seiner Offiziere gab ihm zu bedenken, daß man ihn
dafür möglicherweise aus dem Dienst entfernen werde. »Na und?«
entgegnete Sharon. »Dann trete ich eben unter einem anderen Namen wieder ein.«

Unter Vernachlässigung jeder minimalen Sicherung entfernten
sich die Eindringlinge durch Olivenhaine und Kiefernwäldchen.
Größere Gruppen wurden von zwei Panzern begleitet, denen
Halbkettenfahrzeuge folgten. Wer jedoch vom Geist Sharons ergriffen war und ein lohnendes Einzelunternehmen vorschlug, bekam gerne die Erlaubnis, auf eigene Faust zu handeln. So begannen
zwei Offiziere damit, einen ägyptischen Schützenpanzer zu requi-
rieren. Als sie auf eine ägyptische Lastwagenkolonne stießen, ließen sie sie vorbeifahren und schossen sie dann von hinten zusammen. Ein Treibstofflager an der Straße jagten sie mit Handgranaten in die Luft. Als ihr Schützenpanzer kein Benzin mehr hatte,
suchten sie sich für den Rückweg einen Jeep. Viel von dem so ange-
richteten Schaden war selbstverständlich eine Bagatelle, doch Sharon zufolge waren um die Mittagszeit auch vier SAM-Rampen
zerstört worden und damit der Luftraum für die israelischen Dü-
senjäger frei.

Seine Leute hatten sich unterdessen amüsiert und möglicherweise
auch bei einigen ägyptischen Verbänden im Sinai Verwirrung ge-
stiftet, die sie vom Westufer unter Feuer nahmen. Dann zeigten sie
an möglichst sichtbarer Stelle der Uferbefestigung die israelische
Flagge. Sharon meinte dazu, nichts demoralisierte den Gegner so
sehr als wenn er sieht, daß er seinen eigenen Feind im Rücken
hat.

Man fragt sich, warum nicht endlich ein Versuch gemacht wurde,
die Israelis auf dem Westufer abzuschneiden und zu vernichten.
Was ging eigentlich in der Kommandozentrale der Ägypter vor?
Was zeigte sich denn auf diesen gläsernen Lagekarten, auf denen
alle Details des stets wechselnden Kampfgeschehens abzulesen
sein sollten?

General Ismail war am 2. Oktober, vier Tage vor Kriegsbeginn, in
die Kommandozentrale hinabgestiegen, um die Operationen zu
leiten. Am Donnerstag, dem 16. Oktober, erschien er zum erstenmal wieder im Tageslicht, weil er mit Staatspräsident Sadat vor der

Volkskammer auftreten wollte. Er selbst hat in einem Interview mit *Al Ahram* gesagt, von einer Kanalüberquerung der Israelis sei ihm nichts bekannt gewesen, als er sich auf den Weg machte. Dies geschah gegen Mittag, und die Israelis waren nun schon seit elf Stunden auf dem Westufer.

Als Sadat in seiner Ansprache von dem israelischen Vorstoß nichts erwähnte, hielt die politische und militärische Führung Israels das für Absicht. Israelischen Sprechern zufolge bewies dies, »daß die Ägypter in einem politischen Dilemma sind«. Man stellte ungeheuer komplizierte Überlegungen darüber an, welcher Gesichtsverlust für die Ägypter mit der Auswahl jener Truppen verbunden sein könnte, die sie mit der Bekämpfung von Sharons kleiner Kampfgruppe beauftragen sollten.

Es kam den Israelis verständlicherweise nicht in den Sinn, daß Sadat und Ismail einfach nicht wußten, was vorging. Ismail beharrt jedenfalls darauf, daß der erste Hinweis auf die israelische Invasion »... mich erwartete, als ich aus der Kammer zurückkam, und der bezog sich auf das Einsickern einiger weniger Schwimmpanzer«. Es hieß dann noch, der örtliche Befehlshaber glaubte, der eingesikkerte Feind »kann unschwer vernichtet werden«, und zu diesem Zweck sei bereits »ein Sturmbataillon« in Marsch gesetzt worden.

Nun machten sich ja nicht nur Sharons Leute seit ein Uhr morgens auf dem Westufer bemerkbar, sondern seit Montagabend hatte im Abschnitt von Ismailia die Gefechtstätigkeit nicht aufgehört. Auf dem Ostufer schoben die Israelis ihre Front plötzlich um sechzehn Kilometer vor und bekamen dadurch die wichtige Straßenverbindung von Tasa nach dem Großen Bittersee in ihre Gewalt. Seit 23 Uhr am Montag lieferten sich Ägypter und Israelis bei der Chinesenfarm pausenlos Panzer- und Infanteriegefechte. Genau gegenüber der Chinesenfarm auf dem Westufer des Kanals waren zwischen ein Uhr früh und Tagesanbruch vier ägyptische Panzer vernichtet worden, und vor allem waren vier in dieser Gegend angelegte SAM-Rampen nicht mehr in Betrieb. Es war also nicht zu übersehen, daß sich etwas zusammenbraute, selbst wenn wirklich nur ganz wenige Israelis den Kanal überquert haben sollten. Trotzdem setzte niemand aus diesen Einzelbeobachtungen ein Bild der Gesamtlage zusammen, weder beim Stab von General Maamun in Ismailia noch in der Kommandozentrale, die von Ismail und Shasli beaufsichtigt wurde. Und es scheint auch, daß die Dritte Armee unter Generalmajor Abdel-Moneim Wassel nicht ahnte, daß ungewöhnliche Dinge vorgingen.

Wenn ihre Kanalüberquerung Zeugnis für die Fähigkeiten der ägyptischen Armee abgelegt hatte, so kamen bei Gelegenheit des israelischen Vorstoßes vom 15. und 16. Oktober ihre Fehler grell zutage. Westliche Militärattachés in Kairo sind der Auffassung, daß der ägyptische Militärapparat am besten bei sorgfältig geplanten Operationen funktioniert. Er verfügt über tüchtige Administratoren und hat auch genügend Leute, die mit Panzern, Geschützen und Raketenwerfern geschickt und mutig umgehen können. Beides reicht aber nicht, um in der beweglichen Kriegführung Erfolg zu haben, wo es vor allem auf ungestörten Informationsfluß ankommt. »Schnelle Reaktion der Führung entscheidet die Schlacht«, heißt es bei Rommel in *Die Regeln des Wüstenkrieges.* »Die Ergebnisse der Feindaufklärung müssen dem Kommandeur in kürzester Zeit vorliegen.« Und an anderer Stelle: »Die Führer motorisierter Streitkräfte müssen möglichst enge Verbindung zu ihrer eigenen Truppe halten.« Beides vernachlässigte die ägyptische Armee 1973.

Sie hatte der unermüdlichen israelischen Feindaufklärung nichts Gleichwertiges entgegenzusetzen. Feindaufklärung – also die Erkundung des gegnerischen Aufmarsches durch abgefangene Funksprüche, die Befragung von Gefangenen etc. – blieb ihnen geradezu ein Buch mit sieben Siegeln. Es fing schon damit an, daß die Ägypter einander nicht wissen ließen, was sie taten. Kaum jemand benutzte Feldtelefone oder Funksprechgeräte. Die Frontoffiziere bekämpften einfach den Feind, sobald er auftauchte, und wandten keine Mühe an die Abfassung von Gefechtsberichten. Nicht einmal Divisionskommandeure – also Leute in vergleichbarer Stellung wie Sharon – waren befugt, selbständig zu handeln. Das bedeutete in der Praxis, daß es keine Befehlszentrale gab, die näher an der Front gelegen hätte als Ismails Lageraum. Als man nach dem Krieg einen ägyptischen Offizier fragte, wer denn sein Frontkommandeur gewesen sei, nannte er Ismail, also den Verteidigungsminister vor seinen bunten Kriegskarten.

Das Paradox liegt darin, daß die Ägypter im allgemeinen im persönlichen Umgang durchaus mitteilungsfreudig sind. Daß dies beim Militär anders ist, liegt daran, daß die Armee, wie die meisten anderen ägyptischen Einrichtungen, eine hierarchische Bürokratie aufweist, in der unter Nassers Regime nur aufsteigen konnte, wer das geforderte Dienstalter erreicht und sich gut geführt hatte; Verdienst wurde nicht belohnt. In Friedenszeiten findet die Kommuni-

kation in diesem System auf ungewöhnlich formelle Weise statt –
es werden dafür große Mengen Papier beschrieben. Anstatt sich
den Kriegsbedingungen anzupassen, fällt die Kommunikation einfach aus.

Um eine Operation anzusetzen, an der sowohl die Zweite als auch
die Dritte Armee teilnehmen sollten, mußten Befehle ausgefertigt
werden, welche die Unterschriften von vier Stabsoffizieren trugen.
So konnten die Ägypter nicht vor Einbruch der Dunkelheit am
Dienstag, dem 16. Oktober, einen zusammengefaßten Angriff gegen den östlichen Zugang zur Übergangsstelle beginnen. Das war
zwar spät, hätte aber noch gelingen können. Die Zweite Armee
kam in voller Stärke von Norden her, die Dritte Armee näherte
sich von Süden. Ihr Ziel war, jene ägyptischen Infanteristen zu
entsetzen, die sich noch im Bereich der Chinesenfarm hielten, und
wäre das gelungen, wäre es mit den israelischen Plänen zu Ende gewesen, denn konzentriertes Feuer von der Chinesenfarm hätte die
Übergangsstelle unzugänglich gemacht.

Die ganze Nacht hindurch kämpfte ein Panzer erbittert gegen den
anderen. Die ägyptischen Infanteristen konnten nach Einbruch der
Dunkelheit ihre Panzerabwehrraketen nicht mehr verschießen,
doch nahm die Dunkelheit auch den Israelis den Vorteil der Treffsicherheit auf große Entfernung. Es war ein verwirrendes Gefecht,
die an Zahl unterlegenen Israelis kamen von zwei, gelegentlich
auch von drei Seiten her zugleich unter Feuer, doch die Pioniere
am Kanal begriffen gleich, was das Getümmel bedeutete: »Die
schneiden uns die Straße ab«, sagte ein Sergeant schlicht.

Die Pioniere hatten den Fährbetrieb nach Dunkelheit eingestellt,
doch war immer noch nicht Zeit gewesen, eine Brücke zusammen-
zubauen. Bei Morgengrauen – das Panzergefecht dauerte immer
noch an – setzten sie ihre Fähren wieder in Bewegung, doch die
ägyptische Artillerie griff fast sogleich ein. »Ich bin auf so einer
Fähre ans Westufer gefahren«, erinnert sich ein Veteran. »Wir
hatten zwei Schützenpanzer geladen und einen Jeep und noch gar
nicht richtig abgelegt, da krachte es schon. Die erste Granate fiel
zwanzig Meter von uns entfernt ins Wasser, die nächste landete direkt neben uns auf dem Ufer...« Sergeant Zvi aus Natania mußte
erleben, daß die »friedliche« Stimmung vom Dienstag am Mittwoch einem »mörderischen Tempo« gewichen war. Die Ägypter
»hatten sich auf beide Ufer eingeschossen. Zeigte sich an einem
Ufer eine Fähre, feuerten sie darauf aus allen Rohren, und am andern Ufer war es dasselbe.« Jetzt gab es Tote und Verwundete in

erheblicher Menge. »Wie es anderswo zugeht, weiß ich ja nicht«, sagte der Sergent, »aber unsere Verwundeten wollten sich nicht helfen lassen; sie gingen mit der Plasmaflasche in der Hand zur Sammelstelle... Man sieht Leute, denen ein Arm oder ein Bein abgeschossen ist, sie winden sich vor Schmerzen, aber sie geben keinen Laut von sich.«

Die Oberfläche des Kanals und die Uferbefestigungen waren schon bald mit toten Fischen übersät, die vom Druck der krepierenden Granaten getötet worden waren. Die Granaten versenkten aber auch Fähren. Ein Leutnant erinnert sich: »Mir sind zwei Wunder im Gedächtnis geblieben. Unser Kompaniechef geriet mit dem Fuß in einen Spalt in der Fähre, als sie sank. Er ist wohl der einzige Mensch, der bis auf den Grund des Kanals abgesoffen ist und sich weiter nichts dabei geholt hat als einen gebrochenen Fuß. Er hat da unten furchtbar rumgestrampelt und seinen Fuß damit befreit. Das andere Wunder betrifft einen Steuermann, der nicht schwimmen konnte... Er soff gerade mit seinem Floß ab, da ging die Tür zur Mannschaftskajüte auf, ein Rettungsring kam herausgeschwommen, schob sich unter ihn und hielt ihn an der Oberfläche...«

Der ägyptische Widerstand an der Chinesenfarm wurde nach und nach unter Verlusten gebrochen, und die Beschießung der Übergangsstelle nahm so weit ab, daß die israelischen Pioniere endlich die Pontons für ihren verspäteten Brückenbau zu Wasser bringen konnten. Artilleriefeuer und gelegentliche Luftangriffe machten den Brückenbau zu einem gefährlichen und nervenaufreibenden Unternehmen. Der Pionieroffizier, der die Bauarbeiten leitete, sagte später: »Wir lagen praktisch die ganze Zeit unter Feuer, ziemlich schwerem Feuer sogar. Sämtliche Geschütze und Flugzeuge in der Nachbarschaft hatten es auf uns abgesehen... Hier hat jeder einen guten Freund verloren.«

Ein Soldat sagte: »Bei Tieffliegerangriffen kriegt man es mit der Angst. Wer nicht zurückschießt, steckt den Kopf ins nächste Loch. Unsere Mirages haben die MIGs dann aber eine nach der andern heruntergeholt, wir standen am Ufer und klatschten wie bei einem Fußballspiel.«

Ihre Luftüberlegenheit hatten die Israelis Sharon und seinen Leuten zu danken, die ein Loch in den Raketenschirm gebohrt hatten, und damit ließ sich vielleicht am besten rechtfertigen, daß er Gonen den Gehorsam verweigerte. Tatsächlich wurde der ursprünglich total gescheiterte Plan durch den Kampfgeist der israelischen

Soldaten gerettet. Die Brücke war Mittwoch gegen Mittag mit 30stündiger Verspätung endlich geschlagen, und die ersten Panzer der drei Brigaden von Bren Adan rollten auf die andere Seite.

Das Überraschungsmoment war nun selbstverständlich ganz verloren, und für den Rest der Woche waren die Brücke und ihre nähere Umgebung ein gefährlicher Aufenthalt. Die ägyptischen Angriffe zeichneten sich aber mehr durch Hartnäckigkeit als durch Koordination aus; die Verwirrung im ägyptischen Kommando wirkte sich stark zugunsten der Israelis aus. Nach dem Nachtgefecht vom Dienstag verkündete Generalmajor Is ad-Din Mukhtar zuversichtlich, die israelischen Verbände auf dem Westufer seien abgeschnitten. Die Zuversicht gründete sich augenscheinlich auf die Behauptung von General Maamun in Ismailia, daß der Angriff auf die Chinesenfarm sein Ziel erreicht hätte. In diesem Stadium hat, Arik Sharon zufolge, das ägyptische Kommunikationssystem »nur noch einen Haufen Lügen verbreitet«, es kann aber gut sein, daß dies nur geschah, weil die Ägypter die Stärke des israelischen Angriffs tatsächlich nicht erkannt hatten.

Mittwochabend unternahm der glücklose Maamun noch einen Angriff gegen die unterdessen verstärkten israelischen Streitkräfte auf dem Westufer und wurde glatt abgeschlagen. Danach »hörte der Informationsfluß überhaupt auf, weil unter den veränderten Bedingungen einschneidende Veränderungen in der Kommandostruktur vorgenommen wurden«, wie Kriegsminister Ismail zugab. Wenige Tage später hieß es, General Maamun hätte einen Herzanfall erlitten und sei durch Generalmajor Abdul Moneim Khalil abgelöst worden. Maamun war angeblich schon seit langem nicht gesund und soll schon mehrere Herzanfälle gehabt haben.

Ungeschickt wie sie waren, hatten die von den Ägyptern ausgeteilten Schläge die Israelis doch aufgehalten. Die eigentliche Verantwortung für die eingetretenen Verzögerungen muß aber doch bei der israelischen Armee selbst gesucht werden. Sharon gibt selbstverständlich die Schuld daran dem Mangel an Schneid im Oberkommando – eine raschere Verstärkung seiner Truppe hätte nach seiner Ansicht den entscheidenden Unterschied ausgemacht. Man kann behaupten, Sharons kühne Reaktion in der Lage vom Dienstagmorgen sei taktisch richtig gewesen. Ismail bereute jetzt bitter, daß er praktisch alle ägyptischen Kampfpanzer im Sinai eingesetzt hatte. Auf die Frage eines westlichen Diplomaten, warum Ägypten nicht seine Reserven gegen Sharon und Adan eingesetzt habe, erwiderte ein Offizier Ismails beinahe hysterisch: »Reserven? Was denn für Reserven?« Von den 500 Panzern, die Ismail eben erst ans Ostufer hatte übersetzen lassen, hätte man sehr wohl welche zurücknehmen können. Sadat jedoch zögerte 36 Stunden, bevor er in diese Demütigung einwilligte. Doch wie man es auch betrachten will, die entscheidenden 24 Stunden gingen verloren, weil Sharon seine Brücke nicht rechtzeitig über den Kanal schlagen konnte. Als Bren Adans Panzer ihren Vorstoß nach Süden auf Shallufa und Suez begannen, arbeitete die Zeit schon deutlich gegen die israelische Armee und ihre Hoffnung auf einen totalen Sieg.

Einsatz der »Ölwaffe«

In der zweiten Kriegswoche wurde die »Ölwaffe« gegen Israel eingesetzt, indirekt, aber mit großer Wirkung. Sie konnte sich nur indirekt bemerkbar machen, weil Israel selbst kein arabisches Öl benötigt, jedenfalls nicht, solange die Ölquellen im westlichen Sinai in israelischer Hand bleiben und der Schah von Persien ihm freundlich gesonnen ist. Die Wirkung war in zweifacher Hinsicht indirekt, weil die Vereinigten Staaten, auf deren Unterstützung Israel am wenigsten verzichten kann, von allen großen Industrieländern durch das arabische Ölembargo am wenigsten getroffen werden. Viele der Länder, die das Embargo am härtesten trifft, hatten sich schon vor Ausbruch des Krieges gut mit den Arabern gestellt – zumindest was den arabischen Anspruch auf die Rückgewinnung der besetzten Gebiete angeht, nicht was die Vernichtung des Staates Israel betrifft. Die arabischen Politiker gingen von der Überlegung aus, daß der Druck auf die westlichen Länder an die Vereinigten Staaten weitergegeben würde, die dann ihrerseits Israel bedrängen würden, einem Waffenstillstand zuzustimmen, der für die arabische Sache vorteilhaft wäre.
Die Methode gleicht der, die in dem Kinderreim beschrieben wird, wo die alte Frau Wasser aufs Feuer gießt, damit das Feuer nicht den Stock verbrennt, mit dem sie den Hund prügeln will, der das Schwein beißen soll, das sich nicht von der Stelle rührt und sie daran hindert, rechtzeitig zum Abendbrot zu Hause zu sein. Wenn man diese Methode in der internationalen Politik anwendet, ist das jedoch eine riskante Sache, deren Resultate nicht vorhersehbar sind. Am Mittwoch, dem 17. Oktober, sollten sich die zur »Organisation der erdölexportierenden Länder« (OPEC) gehörenden

Staaten am Persischen Golf in Kuweit versammeln. Trotz der Anwesenheit der Iraner, die ja keine Araber sind, war dies der geeignete Zeitpunkt für die Bekanntgabe des arabischen Manifestes.

Zwei Tage vorher, am 15. Oktober – Sharon und seine Offiziere bereiteten sich gerade auf die Kanalüberquerung vor, traf eine ägyptische Delegation in Saudi-Arabiens Hauptstadt Riad zu Gesprächen mit König Feisals Ölminister Ahmed Jamani ein. Die Gespräche sollten festlegen, daß Ägypten, der größte arabische Staat, und Saudi-Arabien, der größte Ölproduzent, in Kuweit den gleichen Standpunkt vortragen würden.

Die Ägypter, angeführt von Ölminister Hilal, wollten weitergehen als die Saudis, doch waren beide noch relativ gemäßigt, mindestens wenn man ihre Absichten mit dem vergleicht, was Tage und Wochen später wirklich geschah. Scheich Jamani kann man beim besten Willen nicht zu den Radikalen zählen. Er hat an der Universität von New York und in Harvard Rechtswissenschaften studiert und saß mit 30 Jahren im Aufsichtsrat der Aramco, der mehrheitlich in amerikanischen Händen befindlichen Gesellschaft, die über das Öl von Saudi-Arabien verfügt. Obwohl 20 Jahre jünger als König Feisal, ist er ein ebenso konservativer Moslem wie dieser, und man sagt, daß er zum König eine Sohn-Vater-Beziehung hat. Hauptsächlich dank Jamanis Hartnäckigkeit endete die Konferenz zwischen den Saudis und den Ägyptern damit, daß man sich auf eine Verringerung der Ölförderung um 5 Prozent und ein gezieltes Embargo einigte. Das war eine behutsame Politik, die genügend Raum für Verhandlungen mit den betroffenen Ländern ließ.

Das Ergebnis sollte erst nach der Besprechung in Kuweit bekannt werden. Leider begann die Sitzung im Hotel Sheraton in Kuweit um 11.00 Uhr vormittags am Mittwoch bereits in einer Atmosphäre der Verwirrung, und am Abend war diese Verwirrung komplett.

Am frühen Morgen hatten die Golfländer (fünf arabische Staaten und Iran) durch ihren iranischen Vorsitzenden bereits verlautbart, daß sie den Preis für Rohöl um 70 Prozent heraufsetzen wollten. Im Laufe des Tages unterschied kaum noch jemand zwischen den Bemühungen *aller* ölproduzierenden Länder, mehr Geld für ihr Öl zu bekommen, und dem Versuch der arabischen Ölproduzenten, den Ausgang des Jom-Kippur-Krieges zu beeinflussen. Ebenso verwischte sich der Unterschied zwischen der »Organisation ölexportierender Länder« (OPEC) und der »Organisation arabischer ölexportierender Länder« (OAPEC). Einige Reporter meldeten, die

Drosselung der Förderung in den OAPEC-Ländern sei von dem Vorsitzenden der OPEC-Länder bekannt gegeben worden. Die Iraner, weit davon entfernt, den westlichen Ländern die Ölzufuhr zu beschneiden, sind auch Israels Hauptlieferanten, und die gesamte iranische Delegation zog sich taktvoll aus der Stadt zurück, sobald man sich auf die Erhöhung der Preise geeinigt hatte.

Auch das entscheidende Kommuniqué, das schließlich um 21.30 Uhr veröffentlicht wurde, gab keinen zuverlässigeren Aufschluß. Es war nur eine Kopie vorhanden, und der Text war hastig in arabischen Schriftzeichen festgehalten worden. Bedeutungsvolle Passagen waren durchgestrichen, andere mit Bleistift zugefügt. Man riß dem Sprecher der OAPEC die dünnen Blätter aus der Hand, vervielfältigte sie mit dem Gerät des Hotels und verteilte sie an die Journalisten, die arabisch lesen konnten. Die Änderungen waren aber auf dem Kopierpapier kaum zu erkennen, und daher entging den meisten Journalisten, daß die Mitglieder der OAPEC im letzten Augenblick die Voraussetzungen geändert hatten, unter denen sie bereit sein wollten, die Öllieferungen voll aufzunehmen – statt »Entschließung Nr. 242 der Vereinten Nationen« stand jetzt dort nur weniger präzise »Entschließung der Vereinten Nationen«.

Das war übrigens nicht die einzige Klausel, die nicht deutlich zu lesen war. Durch einen Pfeil war angedeutet, daß der Passus »und die legitimen Rechte des palästinensischen Volkes müssen wiederhergestellt werden« ebenfalls Bestandteil des Wortlautes geworden war. Hinzugefügt wurde dieser Satz erst, nachdem Mitglieder der palästinensischen Befreiungsorganisation in Kuweit, die davon gehört hatten, daß eine Entschließung verabschiedet werden sollte, in der sie nicht vorkamen, im Taxi ins Hotel fuhren und sich bei den Ölministern beschwerten. Von vielen Berichterstattern wurde dieser Satz jedenfalls übersehen, und von den Ölministern wollte keiner seine Zeit damit verlieren, das Kommuniqué auszulegen. Scheich Jamani, der eigentliche Verfasser, befand sich schon in seinem Privatflugzeug auf der Rückreise nach Riad, bevor es bekannt gemacht wurde.

Doch einerlei wie darüber berichtet wurde, die Mäßigung, die sich in diesem Dokument ausdrückte, war ein Sieg für die Saudis. Die radikalen Araber hatten viel weitergehen wollen. Der Ölminister des Irak, Sadun Hammadi, verlangte »die völlige Verstaatlichung aller amerikanischen Ölinteressen; Abrufung sämtlicher von arabischen Staaten in den USA investierten Gelder... den Abbruch der diplomatischen Beziehungen zwischen allen arabischen Ölproduzenten und den USA«. Is al-Din al-Mabruk, vormals Beamter des Königs Idris und jetzt Verstaatlichungsexperte bei Oberst Gaddafi, forderte die Enteignung nicht nur der amerikanischen, sondern aller ausländischen Ölgesellschaften, und Belaid Adbessalem aus Algerien fand, die Drosselung der Produktion um 5 Prozent treffe Europa nicht schwer genug.

Aber die Kombination von saudischem Öl und ägyptischem Einfluß war nicht zu schlagen. Die endgültige Fassung des Kommuniqués war kurz und maßvoll. Es hieß darin, die Araber seien nicht verpflichtet, der übrigen Welt zu Gefallen ihre beschränkten Ölreserven in einem Ausmaß abzupumpen, das andere bestimmten. Danach folgte der diplomatische Kernsatz: »Die Völkergemeinschaft ist verpflichtet, auf die Durchsetzung von Beschlüssen der Vereinten Nationen zu dringen und den Aggressor daran zu hindern, die Früchte der Aggression zu genießen.«

Weniger verklausuliert heißt dies, man erwartete von den Industrienationen, daß sie Israel zwingen sollten, sich zurückzuziehen. Ein Delegierter drückte es im Hotel Sheraton so aus: »Diesesmal ist Neutralität nicht ausreichend, die anderen Staaten müssen sich positiv zu uns einstellen. Wer nicht für uns ist, der ist gegen uns.« Diese Worte wurden in den folgenden Tagen in konkrete Maßnahmen gegen Holland und Japan umgesetzt. In dem Kommuniqué hieß es weiter ausdrücklich, »die Völkergemeinschaft« (womit in Wahrheit Westeuropa und Japan gemeint waren) dürfe sich nicht damit begnügen, selber auf Israel in der Frage der besetzten Gebiete Einfluß zu nehmen, sie müßten auch die Amerikaner drängen, das gleiche zu tun. Nur dann werde das Öl wieder fließen.

Nach dieser Drohung mit der Peitsche wurde Zuckerbrot angeboten – England, Frankreich und Spanien waren die ersten, die darauf anbissen. »Befreundete Staaten, die den Arabern materielle Hilfe geleistet haben oder noch leisten werden«, sollten mit der gleichen Menge Öl beliefert werden wie vor der Produktionsdrosselung. Diese Vorzugsbehandlung sollten ferner alle Staaten genießen, »die bedeutende Maßnahmen gegen Israel einleiten«.

Die Verlautbarung endete mit einer versöhnlichen, an das amerikanische Volk gerichteten Geste. Das war der Beitrag Saudi-Arabiens, denn die anderen Teilnehmer hatten bereits erklärt, sie würden innerhalb weniger Tage den totalen Boykott gegen die USA verhängen. Die Saudis indessen hofften immer noch auf eine Konzession ihrer amerikanischen Freunde, obwohl sie wußten, daß Amerika über eine Luftbrücke Israel mit Waffen belieferte. Sadun

Hammadi aus dem Irak fand die Verlautbarung so jämmerlich, daß er sich weigerte, sie zu unterschreiben.

Von allen arabischen Ölproduzenten wollte nur König Feisal den Amerikanern Zeit lassen; unter vier Augen hatte er dem US-Botschafter in Riad, James Akins, versichert, daß er ein Embargo gegen die USA auf keinen Fall vor Ende November wirksam werden lassen wolle.

Während die Ölminister in Kuweit tagten, besprach sich der saudische Außenminister Omar Sakkaf in Washington mit Präsident Nixon. Diese Gespräche, an denen auch die Außenminister von Kuweit, Algerien und Marokko teilnahmen, schienen überaus freundschaftlich zu verlaufen. Sakkaf bezeichnete hinterher Präsident Nixon als »den Mann, der den Krieg in Vietnam beendet hat« und als eine historische Gestalt, die bei einer Friedensregelung für den Nahen Osten sehr wohl eine bedeutende Rolle spielen könnte. Nixon selbst meinte, man werde eine Regelung finden, die »friedlich, gerecht und ehrenhaft ist«.

Sakkaf steht Feisal so nahe, daß Feisal erwartet, jedermann betrachte den Minister als seinen unmittelbaren Vertreter. Nachdem sie derartige Erklärungen abgegeben hatten, waren die Saudis in dem Glauben, die Amerikaner wären im Begriff, ihre Politik zu ändern, keinesfalls aber würden sie die Lage verschärfen. Einen Tag nach seinem Gespräch mit Sakkaf forderte Präsident Nixon indessen vom Kongreß, dem Staat Israel für Waffenkäufe in den USA einen Kredit von zwei Milliarden Dollar einzuräumen. Die Amerikaner sahen darin vermutlich nichts anderes als einen buchhalterischen Vorgang, mit dem die Kosten für das bereits an Israel gelieferte Material abgedeckt werden sollten; die Lieferung war übrigens bekanntgegeben worden, bevor Sakkaf mit dem Präsidenten zusammenkam. König Feisal sah darin aber ein gegen ihn persönlich gerichtetes Täuschungsmanöver und berief am Freitag sein Kabinett zu einer längeren Sitzung ein. Tags darauf, den Samstag 20. Oktober, wurde verlautbart, die Öllieferungen an die USA würden mit sofortiger Wirkung eingestellt und »auf Anweisung von König Feisal... wird zum Dschihad aufgerufen. Damit sind alle Moslems, alle Bürger unseres Landes verpflichtet, am Kampf um die Freiheit teilzunehmen.«

Am königlichen Hof hieß es, diese abrupte Schwenkung sei das Ergebnis »der Steigerung amerikanischer Waffenlieferungen an Israel«. Die Bedeutung der Verlautbarung erschöpfte sich aber nicht darin, daß hinfort täglich 638 500 Barrels Öl (1 Barrel = 158,757

Liter) weniger nach Amerika flossen, obschon diese Öllieferungen praktisch die einzigen sind, welche die USA aus dem Nahen Osten erhalten. Viel wichtiger war ein anderer Umstand, den ein Ölmann in Beirut so zusammenfaßte: »Wenn Saudi-Arabien nach B zieht, müssen alle anderen Ölproduzenten mindestens ebenso weit, wenn nicht gar nach C ziehen.« Die konservativste nahöstliche Macht hatte also eine eindeutig antiwestliche Position bezogen. Das Spiel wurde nun gefährlich, nicht nur für die Teilnehmer, sondern auch für die, die nur gewettet hatten oder zuschauten. Und die Notwendigkeit, diesem Spiel ein Ende zu machen, war jetzt so eklatant, daß die Supermächte sich ihr nicht mehr verschließen konnten.

Die Sowjetunion war schon nach wenigen Kriegstagen davon überzeugt, daß so schnell wie möglich ein Waffenstillstand herbeigeführt werden müßte. Diese Überzeugung war so mächtig, daß die Sowjetunion sich einbildete, Präsident Sadat sei bereit, über Frieden zu reden, bevor dies wirklich der Fall war.
Der sowjetische Wunsch, die Ägypter sollten den Kampf einstellen, während sie noch im Vorteil waren, entsprang ohne Zweifel ihrer pessimistischen Einschätzung der ägyptischen Fähigkeiten; sie glaubten nicht, daß die ägyptische Armee einem massiven israelischen Gegenangriff standhalten könnte. Die Russen fürchteten mit Recht, daß die Ägypter im Laufe eines längeren Krieges immer schwerere Schlappen hinnehmen müßten, woraus sich dann unberechenbare Folgen ergeben konnten. Am Dienstag, dem 16. Oktober, war die Sowjetunion soweit, ihren Schützling Ägypten größerem Druck auszusetzen. Soweit man das beurteilen kann, folgte dann in den nächsten Tagen zwischen den beiden Großmächten nicht so sehr ein diplomatisches Schachern als vielmehr ein Prozeß, in dessen Verlauf die amerikanische Angst sehr rasch den Grad der russischen Befürchtungen annahm. So entstand dann am Wochenende eine Lage, in der es nicht nur möglich, sondern geradezu unvermeidlich war, daß sie gemeinsam vor dem Sicherheitsrat auftraten.
Dienstag sagte Kossygin eine Besprechung mit dem dänischen Ministerpräsidenten ab und kam gerade in Kairo an, als die ägyptische Feindaufklärung die ersten Meldungen über den israelischen Brückenkopf auf dem Ostufer des Kanals vorlegte. Von Dienstag abend bis Donnerstag nacht (18. Oktober) hatte Kossygin mit Sadat fünf Besprechungen, deren Verlauf streng geheim gehalten wurde;

allerdings deutet eine Quelle an, welche, Art von Übereinkunft Kossygin anstrebte und vielleicht auch durchsetzte, bevor Bren Adan alle Berechnungen zuschanden machte.

Die Ägypter stellten sich auf den Standpunkt, daß ein Waffenstillstand nur eintreten könnte, nachdem die Israelis sich bereit erklärt hätten, auf die Grenzen von vor 1967 zurückzugehen. Das war ein schöner, auch ein kühner Standpunkt, nur basierte er auf etwas, das Henry Kissinger später zartfühlend »eine Fehleinschätzung der militärischen Lage« nannte.

Zugleich mit Kossygin hielt sich auch Jugoslawiens Außenminister Milos Micic in Kairo auf. Jugoslawien unterhält seit langem enge Beziehungen zu Ägypten, was auf jene Zeit zurückgeht, da Tito, Nasser und Nehru den Grundsatz der Blockfreiheit entwickelten. Der eigentliche Grund für seine Anwesenheit war, daß offenbar die Ägypter auf den Gedanken gekommen waren, Jugoslawien solle in der vielleicht im Nahen Osten benötigten UN-Friedenstruppe die größte Zahl der Teilnehmer stellen. Man darf also annehmen, daß der Kairoer Korrespondent der amtlichen jugoslawischen Nachrichtenagentur »Tanjug« wußte, wovon er sprach, als er über das Ergebnis von Kossygins Verhandlungen am Freitagmorgen berichtete. »Tanjug« zufolge hatten die Ägypter einem Vierpunkteplan zugestimmt, der den Kämpfen ein Ende machen würde, allerdings um einen Preis, der die Supermächte beinahe in die Arena zu steigen nötigte.

Der erste dieser vier Punkte modifizierte die Vorbedingung Ägyptens für die Feuereinstellung. Es hieß jetzt nicht mehr, die Israelis müßten sich auf die Grenzen von vor 1967 zurückziehen, sondern »auf diese Grenzen mit geringen Korrekturen«. Das war kein großes Zugeständnis, aber man kann auch nicht sagen, daß die Waffenstillstandslinien, mit denen Ägypten sich drei Tage später abfinden mußte, »geringe Korrekturen« darstellten. Innerhalb der sehr zuversichtlichen Rede von Sadat am Dienstag schien dieser Passus eine gewisse Flexibilität anzudeuten.

Dafür mußte Kossygin – laut »Tanjug« – teuer bezahlen, denn die folgenden drei Punkte besagten: die Grenzen der am Kriege beteiligten Staaten werden künftig durch die beiden Supermächte und den Sicherheitsrat garantiert; eine internationale Polizeistreitmacht wird die Einhaltung des Waffenstillstandes beaufsichtigen; die Sowjetunion und die Vereinigten Staaten werden »kraft physischer Anwesenheit, jeder für sich oder in Gemeinschaft mit anderen« die Unverletzlichkeit der Grenzen garantieren. Diese

Meldung von »Tanjug« wurde damals wenig beachtet, doch eine Woche später führte der Vorschlag des unmittelbaren militärischen Eingreifens der Supermächte fast zu einer atomaren Auseinandersetzung zwischen Amerika und der Sowjetunion. Westliche Diplomaten, die mit gespitzten Ohren auf alle Geräusche achteten, die während der Verhandlungen von Kossygin mit Sadat zu hören waren, meinten, diese Gespräche seien nicht besonders geordnet verlaufen. Dieser Meinung zufolge hat man sich an den ersten beiden Tagen bemüht, zu einer Übereinkunft etwa nach dem Vorbild der von »Tanjug« veröffentlichten Formel zu gelangen. Sadat wußte entweder nicht oder verschwieg seinem Besucher, wie die militärische Lage am Westufer des Kanals sich entwickelte. Als wenige Tage später an den Tag kam, daß die Dritte ägyptische Armee völlig eingekesselt war, beklagten sich Funktionäre des Kreml bitterlich bei westlichen Journalisten darüber, daß die Ägypter Kossygin und seine Begleitung über die militärische Lage »getäuscht« hätten. »Im Sinai hat ein Stalingrad stattgefunden, aber man wollte es uns nicht eingestehen«, sagten die Russen. Westlichen Diplomaten zufolge hat Sadat am Donnerstagvormittag Kossygin reinen Wein eingeschenkt. (Um diese Zeit könnte Kossygin bereits seine eigenen Mutmaßungen gehabt haben, denn er hat während seines Besuches mehrmals mit dem Kreml telefoniert.) Es heißt, er habe Sadats Eröffnung mit Entsetzen angehört, ihn dann aber aufgefordert, das äußerste zu tun, um den militärischen Zusammenbruch solange aufzuschieben, bis die Russen die bestmöglichen Bedingungen für einen Waffenstillstand ausgehandelt hätten.

Als Kossygin wieder in Moskau war – nach Zwischenaufenthalten in Bagdad und Damaskus –, setzten die Sowjets sich sofort mit den Amerikanern in Verbindung. »Am gleichen Abend noch bemühten wir uns um eine neue Formel für die Feuereinstellung«, sagte Außenminister Kissinger später. »Und während wir noch dabei waren, ersuchte Breschnew dringend, mich nach Moskau zu entsenden, um die Verhandlungen zu beschleunigen; es war ja nicht abzusehen, wohin dieser Krieg noch hätte führen können.« Die Russen informierten Washington über das Debakel, das den Ägyptern bevorstand, und sagten, sie könnten dies einfach nicht zulassen und müßten schlimmstenfalls drastische Schritte unternehmen, um es zu verhindern. Die Amerikaner begriffen gleich, daß sie es dazu keinesfalls kommen lassen durften, und um fünf Uhr am Sonnabendmorgen flogen Kissinger und neun Begleiter, darunter der erfahrene amerikanische Nahost-Unterhändler Joseph Sisco von Washington nach Moskau. Es fragte sich, ob man eine Formel finden und sie im Sicherheitsrat durchbringen konnte, bevor die Panzer von Bren Adan die ägyptische Armee in drei ziemlich gleiche Teile zerlegten.

Die dritte Woche

Die Supermächte
beschließen das Unentschieden

Kissinger bastelt an einem Waffenstillstand

Am Sonntag, dem 21. Oktober, gab das ägyptische Oberkommando in Kairo die erste Pressekonferenz seit Beginn der Feindseligkeiten vor 16 Tagen. Militärsprecher Generalmajor Es Eddin Mukhtar verlas die Theorie, Ägypten hätte Israel bereits auf dem Schlachtfeld besiegt, müßte sich nun allerdings gegen die Macht der Vereinigten Staaten durchsetzen; immerhin sei erwiesen, daß die ägyptischen Truppen die Halbinsel Sinai vom Mittelmeer bis Suez beherrschten. Er bezifferte die israelischen Verluste an der ägyptischen Front mit 600 Panzern, 400 gepanzerten Fahrzeugen, 23 Kriegsschiffen, 25 Hubschraubern und 303 Flugzeugen. Als einer der Journalisten ihm entgegenhielt, Ägypter und Syrer behaupteten, sie hätten gemeinsam mehr als 600 von insgesamt vorhandenen knapp 500 israelischen Flugzeugen abgeschossen, erwiderte Mukhtar geschickt, dieser scheinbare Widerspruch löse sich auf, wenn man die amerikanischen Ersatzlieferungen einrechne. Mukhtars Angaben über die an der ägyptischen Front abgeschossenen israelischen Flugzeuge waren übrigens zehnfach übertrieben; tatsächlich verloren die Israelis 80 von insgesamt 115 abgeschossenen Flugzeugen über den Golan-Höhen.
Den israelischen Brückenkopf auf der Westseite des Kanals tat er mit einer Handbewegung ab. Es gäbe zwei kleine israelische Einbrüche etwa 10km auf ägyptisches Territorium in der Gegend von Deversoir – doch diese Einbruchstellen würden von Tausenden ägyptischen Soldaten abgeriegelt. (Dieses unwillige Eingeständnis war immerhin schon ein Fortschritt gegenüber der am Mittwoch davor aufgestellten Behauptung, die israelischen Einsatztruppen seien »ausgelöscht« worden.) Mukhtar gab jetzt zu, daß dieser Brückenkopf eine Art Nadelstich für die groß angelegte ägyptische Strategie wäre, aber mehr nicht. Auf eine Frage erwiderte er, die Hauptnachschubwege der Ägypter, die Straße von Kairo nach Ismailia und die von Kairo südlich nach Suez führenden Straßen, wären nicht bedroht.

Während diese Beteuerungen abgegeben wurden, nahmen israelische Streitkräfte westlich des Kanals Stellungen ein, die etwa dreieinhalb Kilometer südlich der Straße Kairo-Ismailia verliefen, und damit lag Kairo im Schußbereich der israelischen Artillerie. Das Gros der israelischen Truppen – die Verstärkungen, die sich den ganzen Tag hindurch nördlich des Großen Bittersees über die Pontonbrücke wälzten – marschierte in südlicher Richtung auf Suez und machte nur Halt, um einige Raketenabschußrampen zu zerstören, die Reste des Schutzschirmes, unter dem die Ägypter ihren Angriff begonnen hatten. Daß die Mirages und Phantoms der Israelis relativ unbelästigt flogen, beweist, daß diese Operationen Erfolg gehabt hatten. Die Ägypter waren immer öfter gezwungen, ihre kostbaren MIG einzusetzen, um den israelischen Vormarsch zu bremsen. Der israelische Informationsdienst behauptete, daß 17 ägyptische Kampfflugzeuge an einem einzigen Tag abgeschossen worden seien.

Als es dunkel wurde, war der israelische Brückenkopf auf dem Westufer etwa 30 km tief und erstreckte sich über eine Front von rund 40 km; er reichte im Norden bis fast an die Straße Ismailia-Kairo und im Süden bis zum Kleinen Bittersee. Innerhalb dieses Gebiets leisteten Einheiten der ägyptischen Armee noch entschlossenen Widerstand, und die Vorausabteilungen der Israelis hatten die Straße Kairo-Suez noch nicht erreicht, die Hauptnachschublinie der Dritten Ägyptischen Armee, die noch im Besitz jenes Terrains war, das sich auf dem Westufer vom Südende des Kleinen Bittersees bis zu einem Punkt wenige Kilometer südlich von Suez hinzieht. Jeder Militärexperte wäre zu dem Urteil gekommen, daß die Dritte Armee, die noch etwa 20000 Mann und 300 bis 400 kampfbereite Panzer zählte, in höchster Gefahr schwebte.

Der israelische Blitzkrieg beschleunigte das Konzentrationsvermögen der in Moskau versammelten Unterhändler. Welche Konsequenzen der israelische Erfolg auf dem Westufer des Kanals haben würde, konnten sich der amerikanische Außenminister Kissinger und der sowjetische Parteisekretär Breschnew leicht ausmalen. Breschnew wußte nur zu gut, daß die Sowjetunion nicht tatenlos zusehen durfte, wie die ägyptische Kriegsmaschine systematisch zerschlagen wurde und die Israelis David Elasars Versprechen wahrmachten, »dem Gegner die Knochen zu brechen«. Ehe sie sich's versahen, konnten die beiden Supermächte von ihren Schützlingen in eine Konfrontation hineingezogen werden. Sonntagabend – die ägyptische und die israelische Armee standen nun in Schlachtordnung auf dem jeweils falschen Ufer des Kanals – war eine Lage eingetreten, die es beiden kriegführenden Seiten ermöglichte, für den internen Gebrauch einen Sieg zu verkünden. Diese Lage mochte noch 24 Stunden unverändert anhalten, bestenfalls 48 Stunden. Danach konnte selbst Kairos Propagandaapparat die militärische Niederlage nicht mehr vertuschen, und folglich würden die Araber die Sowjetunion noch stärker drängen, die Scharte auszuwetzen.

Die Architekten der Entspannung in Moskau sahen als einzigen Ausweg, die kriegerischen Ereignisse an Ort und Stelle »einzufrieren«, bevor diese bedrohliche Entwicklung eintrat. Am Sonntagabend hatten die Waffenlieferanten der Nahostländer in groben Zügen ein Abkommen über die Feuereinstellung ausgehandelt. In Kairo wurde Präsident Sadat durch den sowjetischen Botschafter Wladimir Winogradow auf dem laufenden gehalten. Um 21.30 Uhr machte Winogradow den ägyptischen Staatschef mit der neuesten Einigungsformel der Supermächte bekannt. Sadat muß die Klauseln dieses von Kissinger und Breschnew ausgearbeiteten Vorschlags sehr erleichtert gelesen haben, obwohl er wohl wußte, wie schwer es ihm fallen würde, den Vorschlag seinem eigenen Kabinett und den anderen arabischen Regierungen vorzulegen, die noch nicht begriffen hatten, wie ernst die Lage seiner Dritten Armee war.

Israels Ministerpräsidentin Golda Meïr erfuhr etwa gleichzeitig von der Moskauer Übereinkunft und berief sogleich eine Kabinettsitzung, die erst um vier Uhr in der Frühe endete. Während das israelische Kabinett sich noch mit einem Vorschlag vertraut machte, der einen ambivalenten Kompromiß an die Stelle des unmittelbar bevorstehenden Sieges zu setzen drohte, wurde die schwerfällige Maschinerie des UN-Sicherheitsrates angekurbelt.

Kurz nach 22 Uhr Ortszeit am Sonntagabend (es war jetzt vier Uhr morgens am Montag im Kriegsgebiet) eröffnete der australische Vorsitzende des Sicherheitsrates, Sir Laurence McIntyre, die Sitzung. Er legte den Mitgliedern den Entwurf der Resolution Nr. 338 vor, die gemeinsam von den USA und der UdSSR eingebracht wurde. Sie war dankenswert kurz, enthielt aber auch viele Unklarheiten. Der Inhalt war in drei Punkte gegliedert, die folgendermaßen lauteten:

»Der Sicherheitsrat:
1. fordert die kriegführenden Parteien auf, zwölf Stunden nach

Verabschiedung dieser Resolution durch den Rat in den dann ein-
genommenen Positionen zu verharren, das Feuer einzustellen und
jede militärische Tätigkeit zu unterlassen;
2. fordert die betroffenen Parteien auf, sogleich nach Feuereinstellung die im Beschluß 242 des Sicherheitsrates enthaltenen Anord-
nungen zu befolgen;
3. beschließt, daß unverzüglich und zugleich mit dem Inkrafttreten
der Feuereinstellung Verhandlungen zwischen den Parteien unter
sachverständiger Leitung aufgenommen werden mit dem Ziel, einen gerechten und dauerhaften Frieden im Nahen Osten herzustellen.«

Als einziges Mitglied des Sicherheitsrates erhob China Einwen-
dungen. Pekings Vertreter Huang Hua sagte, sein Land könnte
keinem Beschluß zustimmen, in dem nicht »in stärksten Ausdrük-
ken die von den israelischen Zionisten begangenen Aggressions-
handlungen verurteilt werden...«, und er bekundete sein Mißfal-
len, indem er sich der Stimme enthielt. Die Einmütigkeit der Supermächte spiegelte sich in der Haltung der anderen Mitglieder,
die nach nur zweieinhalb Stunden Beratung einstimmig (14:0) die
Resolution billigten. Dieser Beschluß – und das war vielleicht sehr
gescheit – räumte nicht mit den Mehrdeutigkeiten im Wortlaut
der Resolution 242 auf, enthielt aber Anreize für beide Seiten. Den
Arabern bot er die Aussicht auf den Wiedergewinn ihres von Israel
besetzten Territoriums, den Israelis die lang gesuchte Gelegenheit,
endlich direkt mit ihren arabischen Nachbarn verhandeln zu können. Mißt man diese Aussicht an der tatsächlichen Kriegslage,
steht allerdings fest, daß von den Israelis größere Zugeständnisse
verlangt wurden.
Zwischen Punkt eins des Beschlusses Nr. 338 – der eine Feuereinstellung innerhalb von 12 Stunden vorsah – und den Angeboten in
den Punkten zwei und drei klaffte, wie der englische Außenminister Sir Douglas Home später mit meisterlicher Untertreibung
sagte, »eine Lücke«. Obwohl England und Frankreich vor der Ab-
stimmung nach Kräften bei den Amerikanern darauf gedrungen
hatten, findet sich im Wortlaut kein Hinweis darauf, wie die Feuereinstellung durchgesetzt werden sollte, und das war eine gefährliche Unterlassung.

Um 10.35 Uhr am Montag – acht Stunden, bevor die Feuereinstellung in Kraft treten sollte – beendeten die Israelis mit Erfolg eine

der kostspieligsten Einzelunternehmungen dieses Krieges an der syrischen Front. Seit Sonntagnachmittag führten von Hubschraubern abgesetzte Fallschirmspringer und Infanteristen der Elitebrigade Golani einen Angriff gegen syrische Stellungen auf dem etwa 2000m hohen Gebirgskamm nahe dem Berge Hermon und mußten bereits 50 Gefallene und 200 Verwundete verzeichnen.

Die Syrer hatten schon am ersten Sonntag des Krieges die schwer befestigten israelischen Bergstellungen erobert, und die Israelis versuchten jetzt zum zweiten Mal, sie zurückzuerobern. Der Verlust dieser Stellungen zu Beginn des Krieges hatte die Israelis, wie man gesehen hat, um einen erheblichen militärischen Vorteil gebracht, doch der Verlust des Berges Hermon war viel mehr als nur eine militärische Niederlage. Neun Monate vor Jom Kippur deckte der israelische Geheimdienst Shin Beth einen Spionage- und Sabotagering auf, der von dem Drusendorf Majdal Shams aus operierte, am Fuße der Straße, die zu der Bergfestung hinaufführt. Der Ring hielt Verbindung zu einer weiteren Organisation, deren Kopf ein Buchhändler in Haifa war. Hier handelte es sich um das weitest verzweigte und raffinierteste Spionagenetz, das jemals in Israel aufgedeckt worden ist.

Die Nachforschungen ergaben, daß auch Sabres, also im Lande geborene Juden, beteiligt waren – so etwas war seit der Staatsgründung noch nie vorgekommen. Dieser Vorfall, der mit der Verurteilung von zwei Juden und drei Arabern als »Rädelsführern« endete, hatte in ganz Israel vor allem eine starke psychologische Wirkung. Es hieß während des Prozesses, den Syrern wären wichtige militärische Geheimnisse zugespielt worden, angeblich betrafen sie eine ›Geheimwaffe‹. Ein Teil der nach Syrien gelangten Informationen handelte erwiesenermaßen von den hochmodernen israelischen Befestigungsanlagen auf dem Berge Hermon. Zeichnungen der Ein- und Ausgänge des Bunkerlabyrinths mit den Verbindungsgängen, Angaben über die Stärke der Panzertüren und Pläne der Minenfelder waren den Syrern zugespielt worden.

Trotzdem befand sich dort an dem Sonntag, als die Syrer aus Hubschraubern Fallschirmjäger zur Eroberung der Festung absetzten, nur das nötigste israelische Personal. Die Syrer gelangten sehr einfach hinein. Eine Tür, die als Notausgang gedacht war, ließ sich ohne weiteres öffnen. Ein israelischer Fachmann meinte dazu: »Dafür müßte jemand vors Kriegsgericht gestellt werden.«

Es war den Syrern allerdings nicht möglich, die gesamte israelische Besatzung gefangenzunehmen. Manche schlossen sich ein, andere konnten fliehen. Sie berichteten, die Festung wäre zwar gefallen, aber nicht gänzlich von eigenen Truppen geräumt. Die Brigade Golani startete ein Entsatzunternehmen, das fehlschlug und 30 Tote kostete. Die noch in der Festung befindlichen Israelis ergaben sich, vom Mangel an Nahrung und vor allem Wasser geschwächt. Israel führte vor dem Internationalen Roten Kreuz Klage darüber, daß fünf dieser Männer erschossen worden wären, als sie mit erhobenen Händen aus ihrem Versteck kamen.

Der zweite Versuch, die Befestigung zurückzugewinnen, war besser vorbereitet. Zum ersten Mal wurden auf israelischer Seite im Golan Fallschirmjäger von Hubschraubern abgesetzt. Unterstützt wurden sie von Infanterie, Artillerie, Panzern und Luftwaffe. Der Angriff wurde auf den Gebirgskamm bis nach Syrien hinein ausgedehnt, damit am Berg Hermon genügend taktischer Spielraum blieb.

Sonntag, den 21. Oktober, um 14 Uhr landeten Fallschirmjäger im Rücken der syrischen Stellungen auf dem Gebirgskamm in Richtung Damaskus, während am Berg selber ein Frontalangriff geführt wurde. Die Syrer setzten sogleich MIGs ein, von denen die Israelis angeblich neun abgeschossen haben.

Die Brigade Golani begann den Aufstieg über eine Geröllhalde im Schutz der Abenddämmerung. Ihre Aufgabe war hart. Die Syrer auf dem Kamm hatten 14 Tage Zeit gehabt, die besten Feuerstellungen auszuwählen und zu befestigen. Sie brachten den Angreifern schwere Verluste bei.

Ein Infanterist der Brigade Golani erinnert sich: »Wir krochen da im Dunkeln den beinahe senkrechten Hang hinauf, wo man nirgends Halt fand. Acht Stunden dauerte das, und die ganze Zeit fühlte man sich von oben beobachtet. Waren wir erst einmal oben, konnte uns niemand mehr helfen; die Panzer waren ja am Fuß der Seilbahn stehen geblieben. (Die Israelis betreiben seit zwei Jahren einen Skilift am Berg Hermon). Artillerie und Luftwaffe konnten nichts machen, sie hätten höchstens uns getroffen. Oben wurden wir dann mit offenen Armen empfangen. In allen Ritzen und Winkeln hockten nicht einer oder zwei Scharfschützen, sondern gleich sieben. Es wurde gerade hell, und wir liefen uns richtig gegenseitig in die Arme. Stellenweise haben wir regelrechte Faustkämpfe geführt. Alle brüllten aus vollem Hals. Und dann kam ein syrischer Luftangriff.«

Ein anderer ergänzt: »Die Scharfschützen benutzten einen klassischen Trick – sie hielten Helme auf Stöcken hoch, um uns zum

Feuern zu veranlassen. Ihre Stellungen hatten sie außerhalb der Bunker, nicht darin. Die meisten schossen im Liegen. Sie benutzten Zielfernrohre und hatten die Sonne hinter sich, die uns blendete. Wo sich etwas rührte, dahin schmissen sie Handgranaten, und viele von unseren Verwundeten sind durch Handgranatensplitter verletzt worden.«

Die erbittertsten Kämpfe begannen um sechs Uhr früh. Um elf Uhr wehten die israelische Fahne und die der Brigade Golani vom Antennenmast auf der Befestigung.

Am gleichen Montag traf Henry Kissinger vormittags frisch von seinen Moskauer diplomatischen Bemühungen in Tel Aviv ein. Er winkte den auf dem Flugplatz Lod versammelten Journalisten munter zu, ging aber ostentativ an den Mikrofonen vorüber, die man in Erwartung einer improvisierten Pressekonferenz aufgebaut hatte. Die neuesten Geheimnisse des Kreml waren nur für die Ohren der israelischen Führung bestimmt.

Das israelische Kabinett hatte bereits widerwillig der Feuereinstellung zugestimmt, obwohl weder Ägypten noch Syrien sich amtlich dazu geäußert hatten. Selbstverständlich war die israelische Zustimmung daran gebunden, daß auch Ägypten und Syrien dem UN-Beschluß 338 zustimmten. In Israel selber machte sich bereits eine verärgerte Reaktion bemerkbar, weil viele Leute der Ansicht waren, es wäre übereilt, der Einstellung der Feindseligkeiten zuzustimmen, obwohl Israel dabei war, die Oberhand zu bekommen. Ehe der Tag zu Ende war, wurde diese Opposition in der rechtsgerichteten Likud-Koalition laut. Man lehnte eine Feuereinstellung ab und kündigte Opposition in der Knesset an: »Aus nationaler Verantwortung rufen wir in dieser schweren Stunde das Volk auf, mit uns dieser beklagenswerten Politik der Regierung ein Ende zu machen...« Selbst der sonst so maßvolle General Chaim Herzog beklagte die »noch nie dagewesene Eile«, mit welcher der Sicherheitsrat den russisch-amerikanischen Handel gutgeheißen habe.

Da die Stimmung im Volk wie bei der militärischen Führung gegen einen Waffenstillstand war, lag der israelischen Führung verständlicherweise viel daran, handfeste Zusagen des amerikanischen Außenministers zu erhalten. Kissinger hielt sich fünf Stunden im Lande auf und verbrachte davon dreieinhalb Stunden an einem geheimgehaltenen Ort nördlich von Tel Aviv. Ministerpräsidentin Meïr, ihr Stellvertreter Allon, Verteidigungsminister Dayan und Außenminister Eban leisteten ihm dort Gesellschaft. Er verwandte viel Zeit darauf, den Israelis auszureden, daß die Supermächte »geheime Abkommen« getroffen hätten. Zu Golda Meïr sagte er, er hätte ihr gerne von Moskau aus den Wortlaut des Beschlusses über die Feuereinstellung durchtelefoniert, doch »technische Umstände« hätten das verhindert.

Kissinger legte größten Nachdruck darauf, daß die Russen – wenn auch noch nicht die Araber – endlich für direkte Gespräche zwischen Israelis und Arabern anstelle der bisher üblichen Verhandlungen über Dritte eintreten würden. Und er fügte hinzu, der Entwurf der Russen erwähnte auch nicht mehr die »Rechte der Palästinenser« – eine Formulierung, von der die Israelis behaupten, dahinter verberge sich die Absicht, Israel zu teilen. Vielmehr folge er der Resolution 242, in der es heißt, die Flüchtlinge hätten Anspruch auf »gerechte Behandlung«, was die Möglichkeit zuläßt, das Wort »gerecht« in wirtschaftlichem und sozialem, nicht aber unbedingt in politischem Sinne auszulegen.

Israelischen Quellen zufolge legte Kissinger auch detailliert dar, warum der Waffenstillstand unbedingt gleich zustande kommen müsse: die Großmächte fürchteten die totale Niederlage Ägyptens. Der Träger des Friedensnobelpreises hielt es ohne Zweifel für dringend erforderlich, Ägypten noch eine brauchbare Verhandlungsposition zu belassen, während Golda Meïr und ihre Mitarbeiter in dieser Frage weniger flexibel dachten.

Später wurde behauptet, Kissinger hätte Frau Meïr gegenüber seine Autorität nicht voll ausgespielt. Aber diese Deutung beruht auf einer falschen Einschätzung der beteiligten Persönlichkeiten und der Stärke ihrer jeweiligen Machtbasis. Kissinger ist ein Mann der Nuancen, der es sich normalerweise leisten kann, milde zu sprechen, denn der dicke Knüppel der amerikanischen Macht steht immer unsichtbar im Hintergrund. Im Verhältnis zwischen Amerika und Israel ist diese indirekte Macht aber nicht vorhanden, weil es ganz undenkbar ist, daß die amerikanische Macht jemals *gegen* Israel eingesetzt werden könnte (und ein jüdischer Außenminister könnte eine solche Möglichkeit nicht einmal andeuten). Obwohl die israelische Kriegsmaschine von amerikanischen Lieferungen abhängig ist, sah Kissinger sich in der Rolle eines Mannes, der um Gefälligkeiten bittet, nicht in der eines Mannes, der eine Lösung erzwingen kann. Er durfte damit rechnen, daß man ihn bereitwillig anhörte, mit mehr aber nicht – und Golda Meïrs Verhalten ließ erwarten, daß sie jeder Gefährdung von Israels Sicherheit eine geradezu steinerne Haltung entgegensetzen würde.

Als sie im März 1969 nach dem Tod von Levi Eshkol dessen Nachfolgerin wurde, zweifelten viele daran, daß es klug wäre, eine Frau in dieses Amt zu berufen, die über 70 Jahre alt und nicht besonders gesund war, und die in Israel nicht gerade nationale Statur gewonnen hatte, obwohl sie vor ihrem Rücktritt 1965 schon als Außenminister tätig gewesen war. Die Zweifler wurden sehr bald zum Schweigen gebracht, als sich zeigte, daß sie das Kabinett beherrschte und in der persönlichen Verhandlung mit den Führern fremder Mächte besonders geschickt war. Bei einer Umfrage im Jahr 1972 erreichte ihre Beliebtheitsquote 89,4 Prozent und hat seitdem kaum abgenommen. An dem alten Witz, Frau Meïr sei der stärkste Mann im Kabinett, ist durchaus etwas Wahres. Sie spricht mit tiefer, grollender Stimme, was im Verein mit dem großen Kopf und den breiten Schultern – mehr sieht man von ihr meist nicht auf dem Fernsehschirm – erkennen läßt, daß sie über natürliche Autorität verfügt.

Golda Meïr sieht augenscheinlich keinen Widerspruch darin, daß eine Nation, die sich fast unablässig in Kriegsbereitschaft befindet, von einer Frau geführt wird. Die Sicherheit des Landes liegt ihr mindestens so am Herzen wie den Männern in der militärischen Führung, und sie glaubt, daß einzig ein unabhängiger Staat Israel dem jüdischen Volk das Überleben sichern kann. Sie sagte einmal: »Wenn mich jemand fragt, ob ich nicht fürchte, daß unsere ständige Verteidigungsbereitschaft uns zu Militaristen macht, kann ich nur antworten: ich wünsche mir kein liberales, antikolonialistisches, antimilitaristisches, liebenswertes, totes jüdisches Volk.«

Golda Meïr kam im Mai 1898 als Golda Mabowitsch in Kiew zur Welt. Als sie acht Jahre alt war, wanderte die Familie nach den Vereinigten Staaten aus und wurde in Milwaukee ansässig (sie spricht auch heute noch englisch mit starkem amerikanischem Akzent). Mit Morris Myerson verheiratet, ging sie 1921 nach Palästina. Ihre Kinder sind beide im Kibbutz geboren, und während sie heranwuchsen, widmete sie sich mehr und mehr der zionistischen Politik. Als die Engländer 1940 fast alle führenden männlichen Zionisten verhafteten, übernahm sie die politische Abteilung der Jewish Agency in Jerusalem und war an den Verhandlungen mit den Engländern beteiligt, die dann in der Gründung des Staates Israel ihren Abschluß fanden. Vor der Staatsgründung traf sie sich als Araberin verkleidet mit dem jordanischen König Abdullah und versuchte ihn zu überreden, nicht an dem erwarteten Krieg der arabischen Länder gegen Israel teilzunehmen. Sie war Israels erster

Botschafter in Moskau und wurde ein Jahr später Arbeitsministe-
rin. Nach ihrer langen Amtszeit als Außenministerin (1956–65)
leitete sie vier Jahre die Arbeiterpartei, ehe sie das Amt des Ministerpräsidenten übernahm.

Golda Meïrs Regierungsstil ist demokratisch, aber sehr persönlich
gefärbt. Ein Beobachter, der ihre Methoden sehr gut kennt, meint:
»Sie hört sich aufmerksam an, was ihre einzelnen Kollegen zu sagen haben und präsentiert dann als Kompromiß das, was sie bereits
vorher beschlossen hat.« Was da vorher beschlossen worden war,
ist meistens das Ergebnis von Diskussionen der Kaffeerunde ihres
legendären »Küchenkabinetts«. Wenn sie das Wochenende in ihrer Wohnung in Tel Aviv verbringt, ist der Samstagabend meist einer Besprechung mit ihren leitenden Ministern vorbehalten. Die
Zusammensetzung dieses inneren Kreises steht nicht genau fest,
regelmäßige Teilnehmer sind Allon, Dayan und der Minister ohne
Geschäftsbereich, Galili. Außenminister Abba Eban und Finanz-
minister Pinhas Sapir sind häufig Gäste. So war es denn auch das
Küchenkabinett, das Kissingers Empfang in Israel vorbereitete.

Frau Meïr und Kissinger trafen einander jetzt zum ersten Mal,
denn bei ihren Besuchen in Washington waren sich die beiden stets
aus dem Weg gegangen. Golda Meïr und ihre Minister fanden die
Darlegungen des amerikanischen Außenministers einigermaßen
undurchsichtig. Als man sie nach dieser Begegnung fragte, welchen Eindruck der berühmte Friedenspreisträger auf sie gemacht
hätte, erwiderte Frau Meïr kurz angebunden: »Metternich.« Als
sie nach dem Krieg im Weißen Haus zu Besuch war, hat Präsident
Nixon sie angeblich darauf hingewiesen, wie merkwürdig es doch
sei, daß die Außenpolitik beider Länder unter der Leitung von jüdischen Ministern gemacht würde, worauf Frau Meïr geantwortet
haben soll: »Stimmt, aber meiner spricht besser englisch.«

Im Licht der folgenden Ereignisse scheint es klar, daß Kissinger das
Küchenkabinett nicht von der Dringlichkeit einer Feuereinstellung
überzeugen konnte, doch damals hatte er Grund, mit der Erledi-
gung seines Auftrages zufrieden zu sein. Bevor die Amerikaner Israel verließen, kam die Nachricht, Ägypten sei mit der Feuereinstellung einverstanden. König Hussein von Jordanien schien jedenfalls dazu zu neigen, obwohl der Irak ablehnte und aus Damaskus nichts als ohrenbetäubendes Schweigen zu vernehmen war.

An der syrischen Front ging nicht alles so glatt wie man wünschte,
denn die Syrer versuchten noch einmal, den Berg Hermon zu stürmen. Das war aber keine Bedrohung des Weltfriedens mehr. Was

den Süden betraf, wo die Lage wirklich explosiv war, schien Kissinger seinen Zweck erreicht zu haben. In einer Zeitspanne von nur 24 Stunden war es ihm gelungen, alle Elemente zusammenzubringen – die Supermächte, die Vereinten Nationen und die beiden Hauptkriegsparteien. Er reiste aus Israel ab in der Gewißheit, daß um 06.52 Uhr Ortszeit – genau 12 Stunden nach Verabschiedung der UN-Resolution 338 – das Feuer eingestellt werden würde.

Die Schlacht um die Feuerpause

Eine Stunde vor dem verordneten Waffenstillstand zog Generalmajor Shlomo Gasit auf einer Pressekonferenz in Tel Aviv eine Bilanz der israelischen Erfolge. Die Streitkräfte kontrollierten 1200qkm auf dem westlichen Ufer des Kanals. In Syrien sei Israel im Besitz von 600qkm Land jenseits der Waffenstillstandslinie von 1967. Seit Beginn des Krieges hätten die Ägypter 240 Flugzeuge verloren, die Syrer 212. An der ägyptischen Front seien tausend feindliche Panzer abgeschossen worden, an der syrischen Front ebenfalls tausend. Gasit behauptete, israelische Truppen stünden beiderseits der Hauptstraßen und der Eisenbahnen, die von Kairo nach Suez führen. Auf die Frage, wie er die Lage insgesamt beurteile, erwiderte Gasit: »Es ist ein großer Sieg, der noch größer hätte ausfallen können.«

Innerhalb der nächsten 48 Stunden, als die Feuereinstellung theoretisch in Kraft war, wurde der Sieg denn auch tatsächlich noch erheblich größer. Die Behauptung der Israelis, sie beherrschten das angegebene ägyptische Territorium westlich des Kanals, einschließlich der lebenswichtigen Nachschubroute der Dritten Ägyptischen Armee, war einigermaßen übertrieben. Zwar stimmte es, daß einige israelische Verbände die Hauptstraße Kairo-Suez etwa 10 Meilen von Port Suez entfernt erreicht hatten, doch waren sie der israelischen Hauptmacht weit voraus. Überdies befanden sich in dem von den Israelis »beherrschten« Gebiet noch kampffähige ägyptische Truppen. Zwischen diesen beiden Armeen gab es keine feste Front. Es würde wahrscheinlich den gründlichen Beauftragten der Vereinten Nationen überlassen bleiben, den Frontverlauf festzulegen. In dieser undurchsichtigen Lage liefen die Israelis Gefahr, durch Pedanten an der völligen Einschließung der Dritten Armee gehindert zu werden. Das konnte schon bald geschehen, wenn auch der Sicherheitsrat in seiner Resolution 338 aus unverständlichen Gründen unterlassen hatte, die Waffenstillstandsüberwachungsorganisation der Vereinten Nationen (UNTSO) in Bereitschaft setzen zu lassen, die seit 1967 an Israels Grenzen Wache gestanden hatte. Als die Waffenruhe in Kraft trat, vertrieben sich 42 Männer der UNTSO in Kairo die Zeit, die zu Beginn des Krieges vom Suezkanal dorthin evakuiert worden waren.

Doch bevor man sie an die neue Front schaffen konnte, war der Krieg schon wieder im Gange. Beide Seiten gaben sich gegenseitig die Schuld daran. Die detaillierteste Version der Vorgänge wurde von Israel auf einer Sitzung der Vereinten Nationen gegeben. Joseph Tekoah, der israelische Vertreter, behauptete, die Ägypter hätten überhaupt zu keiner Zeit das Feuer eingestellt. Die amtliche israelische Darstellung der Ereignisse nach Eintritt der Waffenruhe um 6.52 Uhr wurde von ihm folgendermaßen gegeben: »Um 20.38 Uhr eröffneten die Ägypter schweres Feuer auf den israelischen Brückenkopf am Westufer des Suezkanals aus östlicher und nördlicher Richtung. Um 20.56 Uhr feuerten die Ägypter auf den israelischen Brückenkopf aus Richtung Deversoir. Sodann wurden israelische Truppen mit Panzerabwehrraketen beschossen. Um 21.32 Uhr wieder Beschuß durch Panzerabwehrraketen... Der Sprecher der israelischen Verteidigungsstreitkräfte brachte fortlaufend diese ägyptischen Angriffe der Öffentlichkeit zur Kenntnis. Um 5.55 Uhr (am Mittwochmorgen) verlautbarte die israelische Armee, daß die Ägypter gegen Ende der Nacht vom 22. zum 23. Oktober Artilleriefeuer auf israelische Truppen eröffnet haben; um 8.00 Uhr hieß es, die Ägypter hätten wiederum israelische Truppen am Westufer des Kanals unter Feuer genommen (um 9 Uhr hieß es, ägyptische Truppen verletzten fortgesetzt die Waffenruhe im Südabschnitt des Suezkanals).

Angesichts dieser Lage erhielten die israelischen Verteidigungsstreitkräfte den Befehl, in diesem Frontabschnitt den Kampf wieder aufzunehmen. Es dürfte klar sein, wer die Waffenruhe befolgt und wer sie gebrochen hat.«

Den im Kriegsgebiet befindlichen Berichterstattern war weniger klar, wer für die Wiederaufnahme der Kämpfe verantwortlich war. Die UN-Resolution forderte nämlich nicht nur die Feuereinstellung, sondern auch die Beendigung jeglicher militärischer Tätigkeit. Es gab kaum Anhaltspunkte dafür, daß die Israelis den Aufmarsch von Truppen, Nachschub, Munition und Panzern auf dem westlichen Kanalufer einstellten. (Sehr wahrscheinlich reagierte die ägyptische Artillerie auf diesen Aufmarsch.) Auf vielen israelischen Panzern konnte man die provokative Inschrift ›Kairo Express‹ lesen, während der Nachschub auf allen nur erdenklichen Fahrzeugen herangeführt wurde, unter denen die gigantischen Milchtankwagen (nun mit Wasser beladen) und die Touristenbusse der Staatlichen Reisebüros besonders auffielen. In den frühen Morgenstunden des Dienstags schloß sich Philip Jacobson, Reporter des *Sunday Times Insight Teams* einem dieser Konvois an, um den ersten Tag der »Waffenruhe« zu beobachten. Er schrieb darüber den folgenden Bericht:

»Kaum 24 Stunden, nachdem die Waffenruhe eigentlich in Kraft treten sollte, lag ich mit dem Gesicht nach unten auf einer Pontonbrücke über den Suezkanal, während israelische Soldaten aus allen Rohren auf zwei ägyptische Lenkwaffen vom Typ ›Frog‹ feuerten, die majestätisch über uns durch den Himmel zogen. Ich wollte über diese Brücke zurück auf das israelische Ufer, als der Feuerzauber begann. Auf beiden Ufern stiegen rote Leuchtspurgeschosse in den Himmel. Einen Augenblick lang schien es, als wären wir selber das Ziel, und ich wäre am liebsten von der Brücke gesprungen. Im letzten Augenblick hinderte mich Anthony Delano vom *Daily Mirror* daran.

Wir sahen dann, daß das eigentliche Ziel die ›Frogs‹ waren, mächtige Raketen, die mit einer Tonne hochexplosiven Sprengstoffs beladen sind. Man sah deutlich ihren orangefarbenen Feuerschweif, dem die Leuchtspurgeschosse folgten. Sie verschwanden schließlich im Osten, vermutlich in Richtung auf israelische Stellungen jenseits des Kanals.

Das war der passende Abschluß einer selbst für den Nahen Osten ungewöhnlich erfolglosen Waffenruhe. Zuvor hatten wir etwa zwei Kilometer vom Brückenkopf auf der ägyptischen Seite entfernt eine recht unbehagliche Stunde in einem feuchten ägyptischen Splittergraben unter Artilleriebeschuß verbracht. Die ägyptischen Kanoniere hielten auf die Pontons, welche die Israelis am Nordende des Großen Bittersees über den Kanal gelegt haben. Ihre Granaten fielen zu kurz und schlugen ziemlich dicht bei uns ein.

Noch ein paar Stunden zuvor hatte ich so etwas wie einen Logenplatz beim Beginn einer israelischen Großoffensive. Zahllose Panzer rollten dröhnend über einen Feldweg heran, und die Besatzungen machten die Kanonen bereit. In der Ferne hörte man Artillerie schießen, und am südlichen Horizont stiegen weiße Rauchwolken

auf. ›Was ist los?‹ fragte jemand unseren Begleitoffizier, einen er-
grauten Oberst mit unglaublich vielen Ordensbändern auf der
Brust. ›Ich vermute, daß wir neue Stellungen beziehen‹, erwiderte
er. Im gleichen Augenblick rasten zwei ägyptische MIG über uns
weg, eifrig verfolgt von israelischen Mirages. Nach kurzem Luftkampf stürzten beide MIGs herunter, und wo sie aufprallten, explodierten ihre Bomben und der Treibstoff.
Was wir da beobachteten, erwies sich als der israelische Angriff
rund um Suez, 15 km südlich von uns, die letzte große Aktion des
Krieges. Vielleicht wußte unser Oberst wirklich nichts davon.
›Vergessen Sie nicht, Philip‹, sagte er zu mir, ›wir haben gesagt,
daß wir jeden Schlag erwidern werden.‹ Das war die offizielle Sprachregelung, und er servierte sie uns mit lobenswert ungerührtem
Gesicht. Nachdem ich aber stundenlang auf einem offenen Lastwagen durch das von den Israelis besetzte Territorium auf dem ägyptischen Kanalufer gefahren bin, kann ich nur sagen, daß mein Eindruck ganz anders war. Von da, wo ich stand – gelegentlich auch
lag –, kam es mir so vor, als wären die Israelis mit jener Tätigkeit
beschäftigt, die man unter Militärpersonen ›Frontbegradigung‹
nennt, wenn ich nicht irre. Bei dieser Gelegenheit ging es darum,
die Hauptstraße von Kairo nach Suez abzuschneiden und den Kessel um die Dritte Ägyptische Armee zu schließen.
Ich hätte mir sagen können, daß uns ein ereignisreicher Tag bevorstand, als unser Begleitoffizier vor der Abfahrt aus Tel Aviv Stahlhelme und Verbandspäckchen austeilte. Die Stahlhelme waren ur-
alte Dinger, sie drückten uns auf den Kopf, und die israelischen
Soldaten lachten uns aus. Die Gebrauchsanweisung auf den Verbandspäckchen war in hebräischer und deutscher Sprache abge-
faßt, die ich beide nicht verstehe, und wie sich später herausstellte,
ließen sie sich nur mit Gewalt mit meiner japanischen Nachbil-
dung des berühmten Schweizer Soldatenmessers öffnen.
Eine Stunde hinter Tel Aviv passierten wir riesige Militärkonvois
auf dem Weg zum Kanal. Jemand bemerkte sehr richtig, es sähe
hier alles unverändert aus. Der Brückenkopf war ein Trümmerhaufen. Er war heftig umkämpft worden, und israelische Pioniere
waren dabei, Lastwagen und Halbkettenfahrzeuge mit Schweiß-
brennern auseinanderzuschneiden. Am ägyptischen Ufer be-
grüßte uns Chaim Topol, ein israelischer Schauspieler und Film-
star, der sich freiwillig als Kraftfahrer gemeldet hat. Es kommt mir
vor, als verfolgte er mich seit Tagen, denn ich traf ihn in jedem
Splittergraben und Schützenloch. Seit unserer letzten Begegnung

hat er sich eine funkelnagelneue Maschinenpistole beschafft.
Rings um den Brückenkopf war der Boden von Granattrichtern
aufgerissen; gesprengte Bunker und zerstörte Geschützstellungen
markierten den Weg des israelischen Panzerverbandes, der sich
hier vor fünf Tagen den Weg über den Kanal erkämpft hat. Für einen Augenblick rasteten wir unter Kiefern; im Aufblicken sah ich
im Gezweig einen Helm. ›Achtet auf die Schritte von Moses‹, rief
uns ein Panzerfahrer zu, ›der ist nämlich von dort drüben herge-
kommen.‹

Sehr bald schon roch es nach Leichen, und man sah sorgfältig angelegte Gräber, sämtlich markiert. Dort ruhten die Opfer der Kanalüberquerung. Weiter vorne waren kürzlich gefallene Ägypter in
rasch ausgehobene Massengräber gelegt worden und erwarteten
noch die eigentliche Beisetzung. Hier war der Geruch viel stärker.
Hinten auf dem Lastwagen roch man die Leichen, ehe man sie sah;
die in der letzten Nacht oder noch diesen Morgen Gefallenen lagen
entlang der Straße neben ausgebrannten Panzern und Lastwagen.

Der flache, feste Sandboden beiderseits der Straße war übersät
mit zertrümmerten und rauchgeschwärzten Fahrzeugen. Eine Abteilung Halbkettenfahrzeuge war offenbar aus der Luft angegriffen
worden, denn die Schützenpanzer lagen in einer fast perfekten Linie im rechten Winkel von der Straße im Gelände, wohin die Fahrer sie in ihrer Angst gesteuert hatten. Die Ägypter haben viele ihrer altmodischen T-34 im Sand eingegraben und sie als feststehende Artillerie benutzt. Taktisch ist dagegen nichts einzuwenden,
wenn man die Luftüberlegenheit hat. Auf einer Strecke von einem
Kilometer zählte ich 18 Panzer, die sämtlich in ihren Löchern ausgebrannt waren, Opfer der Treffsicherheit israelischer Piloten. Die
Besatzungen hatten keine Aussicht, mit dem Leben davonzukom-
men.

Je weiter der Tag voranschritt, desto trübseliger wurden unsere
Begleiter. Soweit ich es begriffen habe, war der Zweck dieses Aus-
flugs tief in ägyptisches Territorium hinein – wir entfernten uns
etwa 30 km vom Kanal – uns zu demonstrieren, wie die Ägypter die
Waffenruhe verletzten. Soweit wir sehen konnten, gab es dafür so
gut wie keine Anzeichen. Weiter im Süden hörte man allerdings
unablässig Artilleriefeuer. ›Einschläge‹, erklärte unser Begleiter.
›Wie wollen Sie das von hier aus beurteilen?‹ fragten wir. ›Erfah-
rungssache‹, sagte er.

Bis zum späten Nachmittag hatten wir zu seinem Bedauern immer

noch keine Verletzung der Waffenruhe durch die Ägypter vorge-
führt bekommen. Als wir uns zu der angesetzten Presseunterrich-
tung Suez näherten, bemerkten wir bei den Panzerbesatzungen
entlang der Straße ungewöhnliche Tätigkeit. Eine Panzerstaffel
nach der anderen warf die Motoren an und passierte uns laut
brummend in südlicher Richtung. Der Funkwagen, der uns führte,
hielt plötzlich an und die Begleitoffiziere versammelten sich in einer Staubwolke bei ihm. Nach einer Weile kamen sie mit sorgen-
vollen Mienen zurück und sagten: ›Bedauerlicherweise kann die
Unterrichtung nicht stattfinden, es ist etwas dazwischengekom-
men.‹

Daß ausgerechnet in dem Augenblick, als der Angriff auf Suez begann, eine Wagenladung neugieriger Journalisten auf der Bildflä-
che erschien, dürfte ihnen nicht recht gewesen sein. Als wir zum
Brückenkopf zurückfuhren, begannen die schweren Geschütze
hinter uns zu feuern.

Endlich geschah es. Einen guten Kilometer vom Brückenkopf entfernt wurde der Verkehr aufgehalten: Weiter vorne schlugen Granaten ein, unzweifelhaft ägyptische Granaten. Die Begleitoffiziere
scheuchten uns freudestrahlend in die nächsten Splittergräben,
und wir feierten das Ereignis mit Limonade aus einem ägyptischen
Küchenwagen. Ein amerikanischer Rundfunkreporter sprach in
sein Bandgerät: ›Wir liegen nahe dem israelischen Brückenkopf
unter Artilleriebeschuß.‹

Am Dienstagabend machten die Israelis den Kessel um die Dritte
Ägyptische Armee zu. Unterstützt von Bombern und Kampfflug-
zeugen stießen sie über die Hauptstraße von Suez weit nach Süden
vor und schlossen die Stadt ein. Vorausabteilungen gelangten bis
zum Hafen von Adabiya am Golf von Suez in die Nähe der Ölraffinerien im Süden der Stadt. Alle denkbaren Nachschubwege, auf
denen Munition, Lebensmittel und vor allem Trinkwasser zu den
Ägyptern jenseits des Kanals geschafft werden konnten, wurden
von israelischen Panzern und israelischer Artillerie beherrscht.
Falls diese Stellungen gehalten werden können, ist die Kapitulation der Dritten Armee nur eine Sache von Tagen.

In ihrem zusammenfassenden Frontbericht vom Tage zitierte die
Jerusalem Post ›eine militärische Quelle‹, der folgende etwas nek-
kisch klingende Bemerkung zugeschrieben wurde: ›Der Stellungs-
verlauf hat sich ein wenig verändert und zwar nicht zu unserem
Nachteil.‹ Ein Unteroffizier der israelischen Infanterie drückte sich
einem Korrespondenten gegenüber deutlicher aus: ›Wenn man

uns nur läßt, werden wir dafür sorgen, daß sie mit erhobenen Händen und heraushängender Zunge vom Ostufer zurückkommen.‹«

Atom-Alarm in Washington

Ägypten reagierte auf die Verschlechterung seiner militärischen Lage, indem es seine diplomatischen Bemühungen intensivierte. Noch ehe die israelische Umklammerung vollständig war, schickte Präsident Sadat drei Beauftragte in die arabischen Hauptstädte, die dort erläutern sollten, warum Ägypten, das doch eben erst erklärt hatte, es könne nicht mit einem Waffenstillstand einverstanden sein, bevor Israel sich auf die Grenzen von 1967 zurückgezogen habe, nun plötzlich unbedingt eine Feuereinstellung herbeiführen wollte. Dr. Azid Sidky fuhr nach Syrien, Mamdou Salem nach Libyen und Algerien, während Sayed Marei nach Saudi-Arabien, Kuweit und in die Emirate am Persischen Golf entsandt wurde.

Auf Ersuchen Sadats trat der Sicherheitsrat am Dienstag, dem 23. Oktober, zu einer weiteren Sondersitzung zusammen, und wiederum waren es die beiden Supermächte, die einen gemeinsamen Entschließungsentwurf vorlegten. Obwohl sie nicht den Versuch unternahm, die Schuld am Nichtzustandekommen der Feuereinstellung einer der Parteien zuzuschreiben, ging die Entschließung 339 keineswegs so glatt durch wie ihre Vorgängerin. Der stellvertretende chinesische Außenminister Tschiao Kuan-hua beklagte laut »die niederträchtige Übung, den Sicherheitsrat als Werkzeug der beiden Supermächte zu mißbrauchen«, und die Sitzung mußte zwanzig Minuten unterbrochen werden, weil es zwischen Tschiao und dem israelischen sowie dem sowjetischen Delegierten zu einem lautstarken Wortwechsel kam. Als die Leidenschaften abgekühlt waren, beschloß der Rat mit vierzehn Stimmen bei keiner Gegenstimme und bei Enthaltung Chinas:

»Der Sicherheitsrat bezieht sich auf seine Entschließung 338 (1973) vom 22. Oktober 1973.

1. Er bestätigt die Entscheidung, unverzüglich die Einstellung aller Kampfhandlungen zu verlangen; er fordert, daß die kriegführenden Parteien auf die Stellungen zurückgehen, die sie einnahmen, als die Feuereinstellung wirksam wurde;

2. ersucht der Rat den Generalsekretär, sofort Maßnahmen zur Entsendung von Beobachtern der Vereinten Nationen zu ergreifen, welche die Einhaltung des Waffenstillstandes zwischen den Streitkräften Israels und denen der Arabischen Republik Ägypten überwachen sollen; zu diesem Zweck möge er UN-Personal verwenden, das derzeit im Nahen Osten, insbesondere in Kairo, stationiert ist.«

Diese Resolution, die ausdrücklich Beobachter der Vereinten Nationen erwähnt, bildete wenigstens eine Grundlage für die Überwachung der Feuereinstellung. Daß man die sofortige Entsendung von Beobachtern beschloß, hieß aber selbstverständlich nicht, daß diese sogleich am Ort erscheinen konnten. Es bestand auch wenig Aussicht dafür, daß Israel und Ägypten sich mit ihrem Eintreffen leichter darüber einigen würden, welche Positionen sie bei Eintreten der Feuereinstellung am 22. Oktober besetzt gehalten hatten. Die neue Feuereinstellung war optimistisch für sechs Uhr MEZ (sieben Uhr Ortszeit) am Mittwoch vorgesehen.
Ehe sie in Kraft trat, erklärte Syrien sich bereit, auf die für den 22. Oktober anberaumte Waffenruhe einzugehen, wenn auch zu Bedingungen, die in der Zukunft sehr wohl einen neuen Casus belli abgeben konnten. Die Syrer akzeptierten »unter der Voraussetzung, daß damit ein völliger Rückzug der israelischen Streitkräfte aus all jenen arabischen Gebieten verbunden ist, die im Juni 1967 oder später besetzt wurden...« (Als Golda Meïr wenige Stunden früher vor der Knesset dargelegt hatte, warum sie der Feuereinstellung zuzustimmen bereit war, betonte sie ausdrücklich, daß damit nicht ein Rückzug auf die Grenzen von vor 1967 verbunden sei, auf Grenzen, die »Israel zu einer lockenden Beute der Aggressoren gemacht haben«.) Daß die Syrer einem Vorschlag der Vereinten Nationen zustimmten, der direkte Verhandlungen mit Israel vorsah – was für Damaskus bisher immer unannehmbar gewesen war –, gab immerhin Anlaß zu einiger Hoffnung. Kurz nach zehn Uhr vormittags, am Mittwoch, dem 24. Oktober, machten sich sieben UN-Patrouillen von Kairo aus auf den Weg zu den vorgeschobenen ägyptischen Stellungen. Gegen Abend hatten sich zwei von ihnen am Ostufer des Kanals eingerichtet, die eine östlich von Port Fuad Ruad, die andere östlich von El Quantara. Zwei weitere ließen sich auf dem Westufer bei Abu Suweir und südlich der beiden Straßen nach Abu Sultan nieder. Die drei Patrouillen, die in südwestlicher Richtung auf den Straßen nach Suez losgefahren

waren, kamen nie ans Ziel. Sie gelangten bis zum Dschebel Oweida und Bastat El Hemira, nur um zu hören, daß hier immer noch Krieg geführt wurde. UN-Generalsekretär Kurt Waldheim berichtete dem Sicherheitsrat später, sie hätten sich »nach Westen zurückziehen müssen, weil zwischen Ägyptern und Israelis Artillerie- und Panzerkämpfe im Gange waren«. Wenig später schickten die Israelis vor Suez einen Konvoi von Lastwagen des Roten Kreuzes zurück, der Medikamente und Blutplasma für Ägyptens eingeschlossene Dritte Armee brachte. General Chaim Herzog, den man in Tel Aviv in einer israelischen Radiosendung für ausländische Hörer dazu befragte, meinte, die Dritte Ägyptische Armee habe keine andere Wahl als »die ehrenhafte Kapitulation«.

Unter dem Eindruck der deutlichen Entschlossenheit der Israelis, seine Dritte Armee zu demütigen, forderte Präsident Sadat eine erneute Zusammenkunft des Sicherheitsrates. Diesmal sollte sein Außenminister, Dr. Zayyat, den Rat drängen, »von der Sowjetunion und den Vereinigten Staaten zu verlangen, daß sie unverzüglich Teile ihrer Streitkräfte, die in der Nähe des Kampfgebietes stationiert sind, in Marsch setzen, damit sie die Einhaltung der Feuereinstellung überwachen...« Es stellte sich nämlich heraus, daß eine undurchsetzbare Waffenruhe schlimmer war als gar keine. Die Überwachungsoperation der Vereinten Nationen erforderte wohl doch etwas mehr als einige Jeeps mit UN-Beobachtern.

Die Sitzung des Sicherheitsrates am Mittwochabend war eine kitzlige Angelegenheit. Der sowjetische Botschafter Jakov Malik sagte zwar nicht ausdrücklich, ob die Sowjetunion bereit sei, Truppen einzusetzen, dafür erging er sich aber in wüsten Ausdrücken über »die Kriegsverbrecher in Tel Aviv«. Seiner Ansicht nach war Israels »unverschämte Verletzung« der Ratsbeschlüsse nichts als eine »sorgfältig angelegte verbrecherische und heuchlerische imperialistische Provokation«. Solche Redensarten waren kaum dazu angetan, die Zusammenarbeit zwischen den beiden Supermächten zu fördern.

Malik sagte weiter: »Man kann die Lage nur verbessern und dem Lauf der Dinge eine andere Richtung geben, wenn Israel gezwungen wird, die Beschlüsse des Sicherheitsrates zu befolgen, und wenn die Vereinigten Staaten ihrer Pflicht nachkommen, als ständiges Mitglied des Sicherheitsrates und Mitverfasser beider Entschließungen ihre entscheidende Rolle auch zu spielen.« Ägyptens Ersuchen, die Supermächte möchten Truppen entsenden, um den Frieden zu garantieren, hielt Malik für »zweifellos gerechtfertigt und... durchaus in Übereinstimmung mit der Charta der Vereinten Nationen«.

Damit wollte er wohl andeuten, daß Rußland bereit wäre, seine Pflicht zu erfüllen, wenn der Sicherheitsrat der Meinung war, es sollten Truppen eingesetzt werden, und daß die USA dem russischen Beispiel folgen müßten. John Scali, der amerikanische Botschafter bei den Vereinten Nationen, schätzte diese verschleierten Hinweise durchaus nicht. »Jetzt ist nicht der Augenblick, in dem die Großmächte einen Beitrag zur Erhaltung des Friedens leisten können, indem sie ihre Streitkräfte entsenden.«

Während der Sicherheitsrat bis nach Mitternacht diskutierte, ohne zu einer Einigung zu kommen, wurden in Washington schon die ersten Schritte zur Eskalation unternommen. Donnerstag, der 25. Oktober, sollte der Tag werden, an dem die losen Fäden der nahöstlichen Kampftätigkeit und der Großmachtdiplomatie unvermutet zu einem Stolperdraht zusammengedreht wurden, der eine Weltkatastrophe auslösen konnte.

Die Lage spitzte sich ausgerechnet zu, als in Washington eine äußerst gereizte Stimmung herrschte, die mit dem Nahen Osten nicht das geringste zu tun hatte. Der Watergate-Skandal – ein Gemisch aus Mißbräuchen der Wahlrechtsbestimmungen und der Sicherheitsvorschriften, das im nachhinein die Wiederwahl Präsident Nixons im Jahre 1972 um allen Glanz brachte – hatte gerade seinen Höhepunkt erreicht, nachdem der Präsident den von ihm beauftragten Sonderstaatsanwalt Archibald Cox, der die Affäre untersuchen sollte, entlassen hatte. Die Entlassung von Cox führte zu einem Aufruhr, und sogar Nixons Anhänger erörterten ganz offen, ob man eine Klage auf Amtsenthebung gegen ihn einleiten solle. In dem Bemühen, seine Lage zu festigen, ließ Nixon bekanntmachen, er werde sich nach einem kurzen Aufenthalt in Camp David über das Fernsehen an die Nation wenden.

Während der Präsident im Camp David war, blieb es seinem Stabschef im Weißen Haus, Alexander Haig, überlassen, die aufgestörten Journalisten zu beruhigen. Er geriet in ein arges Kreuzfeuer, als er versuchte, die Haltung des Präsidenten gegenüber den Watergate-Tonbändern zu erläutern, jenen insgeheim im Weißen Haus gemachten Aufzeichnungen, von denen man annahm, sie könnten Nixon entlasten oder überführen. Während er zu den Journalisten sprach, hörte man draußen ein unablässiges Hupkonzert, mit dem die Autofahrer die Aufforderung von Demonstranten befolgten, auf die Hupe zu drücken, wenn sie dafür waren,

Nixon aus dem Amt zu entfernen. Haig schilderte die letzten Tage ganz zutreffend als einen »Feuersturm«. So sagte Haig etwa: »Mit dem Abhören der Tonbänder haben wir Senator Stennis beauftragt, weil er...« »... taub ist«, rief ein Reporter dazwischen. Als der Präsident wieder im Weißen Haus war, gab sein Pressesekretär bekannt, daß Nixon sich entschlossen hätte, nicht zu seinem Volk zu sprechen. Kurzum, die Lage war so, daß auch die nüchternsten Journalisten sich fragten, ob der Präsident noch imstande war, die Realität zu erkennen.

Diese Atmosphäre von amtlicher Defensive und öffentlichem Mißtrauen lieferte die Kulisse für die Kraftprobe, die sich nun zwischen den beiden Supermächten abzeichnete:

Mittwoch, 20.00 Uhr: Der sowjetische Botschafter Anatoli Dobrynin überreichte im Außenministerium eine Note von Leonid Breschnew an Kissinger, die das Ersuchen der Ägypter um Entsendung sowjetischer und amerikanischer Truppen in den Nahen Osten unterstützte. Es folgte ein kurzes Gespräch, in dem Kissinger die amerikanischen Bedenken gegen dieses Projekt erläuterte. (John Scali gab derweil vor den Vereinten Nationen im wesentlichen die gleichen Erläuterungen.) Für die amerikanischen Politiker war der Gedanke, Truppen zu entsenden, ein Alptraum. Ihre Haltung in dieser Frage wurde durch die Erfahrungen mit der ›Friedensmission‹ in Asien bestimmt, und sie sahen sich bereits Truppen entsenden, die ausreichen würden, wirkungsvoll in die Kämpfe einzugreifen. Ein amerikanischer Beamter deutete später an, daß zu einem solchen Unternehmen mindestens 20 000–30 000 Soldaten erforderlich wären. Ob die Sowjets überhaupt in solchen Größenordnungen dachten, ist unklar; später waren sie jedenfalls durchaus bereit, sich mit einer ›Polizeitruppe‹ zu begnügen, die beschwichtigend und schlimmstenfalls abschreckend eingreifen konnte. Wie dem auch sei, in Washington verbreitete sich wirklich die Angst vor einer unberechenbaren Verstrickung in einen Landkrieg nach vietnamesischem Muster.

22.45 Uhr: Dobrynin trifft mit einer neuen Botschaft von Breschnew bei Kissinger ein. Diese Note ist brutal, bedrohlich und schroff genannt worden – auf jeden Fall löste sie die Krise aus. Die in ihr enthaltene Drohung war mehr angedeutet als offen ausgesprochen. Beamte, die sie gelesen haben, geben ihren Inhalt etwa so wieder: »Wir empfehlen dringend, daß wir beide Streitkräfte zur Überwachung der Feuereinstellung entsenden; falls Sie das nicht wollen, müssen wir es eventuell alleine tun.« (Lord Cromer, der englische Botschafter in Washington, dem man später die Note vorlas, meint, der Stil sei viel gröber gewesen, der Sinn allerdings der gleiche.) Dobrynin ließ diese zweite Note bei Kissinger zurück, eine Antwort bekam er darauf nicht.

22.50 Uhr: Kissinger telefonierte mit Nixon, der sich in seiner Wohnung im oberen Stockwerk des Weißen Hauses befand. Kissinger schlug vor, auf die letzte Note der Sowjetunion nicht nur politisch, sondern auch militärisch zu reagieren. Nixon stimmte zu und beauftragte Kissinger, einen genauen Plan auszuarbeiten und ihn auf dem laufenden zu halten.

23.00 Uhr: Kissinger berief eine Sitzung im Lageraum im Keller des Weißen Hauses ein. Später wurde von einer Tagung des Nationalen Sicherheitsrates geredet, tatsächlich hat sich hier jedoch nur ein Teil dieses Gremiums getroffen. Normalerweise besteht der Rat aus sechs Personen, aber an diesem Tag blieb der Vorsitzende, der Präsident selbst, in seiner Wohnung. Außerdem fehlte der ehemalige Vizepräsident Spiro Agnew, der kurz zuvor zurückgetreten war und wegen Steuerhinterziehung eine Geldstrafe bekommen hatte. In amtlicher Eigenschaft erschienen Verteidigungsminister James R. Schlesinger und Kissinger, der sowohl in seiner Eigenschaft als Außenminister wie in der des Beraters des Präsidenten in Fragen der Nationalen Sicherheit zugegen war. Ein Assistent des Rates soll später gesagt haben: »An der Sitzung haben teilgenommen Kissinger, Kissinger und Schlesinger.« In beratender Funktion waren noch William E. Colby, der neuernannte Chef der CIA, und Admiral Thomas Moorer, der Vorsitzende der Obersten Stabsführung, anwesend.

Zu beraten waren nicht nur die beiden Noten von Breschnew, denn unterdessen hatte man von John Scali schon gehört, sein sowjetischer Gegenpart in der UN, Jakov Malik, habe eine höchst »zweideutige« Stellung eingenommen. Ferner hatte die National Security Agency, deren Spezialität die Ausforschung durch Satelliten ist, Colby ihre neuesten Erkenntnisse zukommen lassen, die ebenfalls mehrdeutig waren. So wußte man von sieben sowjetischen Landungsbooten und zwei mit Transporthubschraubern beladenen sowjetischen Schiffen im östlichen Mittelmeer. Aufgefangene Funksprüche ließen erkennen, daß sieben sowjetische Luftlandedivisionen in Alarmbereitschaft versetzt worden waren, während eine sogar in Marschbereitschaft stand.

Isoliert gesehen waren diese Faktoren nicht besonders beunruhigend, denn während des Krieges hatte es schon mehrfach sowjetische Alarme und noch mehr Landungsboote in der Nähe des Kriegsschauplatzes gegeben. Neu war hier nur, daß die sowjetische Luftwaffe die meisten ihrer Großtransporter abgezogen hatte, die bislang Nachschub nach Ägypten und Syrien geflogen hatten; diese Maschinen standen jetzt auf ihren russischen Heimatflughäfen. Der Nachschub war aus Ungarn eingeflogen worden. Kurz vor Beginn der Sitzung im Keller des Weißen Hauses kam noch die Meldung, daß mehrere Antonow-22 in Richtung Kairo unterwegs waren. Im Pentagon befürchtete man, es könnte sich um die Vorhut eines massiven Transports sowjetischer Truppen in den Nahen Osten handeln. Eine andere Interpretation besagte jedoch, daß die sowjetischen Großtransporter aus Ungarn in die Heimat verlegt worden waren, weil ihre Aufgabe erledigt war und die Sowjetunion – in Übereinstimmung mit der Verabredung zwischen Kissinger und Breschnew vom vorausgegangenen Sonntag – ihre Nachschublieferungen reduzierte. Als die AN-22 dann in Kairo landeten, stellte sich heraus, daß sie nicht Truppen an Bord hatten, sondern wie gewöhnlich Nachschub. Zu diesem Zeitpunkt hatten die Vereinigten Staaten aber bereits eine weitere Sprosse der Eskalations-Leiter erklommen.

23.30 Uhr: Nachdem Kissinger und Schlesinger die vorliegenden Berichte geprüft hatten, kamen sie zu dem Ergebnis, daß die USA angemessen kontern müßten, um voreilige Maßnahmen der Sowjetunion auszuschließen. Die Erwiderung, auf die sie sich einigten, hieß Verteidigungsbereitschaft Stufe drei, das bedeutete eine Stufe höher als normal, aber eine Stufe niedriger als zur Zeit der Kuba-Krise 1962. (Die Amerikaner kennen fünf Alarmstufen: 5 – Streitkräfte nicht in Bereitschaft, Truppen ungenügend ausgebildet; 4 – normaler Friedenszustand, Truppen in Ausbildung begriffen; 3 – Truppen in Alarmbereitschaft, erwarten Befehle, aller Urlaub gesperrt; 2 – Truppen in Kampfbereitschaft; 1 – Truppen in Kampfaufstellung.) Die beiden Politiker waren sich auch darin einig, daß der Alarm auch außerhalb der Vereinigten Staaten in Kraft gesetzt werden sollte, daß also alle 2,2 Millionen über die ganze Welt verstreuten US-Soldaten davon betroffen waren. Später rechtfertigte man diesen weltweiten Alarm damit, daß ein nur begrenzter Alarm die Sowjetunion nicht davon überzeugt hätte, daß Amerika fest entschlossen war, eine Verwicklung in einen Landkrieg zu vermeiden.

23.35 Uhr: Admiral Moorer gab die von Schlesinger erhaltenen Alarmbefehle an die einzelnen Stabschefs weiter, die ihrerseits sämtlichen Stäben in der ganzen Welt die Anweisung übermittelten: »Ab sofort herrscht Verteidigungsbereitschaft drei.« Ausgenommen von dieser allgemeinen Alarmbereitschaft blieben nur die Tankflugzeuge des Strategischen Luftkommandos (SAC), die die amerikanische Luftbrücke nach Israel bedienten. Diese Maschinen gingen nicht auf Nordkurs, um im Ernstfall die B-52-Bomber aufzutanken, sondern blieben im mittleren Atlantik.

24.00 Uhr: In Bellevue, im US-Staat Nebraska, wo sich die Kommandozentrale des SAC befindet, ging es besonders lebhaft zu. Für die 11653 Militärangehörigen und die 25659 Mitglieder ihrer Familien war es ein normaler Tag gewesen. Die stützpunkteigene Zeitung »Air Pulse« machte Vorschläge für die Gestaltung der Feiern zu Allerheiligen am bevorstehenden Donnerstag. Als gegen Mitternacht der Alarmbefehl von Admiral Moorer eintraf, wurde der mehrere hundert Mann zählende Einsatzstab des SAC in die Kommandozentrale befohlen, von deren sieben Stockwerken vier unter der Erde liegen. Die Offiziere nahmen auf den Logensitzen Platz und beobachteten die auf der Leinwand erscheinenden Angaben über das Wetter, die möglichen Ziele und die Kampfbereitschaft der 162000 Angehörigen des Strategischen Luftkommandos in aller Welt. Überall wurden Bomber auf die Landebahnen gerollt, Besatzungen stiegen ein und erwarteten den Befehl zum Start. Sechzig B-52 wurden von Guam in die Vereinigten Staaten zurückbeordert.

Donnerstag, 25. Oktober, 01.00 Uhr: Der englische Botschafter Lord Gromer wurde über den Inhalt von Breschnews Note und die Alarmbereitschaft der Amerikaner ins Bild gesetzt. Cromer gab diese Information an seinen Außenminister Sir Alec Douglas-Home weiter, der sie beim Frühstück las und somit der erste Außenminister einer fremden Macht war, der von dem amerikanischen Vorgehen erfuhr.

01.30 Uhr: Schlesinger erschien wieder im Pentagon und veranlaßte die Erweiterung der Alarmbereitschaft. Der Flugzeugträger John F. Kennedy mit seinen A-4-Kampfbombern wurde vom Atlantik ins Mittelmeer beordert. Die 15000 Mann starke 82. Luftlandedivision in Fort Bragg im nördlichen Kalifornien bekam den Befehl zur Marschbereitschaft für 06.00 Uhr.

02.00 Uhr: Andere NATO-Mitglieder wurden von der angeordneten Alarmbereitschaft durch das Büro des Nordatlantikrates in Brüssel in Kenntnis gesetzt. Im Pentagon hieß es später, mehrere europäische Hauptstädte wären erst am späten Vormittag unterrichtet worden, weil die Übermittlungszentrale in Brüssel schadhaft war. (So wußte beispielsweise im Stabe des NATO-Kommandos Nord in Oslo auch Donnerstagmittag noch kein Mensch etwas davon.)

02.30 Uhr: Im Außenministerium hat Kissinger unterdessen die Antwort auf die Note Breschnews fertiggestellt. Er erklärte unmißverständlich, die Vereinigten Staaten könnten ein einseitiges Vorgehen der Sowjetunion im Nahen Osten nicht hinnehmen, und jeder Versuch, Truppen ins Kriegsgebiet zu entsenden, müßte der Sache des Weltfriedens schaden. Ferner forderte er die Russen zu weiteren gemeinsamen Aktionen in den Vereinten Nationen auf. Von der amerikanischen Alarmbereitschaft war keine besondere Rede. Kissinger ging wohl davon aus, daß die Russen durch ihre eigene elektronische Aufklärung bereits davon unterrichtet waren. Möglich ist auch, daß Präsident Nixon seinen russischen Kollegen über die getroffenen Maßnahmen informierte, denn später sagte er, er hätte die ganze Nacht hindurch mit Breschnew in Verbindung gestanden.

03.00 Uhr: Schlesinger und Moorer legten die letzten Details der Alarmbereitschaft fest. Kissinger berichtete im Weißen Haus über die von ihm eingeleiteten Maßnahmen. In seiner Eigenschaft als Oberkommandierender der Streitkräfte billigte Nixon in aller Form die Initiative seines Außenministers und seines Verteidigungsministers.

03.30 Uhr: Kissinger ging schlafen.

Obwohl weder das Pentagon noch das Weiße Haus offiziell etwas über die Alarmbereitschaft verlauten ließen, war in den Frühnachrichten überall davon zu hören. Laut NBC sagte ein Soldat, der auf einer Abschußrampe in Montana Dienst tat, die Raketensilos wären erstmals seit 1962 so hochgradig betriebsbereit gemacht worden. Zu Kissingers Bedauern waren die Neuigkeiten bekannt geworden. Später sagte er im vertraulichen Gespräch, er hätte damit gerechnet, daß einzelne Fälle von Alarmbereitschaft durchsickern würden, etwa im Fall der 82. Luftlandedivision, aber er wäre nicht darauf vorbereitet gewesen, daß die ganze Zauberkiste mit einem Schlag offen dastehen würde.

Nach den traumatischen Ereignissen vom Wochenende lief das Faß nun über. Das skeptische Washington war entweder der Meinung, der Präsident hätte nun endgültig den Verstand verloren, oder aber, es sei alles nur wieder ein ungeheurer Schwindel, der von Watergate ablenken sollte. In diesem Stadium wußten nur die

ganz wenigen Eingeweihten, daß es Kissinger war, der die Maßnahmen eingeleitet, und daß Nixon einfach sein Placet gegeben
hatte.

Kissinger stellte sich am Donnerstag der Presse, während der Präsident ein weiteres Mal die Pressekonferenz zu Watergate verschob. Um die Mittagszeit erläuterte er im Presseraum des Außenministeriums, wie sich die Politik der Detente buchstäblich über
Nacht in eine zumindest scheinbare Möglichkeit der nuklearen
Konfrontation hatte wandeln können. Andeutungen, die Auslösung der Alarmbereitschaft könne innenpolitische Gründe gehabt
haben, wies er mit ätzenden Worten zurück, antwortete dann aber
auf die Frage, ob er glaube, die Sowjetunion nutze Nixons durch
Watergate bedingte Schwäche aus, kurz angebunden: »Man kann
sich keine monatelange Autoritätskrise leisten, ohne irgendwann
dafür zu bezahlen.« (Schlesinger und andere Funktionäre des Pentagons gaben später zu, daß Watergate eine Rolle gespielt hat –
nicht um die Aufmerksamkeit der Bürger von Nixons Problemen
abzulenken, sondern um der Welt zu zeigen, daß Amerika trotz einer innenpolitischen Krise fest und entschlossen auftreten
kann.)

Kissinger gab sich alle Mühe, den Konfrontationscharakter der
Angelegenheit vor den Journalisten zu verniedlichen. Er erhob
auch keine Anschuldigung gegen die Russen. »Der Präsident hat
bei einer Sondersitzung des Nationalen Sicherheitsrates um drei
Uhr heute morgen gewisse Sicherheitsvorkehrungen angeordnet,
weil einige Handlungen und Verlautbarungen der Sowjetunion,
deren Sinn nicht eindeutig ist, ihm das nahegelegt haben.« Er rief
seinen Zuhörern in Erinnerung, daß sowohl die Sowjetunion als
auch die USA genug Kernwaffen besitzen, »um die Menschheit
auszurotten«, und daß daher beide »die Pflicht haben, dafür zu sorgen, daß Konfrontationen bestimmte Grenzen nicht überschreiten«. Kissinger glättete die Krise so geschickt, daß kaum noch jemand sich bewußt machte, daß er selbst es gewesen war, der die
Auseinandersetzung zwischen den Supermächten auf nukleare
Ebene gebracht hatte.

Im Sicherheitsrat hatte man einen Kompromiß erarbeitet, der die
Ständigen Mitglieder des Rates – und damit die beiden Supermächte – von einer unmittelbaren Teilnahme an der Friedensmission ausschloß. Ein Delegierter sagte dazu:
»Als man begriffen hatte, worum es sich handelte, bot sich auch
gleich die Lösung an.« Die acht wechselnden Mitglieder des Rates –

Guinea, Indien, Indonesien, Kenia, Panama, Peru, der Sudan und Jugoslawien – brachten die Resolution ein, in der die Entsendung einer UN-Streitmacht gefordert wurde, von der Truppen der Großen Fünf (der USA, der UdSSR, Chinas, Englands und Frankreichs) ausgeschlossen blieben. John Scali, der amerikanische Botschafter bei den Vereinten Nationen, und die Delegierten der Blockfreien formulierten den Wortlaut, und der letzte Stein in diesem Mosaik bekam seinen Platz, während Kissinger seine Pressekonferenz abhielt. Malik telefonierte mit Moskau und erhielt die gewünschte Zustimmung. Generalsekretär Waldheim wurde einstimmig ermächtigt, australische, finnische und schwedische Soldaten, die für die UNO auf Zypern Dienst taten, in das Kriegsgebiet des Nahen Ostens zu verlegen.

War der Alarm die Antwort auf eine echte Bedrohung oder eher – wie Breschnew später zu verstehen gab – die panische Erwiderung auf »phantastische Gerüchte«? Als alles vorüber war, gingen beide Supermächte mit Geschichtchen hausieren, wie man vom anderen getäuscht worden sei. Keine dieser Versionen erscheint ganz glaubhaft. Die Amerikaner behaupteten, Sadats Hilferuf vom 24. Oktober nach amerikanischen und russischen Truppen sei vorher abgesprochen gewesen, denn sowohl Sadat wie Breschnew hätten gewußt, daß die Amerikaner einem solchen Ersuchen keine Folge leisten könnten, und man müsse darin also einen Trick sehen, mit dem der Westen in der UNO ausmanövriert werden sollte, um der Sowjetunion einen Vorwand zu liefern, starke Truppenverbände im Nahen Osten zu stationieren.

Die Russen verbreiteten eine noch gespenstischere Version von dem angeblichen Täuschungsmanöver. Sie wollten gleich auf zwei Ebenen betrogen worden sein. Zuerst habe Kissinger sie getäuscht, indem er von Moskau kommend Golda Meïr bedeutet habe, es könne nicht schaden, wenn die israelische Armee auch nach der Zustimmung zur Feuereinstellung ihre militärische Überlegenheit weiter nutze, und zum zweiten behaupteten sie, es habe bereits ein Übereinkommen mit den Amerikanern bestanden, dem zufolge beide Mächte Truppen zur Überwachung des Waffenstillstandes einsetzen wollten, sobald der Sicherheitsrat formell seine Erlaubnis dazu erteilt habe.

Diese zweite Behauptung steht in krassem Widerspruch zu der Aussage der Amerikaner, die Entsendung von Truppen sei in Moskau überhaupt nicht besprochen worden; falls die Rede doch darauf gekommen sein sollte, so darf man annehmen, daß gerade Kissinger, der sich vier Jahre lang darum bemüht hat, die Amerikaner aus der Intervention in Vietnam zu befreien, der letzte gewesen wäre, eine ähnliche Verstrickung im Nahen Osten einzugehen. Es wird sogar behauptet, Kissinger habe geradezu mit Entsetzen von der nach Eintritt der Waffenruhe vorgenommenen Umzingelung der Dritten Ägyptischen Armee gehört.

Es würde ein bemerkenswertes Licht auf den Charakter der Ost-West-Entspannung werfen, falls die Partner wirklich versucht haben sollten, einander auf so gefährliche Weise zu täuschen. Am wahrscheinlichsten ist wohl, daß sich ein gigantisches Mißverständnis daraus ergab, daß man niemals eingehend erörtert hatte, auf welche Weise die Waffenruhe herbeigeführt und überwacht werden sollte. Die beiden Großmächte, die die Welt unter sich geteilt und soeben demonstriert hatten, daß die UNO machtlos war, wenn sie sich vorher nicht einigten, diese Großmächte, die ihre Schutzbefohlenen für gänzlich abhängig von sich hielten, konnten sich offenbar nicht erlauben, auf den Gedanken zu kommen, daß israelische und ägyptische Soldaten und Politiker einen eigenen Willen haben könnten. Die Amerikaner haben anscheinend geglaubt, daß die beiden Mächte, die vor allem mit der Lieferung von Waffen an die Kriegführenden befaßt waren, den Waffenstillstand einfach verordnen könnten. Diese schlichte Fehldeutung hat dann dazu geführt, daß weitere Schritte, die zu einer globalen Konfrontation führen konnten, in der Logik der Dinge zu liegen schienen.

Eine Reihe von Stimmen meinte: Ende gut, alles gut. Ein zufriedener amerikanischer Beamter äußerte nach einem Tag am Rande des Abgrunds: »Er hat sich gerührt, wir haben geknurrt, er hat es gehört und gekuscht.« Das war aber nur eine neckische Umschreibung des Eingeständnisses, daß die Supermächte ihren Klienten im Nahen Osten nicht nach Lust und Laune Krieg oder Frieden verordnen konnten, ohne für sich selber einen ebensolchen, wenn nicht größeren Konflikt zu riskieren.

Mit der Einsetzung der UN-Friedenstruppe schwand die Gefahr einer Konfrontation zwischen den Supermächten. Tatsächlich trafen noch vor dem Wochenende in Ägypten russische Beobachter ein; es waren keine hundert, sie waren nur mit Aktentaschen bewaffnet und meldeten sich ganz zahm beim Stab der UNTSO in Kairo und boten ihre Hilfe an. Auch Amerika erbot sich, ähnlich zivile ›Vertreter‹ zu entsenden, falls die UNO das wünsche, und am Freitag wurde der Alarm abgeblasen. Auf einer verspäteten Pressekonferenz betonte Präsident Nixon, die Welt sei soeben »durch die schwerste Krise seit 1962 gegangen«, wies aber auch darauf hin, daß die sowjetisch-amerikanischen Beziehungen die Probe bestanden hätten. »Die Detente ist kritisiert worden«, sagte er, »ich will hier aber sagen, daß wir ohne diese Detente im Nahen Osten auf einen großen Konflikt zugesteuert wären. Dank der Detente haben wir diesen vermieden.«

Von »unseren europäischen Freunden« war er weniger begeistert, denn er meinte, diese »haben sich weniger hilfreich bei der Herbeiführung einer Lösung für den Nahen Osten erwiesen, als man hätte erwarten dürfen«.

Die meisten westeuropäischen Regierungen verkniffen sich öffentliche Erklärungen, machten aber deutlich, daß sie die Rückkehr zur Großmachtdiplomatie für ihren Geschmack haarsträubend fanden. Gleichzeitig war aus dem Pentagon und dem State Department zu hören, daß man sehr verbittert war, weil die Europäer sich im Nahen Osten nicht um die amerikanische Flagge geschart hatten. Von allen NATO-Verbündeten durfte nur Portugal eine gute Zensur in Betragen entgegennehmen, weil es den amerikanischen Flugzeugen, die Nachschub nach Israel flogen, auf den Azoren das Recht zur Zwischenlandung eingeräumt hatte.

Alle anderen Verbündeten verschlossen sich dem Ersuchen um Hilfe bei der Luftbrücke. Der englische Premierminister Edward Heath untersagte persönlich die Verladung von Nachschubgütern auf dem Luftstützpunkt Zypern, nachdem der amerikanische Präsident ihn um die Erlaubnis gebeten hatte. Die Bundesrepublik zeigte sich in den Anfangsstadien hilfsbereit, versagte dann ihre Mitarbeit aber, als die Amerikaner militärischen Nachschub nach Israel fliegen wollten, der auf deutschem Boden lagerte. Griechenland und die Türkei waren in den Augen amerikanischer Politiker die größten Bösewichte, denn nicht nur erlaubten sie den amerikanischen Transportflugzeugen keine Landung, sie erhoben auch keinen Widerspruch, als russische Transportmaschinen auf dem Wege nach Ägypten und Syrien mit Panzern und Bomben an Bord ihren Luftraum durchflogen.

Robert McCloskey, der Sprecher des Außenministeriums, sagte am 26. Oktober: »Wir waren erstaunt darüber, daß viele unserer Verbündeten geradezu Wert darauf legten, sich öffentlich von uns zu distanzieren. Man fragt sich, wie ein solches Verhalten sich vereinbaren läßt mit der von den Europäern so oft beschworenen Unteilbarkeit der Sicherheitsinteressen.« Von einer gemeinsamen Interessenlage im Nahen Osten konnte aber schon seit langem nicht mehr die Rede sein. Das hatte zum Teil politische Gründe. Die meisten europäischen Mächte zeigten sich gereizt wegen Israels anscheinender Starrköpfigkeit gegenüber der in den Vereinten Nationen zum Ausdruck kommenden ›Weltmeinung‹, und diese Mächte neigten dazu, Israel die Schuld daran zu geben, daß alle Versuche, einen brauchbaren Frieden herbeizuführen, bislang gescheitert waren. Amerika hingegen sah Israel unter geopolitischen Gesichtspunkten als seinen einzigen verläßlichen Verbündeten im Nahen Osten, auf den es nicht verzichten konnte, wenn es in diesem Gebiet die Sowjetunion in Schranken halten wollte.

Das Schicksal der Dritten Armee

Der wichtigste Grund für die Meinungsverschiedenheiten diesseits und jenseits des Atlantik war aber wirtschaftlicher Art: Europa importiert 80 Prozent seines Öls aus den arabischen Ländern, während der amerikanische Ölverbrauch nur zu 11 Prozent von Lieferungen aus dem Vorderen Orient abhängt. Ein Ölembargo, das, wie die arabischen Staaten soeben vorführten, jederzeit verhängt werden konnte, würde buchstäblich den Zusammenbruch der europäischen Volkswirtschaften bedeuten, während es für die Amerikaner höchstens lästig war. Europa war zu der Einsicht gelangt, daß es sich nicht leisten konnte, vorbehaltlos die amerikanische Politik im Nahen Osten zu unterstützen.

Die zwischen den Supermächten erzielte Übereinkunft schlug sich im Verhalten ihrer Schützlinge im Kampfgebiet nicht sogleich nieder. Am Donnerstag wurde in der Gegend von Suez erneut gekämpft, und die aus Kairo entsandten UN-Beobachter konnten wieder einmal keine befriedigende Waffenstillstandslinie festlegen. Eine UN-Patrouille, die von den israelischen Linien aus startete, kam zwar bis nach Port Suez, gestand nach ihrer Ankunft jedoch, daß sie nicht genau wußte, wo sie ihren Beobachtungsposten einrichten solle.

Die 20 000 Soldaten der Dritten Ägyptischen Armee waren unterdessen in einer verzweifelten Lage. Seit vier Tagen waren sie vom Nachschub abgeschnitten, und auch die größten Optimisten gaben ihnen nur noch eine Woche. Einige militärische Fachleute hielten sogar drei Tage für das äußerste. Am Donnerstagnachmittag demonstrierten die Israelis ihre Überlegenheit mit der Bekanntmachung, sie wären bereit, Kairos Bitte zu entsprechen, die Verwundeten der Dritten Armee mit Blutplasma versorgen zu lassen; sie stellten aber die Bedingung, die Blutkonserven vom Roten Kreuz in Tel Aviv zu beschaffen. Zuvor hatten die Israelis drei Konvois mit Medikamenten abgewiesen, die versucht hatten, Suez von Kairo aus zu erreichen – zwei waren vom Roten Halbmond geschickt, einer vom Internationalen Komitee des Roten Kreuzes. Daß Tel Aviv Blutplasma an die Dritte Armee lieferte, wurde von Radio Kairo nicht bekannt gegeben. Die Regierung Sadat, die zeigen mußte, daß der Krieg nicht vergeblich geführt worden war, hatte nicht die Absicht, ihre Bürger wissen zu lassen, daß ihren verwundeten Helden Hilfe nur mit dem freundlichen Einverständnis des Feindes zuteil werden konnte.

Immer noch behauptete Kairo, Ägypten hätte einen bedeutenden Sieg errungen. Die Sprecher der Regierung kamen häufig auf den triumphalen Durchbruch durch die Bar-Lev-Linie zurück – »eine Befestigung, die stärker war als die Maginot-Linie und der Westwall« –, sie verurteilten die amerikanischen Ersatzlieferungen an Israel und redeten sehr nebulös von einer israelischen »Infiltration« auf ägyptisches Territorium. Diese arabische Propaganda bewirkte nur, daß die Israelis noch entschlossener auf ihrem Vorteil bei Suez bestanden. Zeef Shiff, ein einflußreicher Kommentator, gab in der Donnerstagausgabe der Zeitung Ha'aretz ziemlich genau die amtliche Auffassung wieder:

»Die Ägypter versuchen mit Hilfe der Russen, die schwere Niederlage ihrer Dritten Armee in einen Sieg zu verwandeln. Wir sollten uns davon nicht irremachen lassen. Wir dürfen keinen falschen Schritt tun und diese Trumpfkarte nicht aus der Hand geben. Wir sind nicht verpflichtet zuzulassen, daß diese Armee versorgt wird. Vergessen wir nicht, daß es eine feindliche Armee ist, die unser Blut vergossen und viele unserer Söhne getötet hat, und daß die Kämpfe jederzeit wieder aufleben können.

Dieser Krieg ist nicht der Sechs-Tage-Krieg, als wir den ägyptischen Soldaten, die durch die Wüste irrten, Trinkwasser gaben. Wenn wir zu diesem Zeitpunkt die Dritte Armee mit Trinkwasser versorgen, bedeutet dies, daß wir ihr ermöglichen, sich eine brauchbare Basis zu verschaffen, von der aus sie uns auch künftig bedrohen kann. Wir sollten den Soldaten der Dritten Armee gestatten, nach Ägypten abzuziehen, wenn sie vorher auf dem Sinai ihre Waffen niedergelegt haben. Wenn sie durstig sind, sollen sie zu Hause Wasser trinken.«

Die Araber hielten jedoch ebenfalls zwei Trumpfkarten in der Hand. Keine von diesen hatte großen militärischen Wert, dafür aber um so größeren emotionalen Gehalt. Die erste war die Aufrechterhaltung der Schiffahrtsblockade in der Meerenge von Babel-Mandeb, dem südlichen Zugang zum Roten Meer, worin die Israelis eine Kriegshandlung und eine Verletzung des Waffenstillstandsabkommens erblickten. Die zweite, sehr viel gefährlichere, Karte waren die Kriegsgefangenen.

In Befolgung der Genfer Konvention von 1949 versorgten die Israelis das Rote Kreuz regelmäßig mit Angaben über kriegsgefangene Araber. Daraus ergab sich, daß die Israelis am 24. Oktober morgens 1 300 Kriegsgefangene hatten – 988 Ägypter, 295 Syrer, 12 Iraker und 5 Marokkaner. Die Araber ihrerseits nahmen es mit den Berichten weniger genau. Ägypten hatte nur 48 gefangene Israelis gemeldet, Syrien hingegen überhaupt keine, obwohl die Syrer im Fernsehen gefangene Israelis gezeigt hatten. Die Israelis vermuteten, daß 400 ihrer Leute gefangengenommen worden waren, und in der israelischen Presse erschienen bereits die ersten Berichte über Greueltaten an Gefangenen.

Man besaß Berichte von der syrischen Front, denen zufolge israelische Soldaten mit verbundenen Augen und gefesselten Händen erschossen und sodann vergraben worden waren. In Israel herrschte der bedrückende Eindruck, daß diese beiden arabischen Länder absichtlich die von der Genfer Konvention auferlegten Pflichten vernachlässigten und das Schicksal ihrer Gefangenen solange im Ungewissen lassen wollten, bis das Schicksal der Dritten Armee entschieden war.

Freitag, der 26. Oktober, war der erste Tag des Qorban-Bairam-Festes, das das Ende des islamischen Fastenmonats Ramadan bezeichnet. Normalerweise wird es festlich begangen, die Feiern in Kairo waren aber sehr gedämpft, denn die Bürokratie und die Fabriken waren angewiesen worden, wie gewöhnlich zu arbeiten. Die ägyptischen Zeitungen und Rundfunkstationen berichteten zwar nicht mehr euphorisch über den Krieg, aber doch zuversichtlich. Die Zeitung *Al Gumhouria* warnte vor der Hoffnung auf eine rasche Lösung, »denn der Volksbefreiungskrieg ist ein langwieriger, ständiger Krieg«. Mohamed Heikal, der einflußreiche Herausgeber von *Al Ahram* forderte seine Leser auf, sich »um die Fahne zu scharen und um den, der die Entscheidungen trifft«. Er erklärte, daß Sadat sich mit dem Waffenstillstand habe einverstanden erklären müssen, weil Ägypten »einem direkten amerikanischen Eingreifen ausgesetzt war... Die Vereinigten Staaten haben Israel Waffen geliefert, die sie selber noch nicht erprobt haben.« Auch suchte Heikal den weitverbreiteten Argwohn zu zerstreuen, die Supermächte könnten sich auf Kosten Ägyptens geeinigt haben. In Wahrheit war eine solche Abmachung zwischen den Supermächten soeben im Gange – jedoch auf Kosten Israels.

Während an den anderen Fronten Ruhe herrschte, machte die eingekesselte Dritte Armee einen letzten verzweifelten Versuch, ihre Lage zu verbessern. Unter dem Schutz des Feuers ihrer Artillerie und ihrer Panzer versuchten die Ägypter, sich in den Besitz der Pontonbrücken südlich des Kleinen Bittersees zu bringen und eine neue Brücke südlich von Port Suez über den Kanal zu schlagen. Nach dreistündiger Schlacht, in der die israelische Luftwaffe die Hauptrolle spielte, mißlang der Versuch, eine Ost-West-Verbindung zwischen den ägyptischen Heeresteilen herzustellen, und die neue Brücke der Araber lag in Trümmern. An diesem Tag zeigte sich auch, wie weit die Moral der Dritten Armee angeschlagen war, denn die Israelis nahmen zahlreiche kleine Gruppen von Soldaten gefangen – oft ohne Gegenwehr –, die sich von der Truppe entfernt hatten und auf eigene Faust das ägyptische Herzland zu erreichen versuchten. Manche dieser Ägypter hatten Flugzettel bei sich, die vorher von israelischen Maschinen über den Stellungen der Dritten Armee abgeworfen worden waren und in denen die Soldaten zur Aufgabe aufgefordert wurden.

Wiederum fiel das Interesse der Vereinigten Staaten mit dem der Sowjetunion zusammen. Kissinger, dem daran gelegen war, eine dauerhafte Friedenslösung für den Nahen Osten zu finden, war ebenso wenig von der Aussicht auf den totalen Zusammenbruch der Dritten Armee begeistert wie die Männer im Kreml. (»Ich will Ihnen mal sagen, wie ich mir die Beilegung solcher Streitigkeiten vorstelle«, sagte Kissinger später in einem Interview mit Heikal. »Man muß zu diesem Zweck an einem Punkt beginnen, an dem beide Parteien glauben, im Vorteil zu sein.«) Wenn die Dritte Armee zugrunde ginge, würde es für Verhandlungen keine Möglichkeit mehr geben – die Ägypter würden sich zu sehr gedemütigt fühlen und die arabische Welt sich einmal mehr für betrogen halten. Am Abend des Freitag setzte Kissinger deshalb eine Runde intensiver diplomatischer Verhandlungen in Gang, um dies zu verhindern.

Er setzte sich unmittelbar mit Israel, mit Ägypten und der Sowjetunion in Verbindung, hielt allerdings auch Waldheim auf dem laufenden. Kurz nach Mitternacht war eine Formel gefunden, auf die sich alle Beteiligten einigen konnten, wenngleich Israel nur mit größter Zurückhaltung zustimmte. Das US-Außenministerium konnte bekanntmachen, daß dank »seiner guten Dienste« Israel und Ägypten sich darauf geeinigt hätten, »einen Konvoi mit Personal und Nachschub« für die Dritte Armee unter der Schirmherrschaft der UNO und des Roten Kreuzes durchzulassen. Der Terminus »gute Dienste« sollte offenbar über die heftigen Auseinandersetzungen zwischen Kissinger und Simcha Dinitz hinwegtäuschen, dem israelischen Botschafter in Washington. Israelische Quellen behaupten, die Amerikaner hätten die Regierung in Jerusalem dahingehend informiert, daß die Sowjetunion nach wie vor fest entschlossen sei, die eingekesselten ägyptischen Streitkräfte zu retten. Man habe angedeutet, die israelische Hartnäckigkeit im Gebiet von Suez gefährde den Weltfrieden, denn die Vereinigten Staaten könnten ihre öffentlich geäußerten Vorbehalte gegen das Eingreifen sowjetischer Truppen nicht zurücknehmen. Die Folge des Wandelns am Abgrund während der vorangegangenen Tage war also für die Israelis, daß man ihrer Regierung plötzlich die Verantwortung für den Weltfrieden zuschob. Generalleutnant David Elasar, der israelische Stabschef, sagte denn auch rundheraus und ziemlich wütend auf die Frage, wie das Abkommen über die Versorgung der Ägypter denn ausgehandelt worden sei: »Man hat uns gezwungen, es anzunehmen. Wir waren genötigt, diesem Konvoi zuzustimmen.«

Auf beiden Fronten schwiegen die Geschütze am Sonnabend, dem 27. Oktober, 24 Tage nach Ausbruch der Feindseligkeiten. Doch auch jetzt waren die Vorzeichen nicht sehr ermutigend: 56 finnische Soldaten, die zur UN-Friedenstruppe gehörten und am Freitagabend von Zypern nach Kairo geflogen waren, verbrachten in übler Stimmung einen ganzen Tag an der israelischen Straßensperre auf dem Wege nach Suez. Der israelische Ortskommandant von Suez wollte einfach nicht glauben, daß die Blockierung der Dritten Armee aufgehoben werden sollte, und Mitternacht war schon vorüber, als israelische und ägyptische Offiziere sich endlich über Einzelheiten des Versorgungstransportes einigen konnten; sie verhandelten an einem Kilometerstein der Straße Suez–Kairo, 101 km von der ägyptischen Hauptstadt entfernt. Am Sonntagmorgen starteten die ersten Fahrzeuge eines aus hundert von UN-

Personal gesteuerten Lastwagen bestehenden Konvois in Zehner-gruppen in Richtung auf die ägyptischen Linien, nachdem sie von israelischen Soldaten kontrolliert worden waren. Die Dritte Armee war gerettet, das Gesicht Ägyptens gewahrt. Die israelische Führung machte sich nicht die Mühe, ihren Ärger über das enttäuschende Ende des ägyptischen Feldzugs zu verbergen. Als am Sonntag die amerikanische Fernsehstation CBS Golda Meïr interviewte, nahm sie kein Blatt vor den Mund: »Ich möchte sagen, daß Sadat meiner Ansicht nach seine Niederlage gründlich auskosten müßte und daß man ihm nicht gestatten sollte, die Niederlage durch politische Winkelzüge in einen Sieg zu verwandeln, und zwar nicht etwa weil ich wünsche, daß er gedemütigt wird, sondern weil er immerhin einen Krieg angefangen hat, weil unsere Leute gefallen sind, weil seine Leute zu Tausenden gefallen sind, und weil er besiegt worden ist. Jetzt bekommt er durch ein politisches Arrangement einen Sieg serviert und ist in den Augen des ägyptischen Volkes ein Held geworden, oder er hält sich zumindest dafür. «

Die Kriegsstatistik zeigte unmißverständlich, daß die Israelis gesiegt hatten. Nach Berechnungen des amerikanischen Verteidigungsministeriums, die verläßlicher sind als die von den kriegführenden Mächten während der Kämpfe veröffentlichten, hatte Israel ein Drittel der Verluste seiner arabischen Gegner – 5 000 verglichen mit 7 700 in Ägypten und 7 700 in Syrien. Die Zahl der von den Israelis eingebrachten Gefangenen war in der letzten Woche der Kämpfe auf beinahe 9 000 gewachsen, 8 000 davon Ägypter. Ägypten und Syrien dagegen hatten zusammen nicht ganz 400 israelische Gefangene. Man schätzt, daß die vereinigten arabischen Streitkräfte 2 000 Panzer und etwa 450 Flugzeuge verloren, Israel 800 Panzer und 120 Flugzeuge. Auch was erobertes Territorium angeht, war Israel im Vorteil; in Syrien verliefen die israelischen Stellungen jenseits der Grenzen von 1967, und was es am westlichen Kanalufer in Ägypten besetzt hielt, war weit mehr als die Eroberungen der Ägypter am Ostufer. Trotzdem konnte eine Nation, die sich an überragende militärische Erfolge gewöhnt hatte, diesen Sieg nicht recht genießen. Die Israelis hatten mehr Menschen verloren als in irgendeiner Auseinandersetzung seit 1948. Aus den später veröffentlichten Angaben geht hervor, daß 2 412 Israelis bei den Kämpfen gefallen waren, mehr als doppelt soviel wie im Sechs-Tage-Krieg. Doch der Sechs-Tage-Krieg war ein rascher, siegreicher Vormarsch gewesen, an dessen Ende riesiger Landgewinn stand, nicht zu reden von Jerusalem, das größeren emotionalen Wert hat als jedes andere Gebiet.

Ein passender Vergleich wäre der Unabhängigkeitskrieg, in dem 6 200 Israelis gefallen sind. Auf den ersten Blick erscheinen diese Verluste viel höher, sie traten aber in einem viel längeren Zeitabschnitt ein. Im Unabhängigkeitskrieg wurde etwa 240 Tage gekämpft, wobei die Unterbrechungen durch Feuereinstellungen nicht mitgezählt sind. Grob gesprochen verlor Israel im Durchschnitt an jedem Kampftag 25 Tote.

1973 hingegen kostete jeder Kampftag bis zum 27. Oktober, als die Kämpfe an beiden Fronten eingestellt wurden, täglich 105 Tote. Bedenkt man, daß die jüdische Bevölkerung heute fünfmal größer ist als 1948, kann man sagen, daß die Verluste etwa gleich waren. Auf alle Fälle ähnelt der Jom-Kippur-Krieg mehr dem Unabhängigkeitskrieg als den Feldzügen der 50er und 60er Jahre.

Darüber hinaus bestand wenig Hoffnung auf eine frühe Entmobilisierung von Israels Reservesoldaten, wie die mühsamen Waffenstillstandsverhandlungen am Kilometerstein 101 zeigten. Wenn Generalmajor Aharon Yariv, der Führer der israelischen Verhandlungskommission, das UN-Zelt verließ, wurde er jedesmal mit dem Ruf empfangen: »Können wir jetzt nach Hause?«, und immer mußte er den Kopf schütteln. Mit seinem Abnützungskrieg gegen Israel hatte Ägypten keinen großen Erfolg gehabt, doch die Abnützung der Nerven bei den Friedensbemühungen war schwer erträglich. Um den jungen Müttern zu helfen, veranlaßte die israelische Schulbehörde, daß den Kindern in der Grundschule erklärt wurde, warum ihre Väter so lange im Krieg sein mußten. Ein Kinderpsychologe riet einer Gruppe Lehrer in Jerusalem: »Stellt es einfach dar, auch wenn es nicht einfach ist.«

Probleme des Friedens

Die vergessenen Palästinenser

Der 25. Oktober 1973 war der Tag des amerikanischen Atomalarms; es war auch der Tag, an dem die Vereinten Nationen die Entsendung einer Friedenstruppe zur Überwachung des Waffenstillstands im Nahen Osten beschlossen; und es war der Tag, an dem ein Bericht der UNO über die Flüchtlingslager veröffentlicht wurde, in denen mehr als 600 000 Palästinenser leben. Dieser Bericht war äußerst beunruhigend, doch machte er so gut wie keinen Eindruck, denn die Probleme der Palästinenser waren vom Krieg aus dem Bewußtsein der Öffentlichkeit verdrängt worden.

Die palästinensischen Guerillas, die Fedajin, begriffen dies genau. Während des Krieges wurde in der libanesischen Stadt Tyrus ein toter Freischärler bestattet. Der Sarg stand auf einem schäbigen amerikanischen Lieferwagen, und Kameraden des Toten in Tarnanzügen mit umgehängten Schnellfeuergewehren gaben ihm das letzte Geleit. Ein improvisierter Lautsprecherwagen verbreitete unablässig Kampfparolen gegen Israel. Plötzlich hörte man den Doppelknall, mit dem zwei israelische Kampfflugzeuge die Schallmauer durchbrachen. Der Trauerzug kam zum Stehen, die Fedajin schauten in den Himmel und entdeckten die Rauchfahnen zweier SAM-Raketen, die irgendwo im Golan auf die beiden Maschinen abgefeuert worden waren. Die Raketen explodierten, ohne die Flugzeuge zu treffen, die nach drei Minuten zurückkamen, über Tyrus hinwegflogen und meerwärts verschwanden. Der Trauerzug setzte sich wieder in Bewegung.

»Angeblich geschieht das ja alles für uns«, sagte einer der Partisanen, »aber im Grunde spielen wir dabei keine Rolle.«

Der gleichen Ansicht sind viele jener Palästinenser, die in den 63 Flüchtlingslagern leben, die von der Hilfsorganisation der Vereinten Nationen (UNRWA) unterhalten werden. Man konnte die Palästinenser aus dem Krieg von 1973 heraushalten, der noch zu schließende Frieden wird sie berücksichtigen müssen. Eine Regelung, die sie nicht einschließt, würde nur bedeuten, daß der Guerillakrieg fortgesetzt wird. Aus dem Bericht der UNWRA, der am 25. Oktober erschien, geht hervor, daß die Guerillas für die Fortsetzung ihrer Kriegführung zunehmend auf die Hilfe ihrer Landsleute zählen können.

Es heißt in dem Bericht, daß es der UNRWA gleich zu Beginn des Jahres 1974 an Geld fehlen wird. Das Defizit, mit dem man rechnet, beträgt 10 Millionen Dollar, also ungefähr die Summe, die der 20 Tage während Krieg jede halbe Stunde an Mitteln verschlungen hat. Das Defizit würde eine Beschränkung der Tätigkeit der UNRWA bedeuten, was »noch mehr Elend, Frustration und Erbitterung unter den palästinensischen Flüchtlingen auslösen, die Spannung erhöhen und zu noch mehr Gewalttätigkeit führen muß«.

Außerhalb Israels leben derzeit etwa zweieinhalb Millionen palästinensische Araber. Eine Million von ihnen leben unter israelischer Besatzung im Gazastreifen oder auf dem Westufer des Jordan; 900000 leben am Ostufer des Jordan und eine weitere halbe Million in Syrien und im Libanon. Die übrigen sind in der Welt zerstreut: man schätzt, daß in Westdeutschland 15000 leben, in den USA 7000. Insgesamt haben drei von fünf palästinensischen Arabern, das heißt anderthalb Millionen, UN-Flüchtlingsstatus, was aber nicht heißt, daß alle Flüchtlinge auch in den Lagern der UNO leben. Die meisten Flüchtlinge haben während des Krieges von 1948–49 ihre Heimat verlassen, die übrigen 1967.

Die Palästinenser hätten ein anderes Schicksal wählen können: die Regierung von Jordanien bot allen Palästinensern volle Bürgerrechte, die sich in Jordanien niederzulassen wünschten. Doch lebt mehr als ein Drittel der von der UNRWA betreuten Flüchtlinge in Lagern in Jordanien, und nur sehr wenige sind bereit, auf ihren Flüchtlingsstatus zu verzichten. Das liegt zum Teil daran, daß in den Flüchtlingslagern viel getan wird, um das Gefühl der nationalen Identität zu entwickeln. Bis zum Krieg von 1973 ging die Forderung aller palästinensischen Führer – einerlei, worin sie sich sonst unterscheiden – darauf hin, einen palästinensischen Staat zu errichten, der die gleichen Grenzen haben sollte wie das ehemalige Mandatsgebiet Palästina.

In den Lagern wachsen die Kinder mit der gleichen Erbitterung auf, die schon ihre Eltern an den Tag legen. Das größte Lager der UNRWA befindet sich 16 Kilometer nördlich von Amman in Baka'a. Hier werden 50000 Palästinenser betreut. Raschid unterscheidet sich in nichts von den anderen Kindern, die hier aufwachsen. Er ist acht Jahre alt und erzählte einem Mitarbeiter der *Sun-*

day Times während des Krieges: »Ich komme aus Haifa. Dort woh-
nen wir. Wir haben ein weißes Haus am Meer, und dahinter wachsen Apfelsinenbäume.« Raschid hat Haifa nie gesehen, seine Angehörigen sind 1948 von dort weggegangen.

Nach dem Krieg hatte man den Eindruck, daß eine dauerhafte Friedensregelung nur unter zwei Voraussetzungen gefunden werden
kann; die Israelis müssen den palästinensischen Arabern einen eigenen Staat zugestehen, und die Palästinenser müssen sich mit
dem jüdischen Staat abfinden. Die einzigen Teile Palästinas, von
denen Israel sich möglicherweise zu trennen bereit ist, sind der Gazastreifen und das Westufer des Jordan. Und wenn man dies vergleicht mit dem Traum von der Rückkehr zu den Orangenhainen
von Haifa, dann dürfte ein solches Angebot für die Palästinenser
kaum reizvoll sein.

Der Krieg von 1973 hat die Palästinenser zwar nicht unmittelbar
betroffen, doch zeigten sich in seinem Verlauf erste Anzeichen dafür, daß ihre im Exil lebenden Führer ein solches Angebot doch annehmen könnten. Am 16. November schrieb Said Hammami, der
Londoner Vertreter der Palästinensischen Befreiungsorganisation
(PLO) in der *Times*, er könne sich vorstellen, daß man mit Israel zu
einer Vereinbarung kommt, die einen Staat der Palästinenser vor-
sieht, der aus dem Gazastreifen und dem Westufer des Jordan bestehen würde. Ein solcher Staat, so schrieb er, »würde dazu führen,
daß die Flüchtlingslager geschlossen werden können und daß die
Beziehungen zwischen Arabern und Israelis entgiftet werden«.

Dieser Aufsatz war zwar ausdrücklich als ganz persönliche Mei-
nungsäußerung gekennzeichnet, jedoch nach eingehender Beratung mit anderen Führern der PLO geschrieben worden. Er stand
stellvertretend für die Ansichten vieler PLO-Funktionäre, die die
Gelegenheiten ausnützen wollten, die der Krieg bot. Vor 1973
hatte es keine Aussicht dafür gegeben, daß die palästinensischen
Araber irgendeinen Teil Palästinas in die Hand bekommen könnten, und daher war auch kein Spielraum für einen Kompromiß in
der Frage des Territoriums vorhanden gewesen. Nach dem Krieg
von 1973 jedoch machten sowohl Ägypten wie die Sowjetunion
den Palästinensern Hoffnung auf einen Staat, der den Gazastreifen
und das Westufer umfassen würde, sobald Israel sich zurückgezogen hätte; sie verlangten aber dafür, daß die Palästinenser einem
solchen Kompromiß zustimmten.

Für die Führer der PLO ging es nun darum, Jordanien von allen Bemühungen auszuschließen, deren Ziel ein unabhängiges Palästina

war. König Hussein hat nämlich seit jeher für ein solches Gebilde ebensowenig übrig gehabt wie die Israelis. Zwar machte er als einziger arabischer Herrscher überhaupt einen Vorschlag für die Lösung der Palästinafrage, doch sein Angebot von 1971 sah bezeichnenderweise eine Föderation Jordanien–Palästina vor, mit einer Bundeshauptstadt Amman. Für Hussein wäre eine solche Regelung von großem praktischem Nutzen gewesen; das Ostufer des Jordan wäre mit dem wohlhabenderen Westufer verbunden und Husseins Oberherrschaft über die Palästinenser wieder hergestellt worden.

Den Palästinensern auf dem Westufer schmeckte dieser Gedanke aber nicht. Eine kurz vor dem Krieg von 1973 vom israelischen Institut für angewandte Sozialforschung abgehaltene Umfrage (wobei die eigentliche Befragung von Arabern durchgeführt wurde), kam zu dem Ergebnis, daß Husseins Vorschlag von nur 8 Prozent dieser Araber befürwortet wurde. Eine größere Minderheit von 19 Prozent sprach sich für die Rückkehr unter jordanische Herrschaft aus; 44 Prozent wünschten sich einen unabhängigen Staat Palästina, und von den übrigen meinten die meisten, das Westufer sollte internationaler Kontrolle unterstellt werden. Man muß diese Zahlen – mehr noch als Zahlen anderer Umfragen – mit größter Vorsicht bewerten, einen besseren Maßstab zur Beurteilung der Meinungen der Bewohner des Westufers besitzen wir aber nicht.

Das amtliche Jordanien bemühte sich nach Kriegsende nach Kräften darum, das peinliche Thema der Forderungen der Palästinenser nach Möglichkeit zu vermeiden. »Erst müssen wir dafür sorgen, daß die israelische Besatzung verschwindet«, äußerte ein Minister gegenüber der *Sunday Times*. Falls es Jordanien gelingt, in den Besitz des Westufers zu kommen, ohne vorher mit den Palästinensern einig werden zu müssen, würde Hussein offensichtlich in einer starken Position sein, denn man hätte über die Zukunft des Westufers dann unmittelbar mit ihm zu verhandeln, nicht aber im weitergesteckten Rahmen einer internationalen Friedenskonferenz. Das war den Palästinensern nicht entgangen.

Zum Teil aus diesem Grund zeigten sich nach dem Kriege so viele Palästinenser ganz plötzlich angetan von dem Vorschlag einer internationalen Konferenz: durften sie als unabhängige Delegation daran teilnehmen, würde sich zum ersten Mal seit Jahren die Gelegenheit bieten, Hussein auszumanövrieren. Ende November gestand eine Zusammenkunft arabischer Führer in Algier der PLO das Alleinvertretungsrecht für die Palästinenser zu. (König Hussein und Oberst Gaddafi waren nicht anwesend.) Amman war dadurch praktisch beiseite geschoben worden. Hinter den Kulissen jedoch wurde sehr darauf gedrängt (besonders von Moskau), daß die PLO sich eine breitete Basis verschaffen sollte.

Auf alle Fälle würde viel Zeit vergehen, bis es zu einer Regelung der Palästinafrage kommen konnte, und unterdessen war anderes zu erledigen, das nicht bis zu einer Friedenskonferenz aufgeschoben werden durfte.

Bei Feuereinstellung standen israelische Truppen auf dem Westufer des Suezkanals, 20 000 Mann der Dritten Ägyptischen Armee waren auf dem Ostufer abgeschnitten, und sowohl Israel als auch Ägypten waren im Besitz von Kriegsgefangenen. Wie Präsident Sadat am 31. Oktober auf seiner ersten Pressekonferenz seit Beginn des Krieges zutreffend bemerkte, war die Lage gefährlich; »ich kann mir nicht leisten, mir die Hände binden zu lassen«, sagte er. Das ägyptische Militär drängte ihn, den Kampf wieder aufzunehmen, und er mußte umgehend demonstrieren können, daß seine Annahme der UN-Resolution in der vergangenen Woche Ägypten politische Vorteile verschafft hatte. Vor allem anderen aber mußte er die Dritte Armee versorgen. Rasche Erfolge waren nun aber genau das, was Golda Meïr ihm nicht gönnte, hatte sie doch drei Tage zuvor im Fernsehen noch gesagt: »Sadat soll seine Niederlage jetzt erst einmal genießen.«

Es gibt zwar keine handfesten Beweise dafür, daß Ägypten oder Israel die Absicht hatten, die Kämpfe wieder aufzunehmen, doch kann man sich ohne weiteres vorstellen, daß der Waffenstillstand sein Ende gefunden hätte, wäre nicht eine Einigung über die Versorgung der Dritten Armee und über den Austausch der Kriegsgefangenen zustande gekommen, denn jeder läppische Feuerwechsel konnte ohne weiteres in einen vollen Krieg übergehen. Wieder einmal war es der rastlose Henry Kissinger, der eine Regelung zustande brachte.

Dienstagabend, am 6. November, kam er in Kairo an. Schon daß er hier eintraf, war außergewöhnlich, denn im Anschluß an den Krieg von 1967 hatte Ägypten die diplomatischen Beziehungen zu den USA abgebrochen, und kaum jemand glaubte daran, daß es die Beziehungen zum Hauptwaffenlieferanten seines Feindes schnell wieder aufnehmen würde. Doch schon am nächsten Morgen war die Überraschung eingetreten, Kissinger und Sadat erschienen auf einer schnell einberufenen Pressekonferenz wie Freunde, die sich lange verloren geglaubt und nun doch noch gefunden haben. Ägypten und die USA wollten die diplomatischen Beziehungen von neuem anknüpfen, und Sadat konnte sich keinen besseren Vermittler im Nahost-Konflikt denken als Kissinger. Und als dieser sagte: »Mir ist so, als kämen wir dem Frieden näher«, sagte Sadat sogleich: »Mir ist so, als teilte ich diese Meinung.«

Sadat war von Kissinger fasziniert; der unsichere, quecksilbrige Mann reagierte auf den von Selbstvertrauen und Zuversicht erfüllten Partner. Sadat und Kissinger sprachen unter vier Augen, und der Ägypter stimmte Kissingers Vorschlag ohne weiteres zu. Sadats Berater haben ihn später dafür getadelt, doch erläuterte er seine Haltung so: »Kissinger hat mir sehr gefallen. Ich betrachte ihn als einen Freund, und mit Freunden mag ich nicht schachern. Außerdem wollte ich ihm beweisen, daß ich ein sehr, sehr verständiger Mensch bin, ganz anders als Frau Meïr. Die handelt um jede Kleinigkeit. Ich aber habe Kissinger alles zugestanden, was ich konnte, ich besitze jetzt nichts mehr, und dafür kann ich nun meinerseits etwas verlangen.«

Das Beste, das Kissinger ihm im Augenblick anbieten konnte, war ein soliderer Waffenstillstand: Der stellvertretende Außenminister Sisco flog nach Jerusalem, um Israels Einverständnis zu einem Plan einzuholen, auf den Kissinger und Sadat sich geeinigt hatten. Einzelheiten wurden am Freitag, dem 9. November, bekanntgemacht, einen Tag, bevor Israel zustimmte. Die Dritte Armee sollte mit nichtmilitärischem Nachschub versehen werden; die israelischen Sperren an der Hauptstraße Kairo–Suez sollten von UN-Truppen übernommen werden; die Gefangenen sollten zwischen Israel und Ägypten ausgetauscht werden, und Vertreter beider Länder sollten direkte Gespräche aufnehmen, »mit dem Ziel, Einvernehmen über die Einhaltung der Waffenstillstandslinien vom 22. Oktober herbeizuführen«.

Am Sonntag, dem 11. November, trafen sich General Jariv für Israel und General Gamasi für Ägypten am Kilometerstein 101, um darüber zu beraten, wie Kissingers Plan zu verwirklichen sei. Anfangs gerieten sie an einen toten Punkt. Israel beharrte darauf, den für Suez bestimmten Nachschub zu kontrollieren, um zu verhindern, daß Waffen eingeschmuggelt wurden; doch am Mittwoch hatte man sich geeinigt: die Israelis würden keinen Kontrollpunkt vor Suez einrichten, dafür aber die Nachschubtransporte auf einem nahegelegenen Parkplatz unter Aufsicht der UN-Truppe prüfen können. Donnerstag, den 15. November, wurde mit dem

Austausch der Gefangenen begonnen, und die UN-Einheiten übernahmen die israelischen Sperren auf der Straße Kairo–Suez. Am 22. November waren die letzten der 8 301 Ägypter und 241 Israelis aus der Kriegsgefangenschaft heimgekehrt.

Mit den von Syrien gefangengenommenen Israelis gab es größere Schwierigkeiten. Während Israel sich noch vergeblich bemühte, aus Damaskus eine Liste der Kriegsgefangenen zu bekommen, wie es die Genfer Konvention vorschrieb, entdeckte man an vier Stellen im Golan die Leichen von 28 angeblichen Kriegsgefangenen. Die israelische Regierung, die befürchtete, Syrien könne sich an den restlichen Kriegsgefangenen vergreifen, sagte anfangs nichts, beschwerte sich dann aber am 10. November offiziell beim Roten Kreuz. Fotos und andere beigefügte Beweismaterialien ließen deutlich erkennen, daß diese Soldaten ermordet worden waren. Als das bekannt wurde, begannen die Angehörigen der 113 als in Syrien vermißt gemeldeten Soldaten einen lautstarken Aufruhr.

Auch Kräfte außerhalb des Nahen Ostens drängten darauf, daß Israel und die Araber endlich Frieden miteinander schließen sollten, von dort kam sogar der stärkste Druck. Die Supermächte hatten hierzu ganz besonderen Anlaß, denn der Atomalarm hatte gezeigt, wie anfällig die Entspannung noch war, und die Reibungen zwischen den USA und Europa hatten der NATO außerordentlich geschadet. Die besondere Eile, zu einer Friedensübereinkunft zu gelangen, geht aber auf die Drosselung der arabischen Ölproduktion zurück, die sogleich das Schreckbild einer großen wirtschaftlichen Rezession in Westeuropa an die Wand malte.

Die führende Rolle bei der Verhängung des Ölembargos spielte Saudi-Arabien, das bis dahin beinahe die Hälfte allen arabischen Öls geliefert hatte. König Feisal war seit jeher prowestlich und entschieden antikommunistisch eingestellt, doch während des Krieges folgte er dem alten arabischen Sprichwort:

»Der Feind meines Feindes ist mein Freund, und der Freund meines Feindes ist mein Feind.« Feisal empfing Kissinger nach dem Krieg sehr viel kühler, als Sadat es getan hatte, und er machte sehr deutlich, daß er lieber gänzlich mit den Öllieferungen aufhören als Teile des von Israel besetzten Gebietes in dessen Hände übergehen sehen wollte. Vor allem, sagte er, müsse Israel Ost-Jerusalem herausgeben; als Beschützer der Heiligen Stätten Mekka und Medina sei er entschlossen, noch vor seinem Tode in der Aksa-Moschee von Jerusalem zu beten. Feisal konnte es sich leisten, einen harten Standpunkt einzunehmen, denn Saudi-Arabien hatte am Öl so viel verdient, daß es gut drei Jahre aushalten konnte, ohne einen Pfennig aus Ölverkäufen einzunehmen.

Welche Bedeutung der Krieg für den Westen hatte, und welche Bedeutung andererseits das Ölembargo besitzt, das im Ernst ja erst nach Beendigung der Kampfhandlungen wirksam wurde, zeigen am besten die empfindlichen Barometer des Kapitalismus, die Börsen von London, New York und Tokio. Hier waren die Notierungen bei Kriegsende geringfügig höher als am Anfang, doch im nächsten Monat gingen sie stark zurück – in New York und London um 15, in Tokio um 10 Prozent, und im Dezember fielen sie noch weiter. Vom wechselnden Kriegsglück nahm die Börse kaum Notiz, während schon die Andeutung einer Änderung der arabischen Ölpolitik sie vollkommen durcheinander brachte. Solange das Einverständnis zwischen Präsident Sadat und König Feisal andauerte, besaßen die Araber eine machtvolle Waffe gegen den Westen.

Der Mann, der den vierten arabisch-israelischen Krieg vorbereitete, Ägyptens General Ismail, sah sehr deutlich, welchen Gewinn der Krieg seinem Land gebracht hatte. *Al Ahram* gegenüber sagte er: »Wir stehen jetzt vor der Welt ganz anders da. Früher hielt man uns für lebende Leichname, doch jetzt sieht man, daß wir uns regen, daß wir kämpfen und siegen können.« Israels Theorie der sicheren Grenzen sei »falsch und unhaltbar: der Suezkanal war ebensowenig eine unüberwindbare Schranke wie es die Bar-Lev-Linie für einen opferbereiten Gegner ist«. Die Blockade von Bab-el-Mandeb am südlichen Eingang zum Roten Meer habe »eindeutig bewiesen, daß Sharm el Sheick nicht die Bedeutung besitzt, die Israel ihm beimißt, und auf die es seine ehrgeizigen Pläne für den Sinai begründet hat«.

Israelische Diplomaten, die darauf verwiesen, daß Ägypten und Syrien, die ausgezogen waren, mit Waffengewalt besetztes Gebiet zu befreien, zum Zeitpunkt des Waffenstillstandes tatsächlich Einbußen erlitten hatten, fanden Ismails Äußerungen geradezu abartig optimistisch. Kein Zweifel, im Vergleich mit dem Debakel von 1967 hatten sich die arabischen Soldaten, insbesondere die Ägypter, erheblich besser geschlagen, und selbst Arik Sharon gab dies ohne weiteres zu: »Fünfundzwanzig Jahre lang haben wir uns miteinander herumgeprügelt; dies war der erste richtige Krieg.«

Ismail meinte: »Bei der Führung begrenzter Kriege kommt es darauf an, das angestrebte politische Ziel zu erreichen und das Gros der Truppen unversehrt zu erhalten.« Das Ziel der Ägypter hatte darin bestanden, durch eine begrenzte militärische Aktion eine neue politische Lage zu schaffen, und das hatten sie zweifellos erreicht. Als Sadat im März 1973 erklärte, warum es unvermeidlich zum Kriege kommen mußte, hatte er gemeint: »Die Nahost-Krise reißt niemanden mehr aus dem Schlaf.« Im Oktober gab es dann ein rauhes Erwachen. Als Kissinger zu Heikal, dem Herausgeber von *Al Ahram* sagte, er habe vor dem 6. Oktober die Akte Nahost nicht angerührt, übertrieb er nur geringfügig. »Ich hatte geglaubt, diese Sache könnte warten, bis sie an die Reihe kam«, sagte er. Als Ismails Truppen die Bar-Lev-Linie durchbrachen, veränderten sie die Rangfolge der internationalen Krisenherde.

Hätte General Sharon rechtzeitig den israelischen Brückenkopf am Westufer gebildet, wäre es den Ägyptern allerdings schwergefallen, »das Gros der Truppen unversehrt zu erhalten«. Hätten Bren Adans Panzer 36 Stunden mehr zur Verfügung gehabt, sie hätten die Dritte Armee wohl vernichtet. Rein militärisch betrachtet, hatte der Krieg gezeigt, daß die schwerfällige ägyptische Kriegsmaschine für den beweglichen Kampf nicht geeignet war. Ismail glaubte allerdings, noch andere Lehren zu sehen.

»Ich möchte fast sagen, die Panzer haben ihre Vormachtstellung verloren – nicht ihren Wert, sondern ihre beherrschende Stellung –, und zwar als Folge der Entwicklung von Panzerabwehrraketen.« Gleiches, so meinte er, gilt auch für die bemannten Flugzeuge im Verhältnis zu Flugabwehrraketen. Viele Kommentatoren haben aus dieser behutsamen Einschätzung Ismails die Parole gemacht: »Die Panzer sind tot, die bemannten Flugzeuge ebenfalls.«

Davon ausgehend sah man bereits Israels militärische Überlegenheit zurückgehen. Nun hat zwar der Krieg die Vermutung nahegelegt, daß beide Seiten eine kostspielige Neubewertung und Neuausrüstung ihrer Streitkräfte würden vornehmen müssen, doch ganz so einfach sieht die Bilanz denn doch nicht aus.

Die Infanterie hat gezeigt, daß sie – ausgerüstet mit vielen tragbaren Lenkwaffen und mit reichlich Zeit zur Besetzung günstiger Stellungen – Panzerverbänden den Besitz des Geländes streitig machen kann. Die Schlacht vom 14. Oktober zeigte, daß die ägyptische Infanterie Zeit brauchte, ihre Stellungen einzunehmen, bevor sie hoffen konnte, bei Tageslicht gegen eine bewegliche Panzertruppe bestehen zu können. Für den Ausgang eines Gefechts bleibt die schnelle taktische Reaktion so entscheidend, daß es verfrüht wäre, vom Tod der Panzer zu sprechen.

Man hat sich sehr darum bemüht, Raketen, die wirkungsvoll gegen moderne Panzer einsetzbar sind, so leicht und einfach in der Handhabung zu machen wie möglich (was sie übrigens auch verteuert). Die mathematischen Berechnungen, die der Durchschlagskraft eines HEAT-Geschosses zugrunde liegen – und solche werden für die relativ langsamen Lenkwaffen bei der Panzerabwehr benutzt –, zeigen aber auch, daß eine geringfügige Verstärkung der Panzerung eine erhebliche Vergrößerung des Gewichts der Rakete und ihrer Abschußvorrichtung erfordern würde. Ein schwereres Geschoß würde aber wiederum bedeuten, daß es von einem Fahrzeug abgeschossen werden muß, und ein Gefecht von Fahrzeug gegen Fahrzeug wird unvermeidlich ein Kampf zwischen Panzern sein.

Die israelischen Streitkräfte werden daher eine erhebliche Anzahl neuer Panzer beschaffen müssen. Das in der Entwicklung steckende deutsch-englische Modell kommt dafür augenscheinlich nicht in Frage, und auch bei dem amerikanischen Modell XM-1 dürften sich Schwierigkeiten ergeben. Es kann also sein, daß die Israelis ihre nächste Panzergeneration daheim entwerfen und erbauen müssen; das technische Fachwissen dafür ist vorhanden, die Kosten allerdings wären atemberaubend.

Die Araber ihrerseits müssen einsehen, daß die Panzer vom Modell T-54/55, aus denen ihr Panzerpark hauptsächlich besteht, völlig veraltet sind. Sogar die wenigen T-62, die sie einsetzen konnten, krankten erheblich an dem Mangel wirkungsvoller Feuerleitvorrichtungen. Und weder der T-55 noch der T-62 war der amerikanischen Rakete vom Typ TOW gewachsen, die etwa um die Mitte des Krieges an die israelische Infanterie ausgegeben wurde (die Israelis nehmen dafür hundertprozentige Treffsicherheit in Anspruch).

Kommt es nicht zu einem Frieden und annähernd normalen Verhältnissen zwischen Israel und Ägypten, dann müssen beide Länder ihre Panzertruppen neu ausstatten. Sowohl die Wirtschaft Ägyptens wie die Israels würden darunter aufs schwerste leiden.

Auch die Kosten des Luftkrieges werden weiter steigen. Bemannte Flugzeuge sind wegen der Boden-Luftraketen keineswegs unbrauchbar geworden, im Gegenteil, sie haben ihre unbegrenzt flexible Zerstörungskraft neuerlich unter Beweis gestellt. Gezeigt hat sich nur, daß bemannte Flugzeuge nicht ohne komplizierte elektronische Ausrüstung überleben können, und es scheint, daß diese Geräte immer schneller veralten. Die Israelis hatten 1970 den Abnützungskrieg mit einem klaren Vorsprung in elektronischen Abwehrmaßnahmen gegen Raketen beendet. Am 6. Oktober zogen Ägypter und Syrer mit neuartigen Raketen in den Krieg, denen die israelische Abwehr schon nicht mehr gewachsen war. Innerhalb von zehn Tagen jedoch hatte Israel dank einer Kombination von elektronischen Vorkehrungen am Boden und in den Flugzeugen bei gleichzeitigen Angriffen auf Raketenabschußbasen die Initiative wenigstens teilweise wieder erlangt. Doch für wie lange?

Das Spiel der Supermächte

Als der Krieg zu Ende war, sahen die Israelis mit Entsetzen, wieviel Tote, Verwundete und Vermißte sie zu beklagen hatten; die anfänglichen militärischen Niederlagen hatten sie desillusioniert und erschreckt, und ihr Mißtrauen gegenüber den Absichten der Araber hatte sich noch verfestigt. Die Erkenntnis, daß der Krieg die Lebensweise des Landes völlig verändert hatte, setzte sich aber erst allmählich durch und gegen viele scheinbare Widersprüche.
Der arabische Angriff löste zunächst einmal Zorn aus und den Vorsatz, »die Sache in ein paar Tagen zu erledigen«. Als dies nicht gelang, nahm man einigermaßen verwirrt zur Kenntnis, daß die Araber Erfolge errungen hatten, war aber nach wie vor eisern davon überzeugt, daß der israelische Sieg dadurch nur etwas verzögert worden war. Auf den Vormarsch im Golan und Sharons Übergang über den Kanal folgte Euphorie, die aber von kurzer Dauer war. Die Wut der Israelis darüber, daß die Supermächte sie daran hinderten, die Ägypter gänzlich zu schlagen, wurde noch größer, als sie erkennen mußten, daß es mit der absoluten Überlegenheit auf dem Schlachtfeld endgültig vorbei war. Von jetzt an würde es keine eindeutigen Siege mehr geben.
Die Israelis stimmten düster darin überein, daß die Araber keinen dauernden Frieden wollten, schon gar nicht jetzt, seit sie die Ölwaffe entdeckt hatten, und daß daran alle frommen Sprüche von Henry Kissinger und der UNO nichts änderten. Weit verbreitet war die Ansicht, Sadat behaupte immer noch, die Resolution 242 des Sicherheitsrates verlange von Ägypten nicht, daß es Israel an-

erkenne, sondern nur, daß es seine Grenzen respektiere. Das israelische Institut für Sozialforschung befragte am 12. und 13. November die städtische jüdische Bevölkerung (das sind etwa 70 Prozent der Gesamtbevölkerung) nach ihrer Meinung über die Absichten der Araber, und es stellte sich heraus, daß vier Fünftel der Befragten glaubte, Ziel der Araber sei die Vernichtung Israels, und zu diesem Zwecke würden sie in einem oder zwei Jahren neuerlich einen Krieg beginnen.

Während des Krieges hatte sich die öffentliche Meinung in Israel unvermeidlich gegen jeden Kompromiß verhärtet. Der arabische Angriff bestärkte diejenigen, die meinten, Israels Sicherheit sei nur durch die dauernde Aneignung von Teilen der besetzten Gebiete gewährleistet; die Weite des Sinai habe es den Streitkräften ermöglicht, durch Aufgabe von Gelände Zeit zu gewinnen. Als dann die Verlustzahlen bekannt wurden, richtete sich der Zorn mit nie dagewesener Schärfe gegen die militärische Führung, die sich über Veröffentlichungen in der westlichen Presse gegenseitig Vorwürfe machte. Das Hauptziel der Kritik wurde Verteidigungsminister Dayan, vor dem Krieg die Wahllokomotive der Arbeiterpartei. Ihm warf man ungerechtfertigte Selbstzufriedenheit vor. Auch seine »maximalistische« Haltung in der Frage der besetzten Gebiete wurde ihm zum Vorwurf gemacht – diesmal von denen, die meinten, der Krieg war darum unvermeidlich, weil Israel alle arabischen Forderungen auf Rückgabe der besetzten Gebiete hartnäckig abgelehnt hatte.

Schon vor dem Krieg war die Frage der Grenzen zu einem wichtigen Thema im Wahlkampf geworden. (Die Wahlen selbst wurden vom Oktober auf den 31. Dezember verlegt.) Die Plattform der sozialdemokratischen Koalition befürwortete den Standpunkt von Moshe Dayan. (Die Koalitionsvereinbarung war von dem einflußreichen Minister ohne Geschäftsbereich, Israel Galili, formuliert worden und sah vor, daß noch weitere israelische Siedlungen in den besetzten Gebieten errichtet werden sollten.) Am 10. September hatte Dayan seine berühmten »fünf Nein« proklamiert: Gaza darf nicht ägyptisch werden, und der Golan nicht syrisch; es darf keinen palästinensischen Staat geben und kein arabisches Jerusalem; und Israel wird nicht die Siedlungen aufgeben, die es in den besetzten Gebieten angelegt hat.

Selbst wenn Israel es sich militärisch und diplomatisch leisten könnte, die im Krieg von 1967 eroberten Gebiete festzuhalten, so hätte dies zur Folge, daß ein überwiegend arabisches Israel entstehen würde. Die Koalition der Rechten, die Likud von Arik Sharon, war bereit, sich mit dieser demographischen Tatsache abzufinden, wie das »keinen Zentimeter breit« ihrer Wahlplattform beweist. Die meisten Israelis und ihre Führer möchten aber einen jüdischen Staat behalten, und dieses Konzept schließt aus, daß die Staatsgrenzen mit den Waffenstillstandsgrenzen von 1967 zusammenfallen.

In gewisser Hinsicht hatten die provisorischen Vorkehrungen, die nach 1967 getroffen worden waren, sich bewährt: den Arabern in Israel und in den besetzten Gebieten ging es wirtschaftlich besser; sie fanden Arbeit, und sie wurden verhältnismäßig gut bezahlt. Das Reservoir an Arbeitskräften unter den Flüchtlingen im Gazastreifen war wiederum für die israelische Volkswirtschaft geradezu unbezahlbar. Israels Politik der Errichtung jüdischer Siedlungen in den besetzten Gebieten löste in der arabischen Welt zwar einen Entrüstungssturm aus, doch waren im Jahr 1973 praktikable Übereinkünfte zustande gekommen.

Meinungsumfragen waren auch während des Krieges regelmäßig vorgenommen worden, und dabei hatte sich zweierlei gezeigt: zum einen antworteten mehr als die Hälfte der befragten israelischen Juden, sie empfänden überhaupt keinen Haß gegen die Araber (11 Prozent »hassen alle Araber«), zum anderen reagierten die Araber vom Westufer des Jordan recht friedfertig auf den Krieg. Die Jordanbrücken blieben geöffnet, und der Handel wurde nicht unterbrochen. Aufrufe zu Sabotage, von den Fedajin an arabische Arbeiter in den von Israel besetzten Gebieten gerichtet, blieben weitgehend ohne Wirkung. Eine Umfrage des Instituts für Sozialforschung am 13. November ergab, daß 40 Prozent der israelischen Juden glaubten, die in Israel ansässigen Araber stünden loyal zum Staat und deren ›Identifizierung mit dem Staat‹ habe sich während des Krieges noch verfestigt.

Nach dem Krieg von 1973 wurde die Wirklichkeit jedoch durch den Ölboykott bestimmt, durch die Entspannung zwischen Rußland und Amerika und Kissingers Vorsatz, eine Kompromißregelung zu finden. Es gab mithin gar nicht mehr die Möglichkeit, an den Waffenstillstandslinien von 1967 festzuhalten, und Israel mußte wieder definieren, was es unter »sicheren und anerkannten Grenzen« verstand. Dies kam in Golda Meïrs Rede vor der Knesset am 13. November zum Ausdruck, der ersten, die sie seit dem 23. Oktober hielt. Sie sah »einen Kampf um künftige Grenzen und die Bedingungen eines Friedens« voraus und sagte allen, die es anging,

Israel könne sich dem Druck der USA nur bis zu einem gewissen Punkt beugen: »Wer meint, dieser Krieg habe uns gelehrt, es komme bei der modernen Kriegführung nicht mehr darauf an, Grenzen zu haben, die sich verteidigen lassen, der irrt. Wir haben keineswegs gelernt, daß wir zu den Grenzen vom 4. Juni 1967 zurückkehren müssen, Grenzen, die unsere Nachbarn zur Aggression ermuntert haben.«

Eine Umfrage des Forschungsinstituts vom gleichen Tag ergab jedoch, daß drei Viertel der jüdischen Stadtbevölkerung bereit waren, die besetzten Gebiete großenteils oder sogar ganz aufzugeben, wenn dafür der Friede garantiert wird. Dieses Ergebnis entsprach dem Ergebnis von vor dem Oktoberkrieg; während des Krieges hatten nur 50 Prozent der Befragten diese Meinung geäußert. Obwohl sie an der Aufrichtigkeit der Araber zweifelten, wollten 73 Prozent der Befragten mit der Regierung das Waffenstillstandsabkommen unterzeichnen; mehr als die Hälfte der Befragten meinte auch, die Araber wären jetzt vielleicht bereit, wenigstens zu verhandeln. Verbreitet war die Meinung, Friedensgespräche – einerlei wie wenig dauerhaft ihre Ergebnisse – seien jetzt der einzig gangbare Weg. Ein Vater, dessen Sohn gefallen war, sagte zu einem Reporter von *Newsweek*: »Seit dem Sechs-Tage-Krieg haben wir in Wolkenkuckucksheim gelebt... diese Selbstzufriedenheit und diese Prahlerei konnten wir uns gar nicht leisten. Wenn wir jetzt etwas von den besetzten Gebieten herausgeben müssen oder auch sonst zu Verstand kommen, kann das am Ende noch etwas Gutes bewirken.«

Auch der diplomatische Druck auf Israel nahm zu. Im Laufe des November brachen elf afrikanische Staaten die diplomatischen Beziehungen ab, womit die Zahl der unfreundlichen Staaten in Afrika auf 28 anstieg. Als General Sharon gleich nach dem Krieg noch auf seinem Gefechtsstand auf dem Westufer des Kanals stark politisch gefärbte Interviews gab, erzählte man sich in Tel Aviv folgenden Witz: »Wie heißt der einzige afrikanische Politiker, der gute Beziehungen zur israelischen Regierung unterhält?« Antwort: »Arik Sharon – und übermäßig gut sind die auch nicht.«

Obwohl Israel in den Ländern Westeuropas in einflußreichen Kreisen auf große Sympathien zählen konnte, waren die Beziehungen zu den dortigen Regierungen im gleichen Maß abgekühlt, in dem die Öllieferungen fraglich wurden. Die isrealische Wirtschaft, die bereits vor dem Krieg sehr unter der Inflation zu leiden hatte, bekam den Mangel an Arbeitskräften zu spüren, wenn dessen Wirkungen auch noch nicht meßbar waren. Die Mobilisierung, von der fast das gesamte israelische Arbeitspotential betroffen wurde, hinderte die Bautätigkeit und die industrielle Produktion. Besonders viele Facharbeiter waren unter den Kriegsverlusten zu beklagen. Nebenwirkungen des Krieges waren, daß es an Transportmitteln für den Zivilverkehr fehlte, daß der Tourismus stark rückläufig war (ein wichtiger Devisenbringer) und daß es in den Geschäften an Waren mangelte.

Der unentschiedene Ausgang des Krieges verschärfte die Debatte darüber, ob mit einem Frieden gerechnet werden konnte, und welche Opfer gegebenenfalls dafür gebracht werden sollten. Ein Hauptmann, dem diese Frage an der syrischen Waffenstillstandslinie vorgelegt wurde, tat achselzuckend die Wirkung ab, die der Krieg auf seine Leute gehabt haben mochte: »Ich glaube, jedermann ist durch den Krieg nur in seinen Ansichten bestärkt worden.« Das Vertrauen in die politische Führung, in Golda Meïr wie in Moshe Dayan hatte merklich abgenommen, und mehr und mehr Menschen waren der Auffassung, Israel könne die gewaltigen Kosten nicht verkraften, die seine derzeitigen Beziehungen zur arabischen Welt verursachten. Die eigentliche Schwierigkeit lag darin, solche Empfindungen in politische Wirklichkeit umzusetzen.

Israel ist eine offene Demokratie, deren Bürger ihre Ansichten mit geradezu auffallender Beredsamkeit äußern. Es hat aber ein sehr kompliziertes Wahlsystem, das sowohl ein Verhältniswahlrecht, wie das Wahlrecht von ständischen Körperschaften kennt. Das politische Leben ist stabil bis zur Sterilität. Alles ist darauf berechnet, keine Veränderung zuzulassen. Bevorzugt wird die politische Mitte, wie in Frankreich. Es ist also schwer, neue oder radikale Gedanken durchzubringen, und eine Verständigung mit den Arabern verlangt ja gerade, daß man diese Sache auf ganz neue Art anpackt. Es kann sich sogar als unmöglich erweisen, eine Liste von Politikern aufzustellen, die bereit wären, einen weitreichenden Friedensplan zu unterstützen.

Immer noch gab es Leute, die wie die Likud mit der Parole »keine Zugeständnisse« hausieren gingen. Dayans Ruf mochte angeschlagen sein, doch die Ungewißheit über die Zukunft verschärfte den Wunsch nach territorialer Sicherheit um beinahe jeden diplomatischen Preis. Während des Krieges hatten manche Leute die Absicht geäußert, den Arabern einen Schlag zu versetzen, »der ihre gesamte militärische und wirtschaftliche Infrastruktur für immer zerstört«, wie es in einem Leserbrief vom 16. Oktober an *Davar* hieß. Doch wenn der Oktoberkrieg eines gezeigt hatte, dann dies, daß die USA ein derartiges Vorgehen nicht zulassen wollten.

Derartige Vorschläge gingen von der Annahme aus, »heute wie 1967 ist es so, daß Ägypten und Syrien sich vorgenommen haben, Israel zu vernichten«. So heißt es in einem Aufruf, »der Sprache des Hasses und der Verunglimpfung ein Ende zu machen«, der am 15. November von der *New York Review of Books* abgedruckt wurde. Dieser Aufruf, von dem bedeutenden Historiker Jacob Talmon und zwanzig seiner Kollegen von der Hebräischen Universität unterzeichnet, verweist darauf, daß die Araber 1967 Verhandlungen abgelehnt hatten, und daß sie auch jetzt noch von Israel forderten, als Vorleistung alle besetzten Gebiete zu räumen – eine »Geste«, die die Unterzeichner »weder für moralisch gerechtfertigt noch für praktisch ausführbar« hielten. Sie riefen zu »einem Prozeß des Friedens« und »ungehinderten Verhandlungen« auf, doch ließ ihr Ton erkennen, daß sie wenig Hoffnung auf die Realisierung solcher Wünsche hegten. Dieser Aufruf spiegelte wahrscheinlich die Meinung der Mehrheit in Israel.

Wenn diese Denkweise davon ausging, daß die arabische Feindschaft niemals enden würde, so war das Argument der Gegenseite auf Thesen gestützt, die ebenfalls schwer beweisbar sind. Professor Daniel Amit, ebenfalls ein angesehener israelischer Gelehrter, antwortete eine Woche danach auf diesen Aufruf. Er gab zu, daß die Araber anfangs »den Wunsch hatten, den jüdischen Staat zu vernichten«, um dann zu fragen: »Kann man aber in alle Ewigkeit eine solche Vermutung als unverrückbar voraussetzen?« Amit meinte sodann, abgesehen von Syrien habe die Außenpolitik der arabischen Länder, »Israel als Israel« hingenommen; »die von den arabischen Staaten in den letzten Jahren abgegebenen Erklärungen aggressiven Charakters haben sich fast ausschließlich mit den besetzten Gebieten befaßt«. Ob es überhaupt zum Krieg gekommen wäre, »wenn die israelische Regierung vor Kriegsausbruch erklärt hätte, daß sie bereit sei, zur Grundlage jeder Übereinkunft die Anerkennung der Ansprüche Ägyptens und Syriens auf alle 1967 eroberten Gebiete zu machen, und daß sie auch gewillt sei, die Palästinenser als Partei im Konflikt zwischen Israelis und Arabern anzuerkennen«? Israel habe vielleicht »viel Anlaß, den Arabern zu mißtrauen«, was aber sollten die Araber von Dayans »fünf Nein« halten? Amit schloß mit einer Warnung. »Manches deutet jetzt klar auf eine mögliche Eskalation hin, in deren Verlauf das örtliche Gleichgewicht der Kräfte keine Rolle mehr spielen wird... und die Israel geradezu in seiner Existenz gefährden könnte.«

Wenn die Araber ernstlich gewillt waren, mit Israel zu koexistieren, dann war auch jene Kritik berechtigt, die ein von der Front zurückgekehrter Reserveoffizier in einem offenen Brief an Golda Meïr übte, der am 12. November in *Ha'aretz* abgedruckt wurde. Der Schreiber meinte, Israel habe Unrecht getan, sich auf seine Kraft zu verlassen innerhalb von Grenzen, »deren Festigkeit unterhöhlt wird durch ihre zweifelhafte Rechtmäßigkeit«. Dayans optimistische Annahme, der Status quo könne noch zehn oder zwanzig Jahre erhalten werden, hatte sich als irrig erwiesen, und es hieß jetzt: »Nachdem die Araber die Schranke der Angst überwunden haben, müssen die Juden die Schranke des Mißtrauens überwinden.«

In gewisser Weise baut die nach heftigen Meinungsverschiedenheiten am 28. November veröffentlichte Wahlplattform der Arbeiterpartei ausdrücklich darauf, daß es Präsident Sadat mit dem Wunsch nach Frieden wirklich ernst ist. Es heißt darin, man wolle in Genf »Grenzen aushandeln, die verteidigt werden können und garantieren, daß Israel sich schützen kann... und die aus einem territorialen Kompromiß hervorgehen«. Für den Geschmack der Araber ging die Regierung damit trotzdem nicht weit genug, zumal sie wiederholte, daß Israel nicht zu den Grenzen zurückkehren könne, die vor dem Juni 1967 bestanden und »die arabische Aggression herausgefordert haben«, und daß man der Schaffung eines Staates der Palästinenser auf dem Westufer des Jordan nicht zustimmen wollte.

Worauf es ankam, war jedoch, daß die Bereitschaft ausgedrückt wurde, territoriale Zugeständnisse zu machen, und zwar in einer Formulierung, die so verschwommen war, daß sie zu einem Zeitpunkt, da die öffentliche Meinung in Israel sich zu verhärten begann, den denkbar größten Verhandlungsspielraum gewährte. Die Gefahr lag darin, daß die Arbeiterpartei durch eine solche Plattform schwersten Angriffen der Likud ausgesetzt war, falls es so scheinen könnte, als sollten von Israel allzu große Zugeständnisse verlangt werden. Denn die Likud machte sich die in der Bevölkerung verbreitete Angst zunutze.

Am gleichen Tag gab die arabische Gipfelkonferenz in Algier ein Kommuniqué heraus. Man bevollmächtigte Sadat zu Verhandlungen in Genf, gab ihm aber für diese Verhandlungen nicht freie

Hand. Es hieß in der Verlautbarung, Friedensverhandlungen könnten nur mit zwei »überragenden und unveränderlichen Vorbedingungen« aufgenommen werden. Erstens: »Israel muß die besetzten arabischen Gebiete räumen, an erster Stelle Jerusalem.« Zweitens: »Die uneingeschränkten nationalen Rechte des palästinensischen Volkes müssen wiederhergestellt werden.« Diese Verlautbarung stärkte den Einfluß der Israelis, die der Meinung waren, jede Vereinbarung mit den Arabern bringe Gefahren mit sich, auf die man sich nicht einlassen dürfe; sie seien nur ein erster verstohlener Schritt auf dem Wege zur Vernichtung des jüdischen Staates. Daß Jerusalem eigens erwähnt wurde, mußte eine xenophobische Reaktion auslösen, und der Terminus »Wiederherstellung der uneingeschränkten nationalen Rechte des palästinensischen Volkes« konnte so aufgefaßt werden, als stelle man sich hinter die Maximalforderungen der Palästinenser; dies um so mehr, als die Gipfelkonferenz in übertriebenen Redewendungen der Bildung einer palästinensischen Exilregierung zugestimmt hatte.

Wie immer man sie formulieren wollte, die Möglichkeiten, unter denen Israel am Ende des Oktoberkrieges zu wählen hatte, waren allesamt nicht verlockend. Friedensverhandlungen würden langwierig und umständlich sein. Die Araber hatten 1967 gemeint, sie könnten nicht verhandeln, weil jedes Abkommen ihre Zustimmung nur erzwungenermaßen finden würde; jetzt war Israel in der Lage, den Zwang zu fürchten. Lehnte man dies aber ab, so würde man weiterhin in einem Zustand der halben Mobilisierung leben und ständig auf die nächste Runde des Kampfes warten müssen. Und selbst dann – dies hatte der Krieg deutlich genug gezeigt – würden Verlauf und Ergebnis eines Krieges von Faktoren abhängen, über die Israel keine Macht besaß, nämlich von der Belieferung mit Waffen und der allgemeinen Unterstützung durch die Supermächte.

Der erste Krieg zwischen Israel und den arabischen Ländern, der Krieg von 1948, war im wesentlichen örtlich begrenzt gewesen. Damals wußte man noch nichts von der Diplomatie der Supermächte. Die Sowjetunion befand sich noch in der prozionistischen Phase ihrer Nahostpolitik, und im übrigen hatte Rußland in dieser Weltgegend so gut wie keinen Einfluß. 1956 durften Araber und Israelis nach zahllosen Grenzzwischenfällen eine Nebenrolle in dem grotesken Drama von Suez aufführen: Suez oder der letzte Versuch Englands und Frankreichs, die Imperialisten zu spielen. 1967 gelang es Israel hauptsächlich dank eines »präventiv geführten Schlages«, sich die Illusion seiner Unabhängigkeit zu bewahren. In jenen Tagen, als die technischen und wirtschaftlichen Lasten des Krieges noch nicht ganz so schwer drückten, und als Israel noch mehr Freunde und Lieferanten in der Welt besaß, konnte seine Regierung es sich sogar leisten, mit der eigenen Supermacht gelegentlich recht unverschämt umzuspringen. (Als ein amerikanisches Überwachungsschiff eine Spur zu nahe ins Kampfgebiet geriet, wurde es von israelischen Flugzeugen angegriffen, und Tel Aviv entschuldigte sich dafür ohne jedes Bedauern.) Israel mußte aber entdecken, daß man einen »Präventivschlag« nicht beliebig oft führen kann.

Diesmal verschafften die Araber sich die Illusion, selbständig zu sein, indem sie als erste losschlugen. Die Sowjetunion spürte jedoch bald, daß die Weigerung der arabischen Führer, auf einen frühen Waffenstillstand einzugehen, ihrer Außenpolitik in anderen Bereichen schadete, insbesondere die Entspannungsbemühungen im Verhältnis zu Amerika. Da nun Ägypten und Syrien sich für einen weiteren Konflikt nur mit Hilfe und Zustimmung der Sowjetunion rüsten können, steht zu erwarten, daß die Lieferbedingungen für Waffen künftig noch härter und strenger sein werden.

Eine vollständige und dauernde Kontrolle können die Supermächte allerdings noch nicht ausüben. Immerhin sind sie es, die einen Konflikt möglich machen, die Spielregeln festlegen und deren Interessen, wenn Bilanz gezogen wird, den Ausschlag geben. Mit dem Verstand begreifen die meisten Menschen im Nahen Osten durchaus, daß die Lage so ist, vom Gefühl her jedoch wird es ihnen entsetzlich schwer, sich damit abzufinden und danach zu handeln. Man denkt nicht gerne daran, daß die eigenen Landsleute nach den Regeln eines internationalen Machtkampfes leben und sterben müssen, auf den die eigene Regierung wenig Einfluß nehmen kann. Henry Kissinger hat das nach Eintritt der Waffenruhe so deutlich gesagt, wie es ein Berufsdiplomat wohl kaum getan hätte. »Es gibt noch eine andere Erwägung, die ich Sie bitten möchte, nicht außer acht zu lassen«, sagte er zu Mohammed Heikal von *Al Ahram*, nachdem er sich ausführlich mit ihm über alles unterhalten hatte, was hinderlich zwischen Israel und den arabischen Ländern steht. »Diese Erwägung ist folgende: Die Vereinigten Staaten können es weder heute noch morgen dulden, daß sowjetische Waffen über amerikanische Waffen einen großen Sieg davontragen – es muß kein entscheidender Sieg sein. Dies hat gar nichts mit Ihnen zu tun und auch nichts mit Israel, vielmehr ist das eine Angelegenheit, die einzig das Kräftegleichgewicht zwischen den Supermächten betrifft.«

Letzten Endes können die Supermächte einen Frieden im Nahen Osten nicht garantieren, sie können nur dafür sorgen, daß dort alle Parteien bis zu einem gewissen Grade in die Lage gesetzt werden, Krieg zu führen. Sie tun dies, wie Kissinger offen sagte, aus Überlegungen, die durch den jeweiligen Grad ihrer eigenen Rivalität bestimmt werden. Keine der beiden Supermächte wünscht einen Atomkrieg, und vielleicht sind beide aufrichtig, wenn sie auch das Ende der »Buschfeuerkriege« auf unserem Planeten befürworten, und sei es nur, weil diese einmal, wie es ja im Oktober 1973 geschah, die Supermächte einer Konfrontation gefährlich nahe bringen könnten.

Alles deutet darauf hin, daß die Supermächte auch künftig – einerlei wie sehr sie den Frieden wünschen – eher einen ausgedehnten Konflikt zwischen ihren Schützlingen dulden werden als eine Beeinträchtigung des eigenen Prestiges und Einflusses, jedenfalls solange die kleineren Staaten dabei mitspielen. Ob es den arabischen Staaten und Israel nach wie vor lohnend erscheint, dabei mitzumachen, das ist die Frage, die sich nach dem Krieg von 1973 stellt.

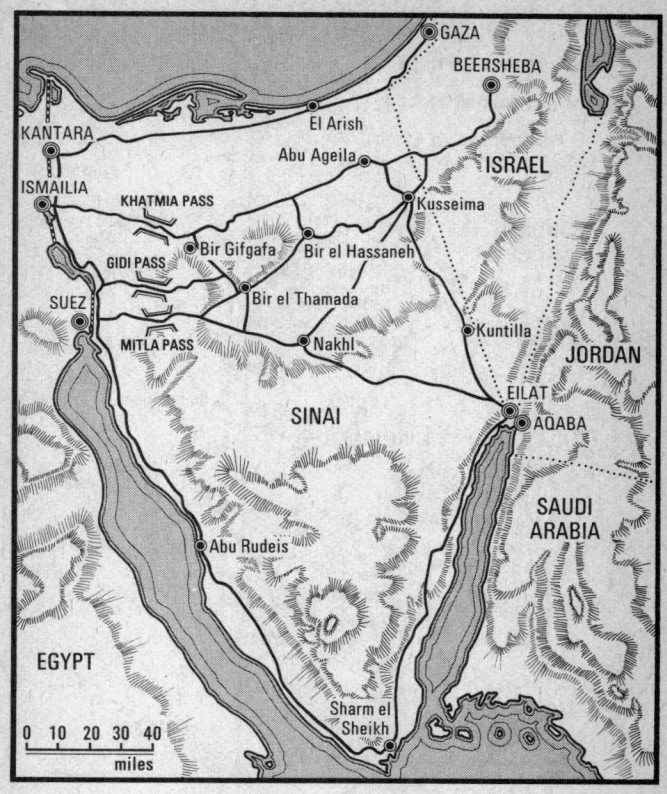

Drei Pässe bilden den Schlüssel zum Sinai: Khatmia, Gidi und Mitla. Der Süden der Halbinsel besteht aus unpassierbaren Bergen. Der Sand an der Mittelmeerküste und an den Seiten der Küstenstraße durch El Arish ist so fein, daß größere Panzereinheiten hier nicht manövrieren können. Also muß ein Angreifer die drei Pässe über die Zentrale Bergkette erobern, wenn er über das ohnehin begrenzte Straßennetz in Richtung Osten zur israelischen Grenze vorstoßen will. Seit Israel die Sinai-Halbinsel im Sechstagekrieg von 1967 erobert hatte, beruhte seine Verteidigungsstrategie daher auf diesen drei Bergpässen und auf der Bar-Lev-Befestigungslinie entlang des Suezkanals.

249

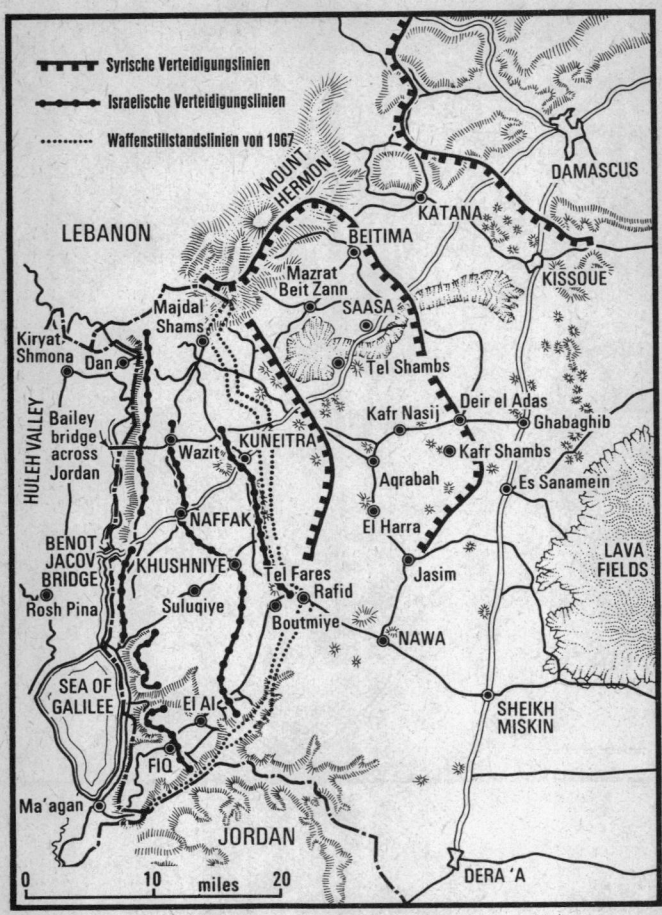

Für Israel bestand die Gefahr der Golanhöhen darin, daß sie keine natürlichen Verteidigungslinien bot. Die Waffenstillstandslinie von 1967 war nur 27 Kilometer von dem alten Benot-Jacov-Übergang entfernt. Drei Straßen führten über felsige Abhänge direkt nach Israel. Um sie zu überwachen, hate Israel Syriens alte Verteidigungslinien verstärkt, und das Hauptquartier auf dem Berg Hermon überblickte das ganze Plateau. Im Osten hatte Syrien inzwischen drei neue Verteidigungslinien zum Schutz seiner Hauptstadt Damaskus aufgebaut. Das einzige natürliche Hindernis gegen einen israelischen Vormarsch auf Damaskus war die Lava-Gebirgskette Saasa.

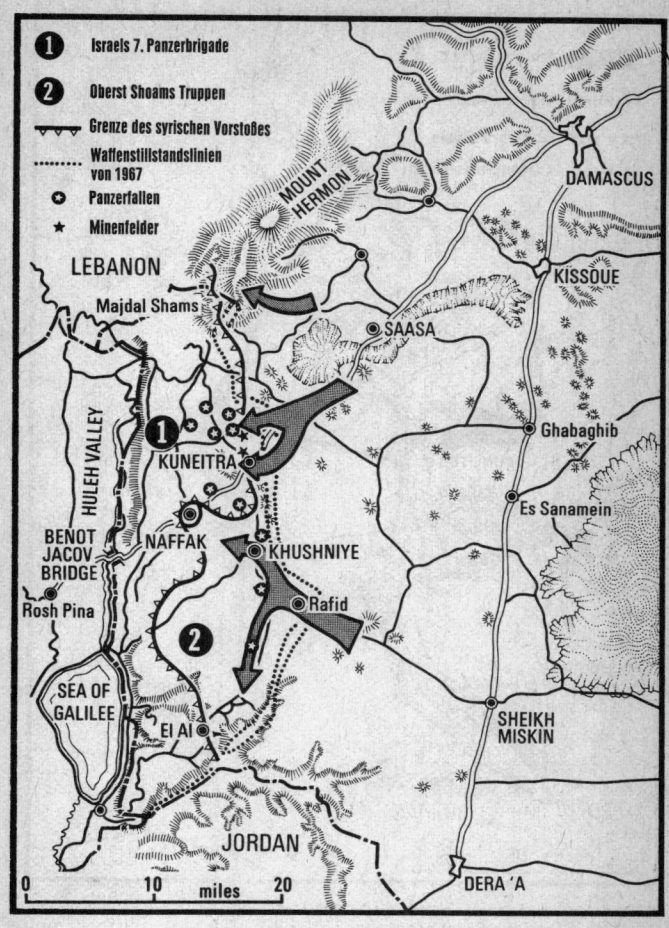

Mit ihrem Vorstoß verfolgten die Syrer das doppelte Ziel, Golan entlang der Straße von Kuneitra nach Naffak zu teilen und dabei gleichzeitig die am weitesten südlich gelegene Route nach Israel über El Al zu erobern. Um Israels 175 Panzer zu überwältigen, verteilte Syrien seine 700 Panzer auf zwei Angriffswellen. Shoams Panzertruppe war rasch zerstreut und vernichtet, aber die Siebte Brigade konnte wegen ihrer besseren Verteidigungsstellung in Formation kämpfen.

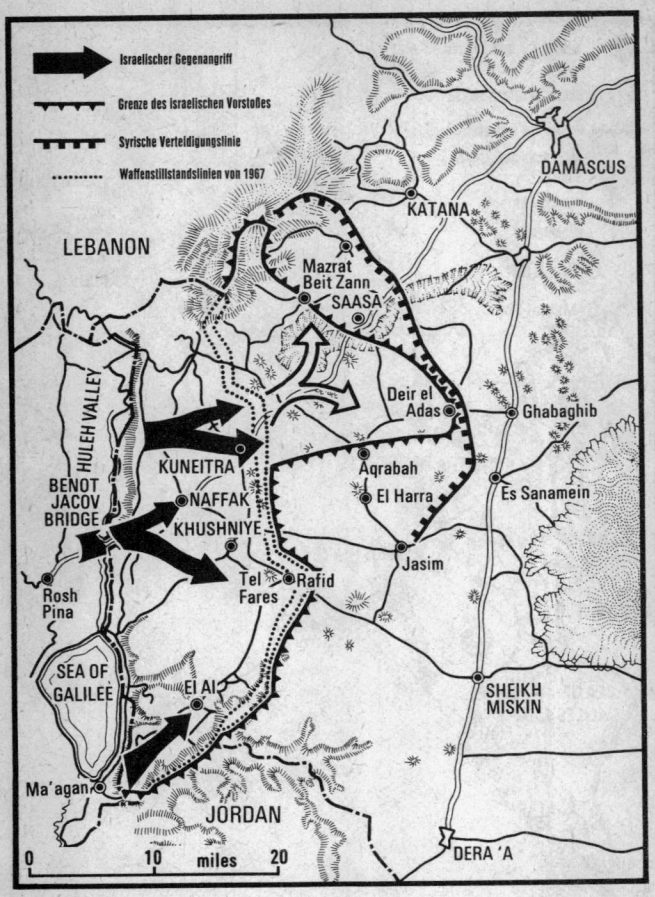

DAMASCUS

KATANA

LEBANON

Mazrat
Beit Zann
SAASA

Deir el
Adas

Ghabaghib

KUNEITRA

Aqrabah

El Harra

Es Sanamein

NAFFAK

KHUSHNIYE

HULEH VALLEY

BENOT
JACOV
BRIDGE

Jasim

Tel
Fares

Rafid

Rosh
Pina

SEA OF
GALILEE

El Al

SHEIKH
MISKIN

Ma'agan

JORDAN

DERA 'A

0   10   miles   20

Als Israel Syriens Panzer auf den Golanhöhen besiegt hatte, kämpfte
es sich auf der Straße nach Damaskus vor. Aber die zweite Verteidigungslinie der Syrer leistete erfolgreich Widerstand, und die
Israelis wurden bei Saasa zurückgeworfen. Außerdem bedrohten die
marokkanischen Truppen am Berg Hermon Israels Flanke. Jordanische und irakische Panzer attackierten den israelischen Vormarsch
von Süden her. Die Iraker wurden schwer geschlagen und mußten
sich nach Deir el Adas zurückziehen. Die Jordanier stießen gegen
Kuneitra vor, da ihr Angriff jedoch ohne syrische Unterstützung
blieb, zogen sie sich nach Jasim zurück.

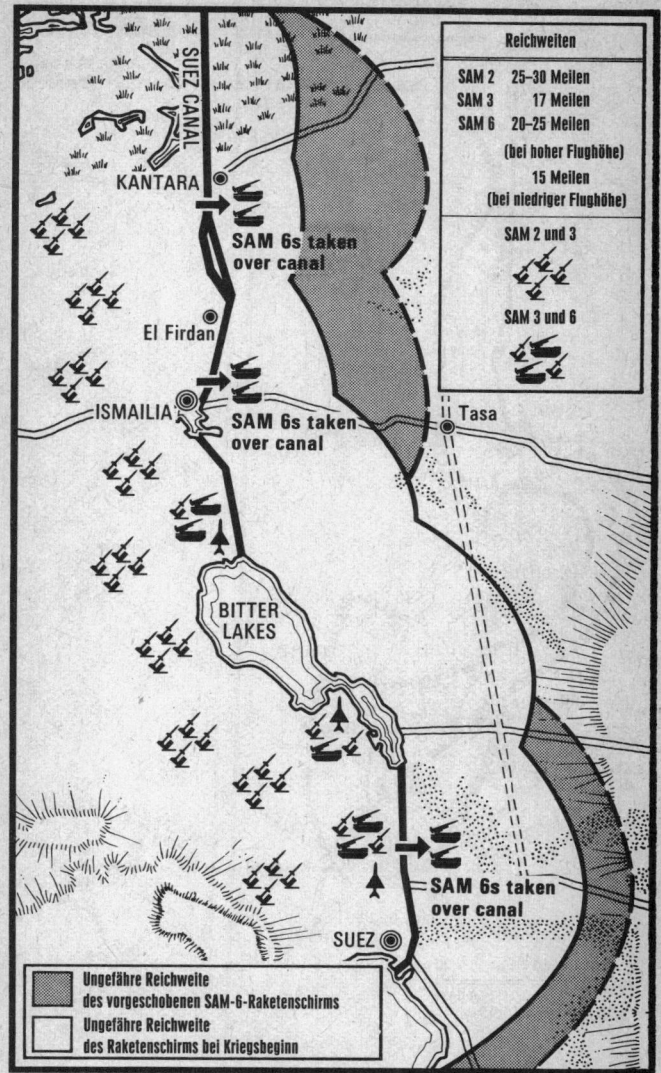

SUEZ CANAL

KANTARA

SAM 6s taken over canal

El Firdan

ISMAILIA

SAM 6s taken over canal

Tasa

BITTER LAKES

SAM 6s taken over canal

SUEZ

Reichweiten

SAM 2	25–30 Meilen
SAM 3	17 Meilen
SAM 6	20–25 Meilen
	(bei hoher Flughöhe)
	15 Meilen
	(bei niedriger Flughöhe)

SAM 2 und 3

SAM 3 und 6

Ungefähre Reichweite
des vorgeschobenen SAM-6-Raketenschirms

Ungefähre Reichweite
des Raketenschirms bei Kriegsbeginn

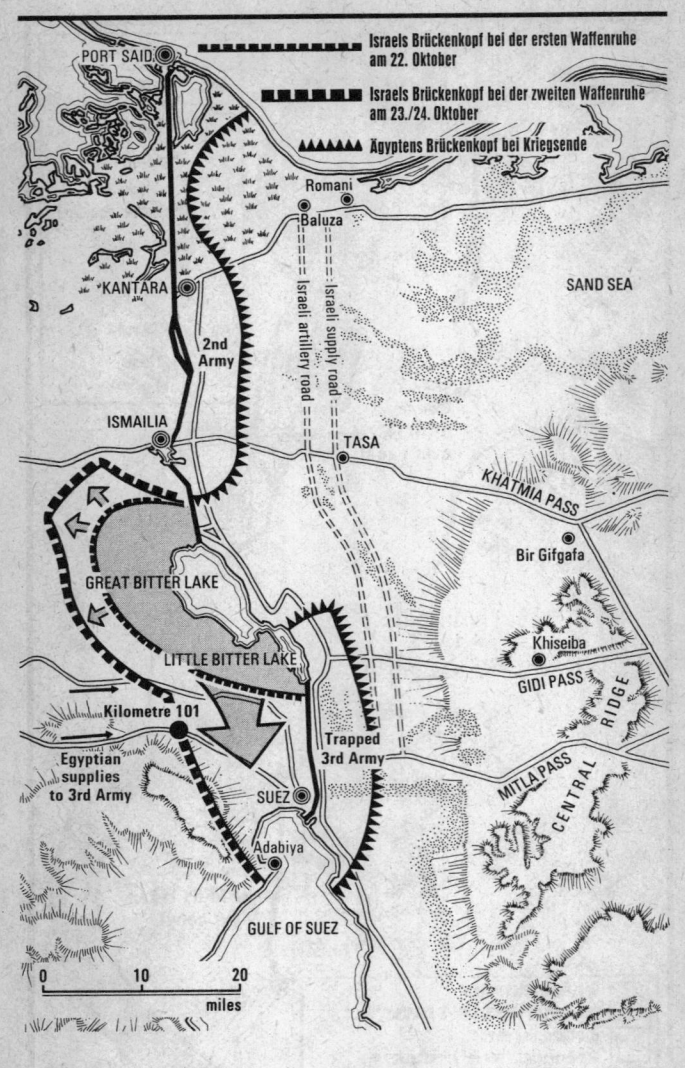

Israel in Afrika – Der Brückenkopf in Ägypten

1973

- ■ Vor 1967
- ▦ Waffenstillstandslinien vom 25. Oktober 1973
- ⋯ Waffenstillstandslinien von 1967
- ▦ Ägyptische Landgewinne 1973
- □ Besetzte Gebiete
- ▦ Israelische Landgewinne 1973

Beirut

LEBANON   SYRIA

Damascus

Haifa   Nazareth   GOLAN HEIGHTS

Mediterranean Sea

Tel Aviv   WEST BANK   R. Jordan

Jerusalem   Amman

Port Said   Gaza   DEAD SEA

SUEZ CANAL

Ismailia   Beersheba

Bitter Lakes   ISRAEL

CAIRO   JORDAN

Suez   S I N A I

Eilat   Aqaba

EGYPT   Gulf of Suez   Gulf of Aqaba   SAUDI ARABIA

Sharm el Sheikh

Um den Preis von 2 400 Gefallenen hatte Israel den arabischen Angriff gebrochen und sogar zusätzliches Territorium erobert – allerdings mit unsicheren Verteidigungslinien.